FC-I-51

Hans Aebli
Psychologische Didaktik

HANS AEBLI

Psychologische Didaktik

DIDAKTISCHE AUSWERTUNG
DER PSYCHOLOGIE VON JEAN PIAGET

ERNST KLETT VERLAG
STUTTGART

Die französische Originalausgabe erschien unter dem Titel:

Didactique psychologique
Application à la didactique de la psychologie de Jean Piaget

bei Delachaux et Niestlé S.A., Neuchâtel/Schweiz

Die Übersetzung besorgte Dr. Hans Cramer, Schwabach

5. Auflage, 1973
Alle Rechte vorbehalten
Fotomechanische Wiedergabe nur mit Genehmigung des Ernst Klett Verlages
Printed in Germany
Satz und Druck: Ernst Klett, 7 Stuttgart, Rotebühlstr. 77
ISBN 3-12-920110-6

INHALTSVERZEICHNIS

ZUM GELEIT

Niemand war besser als Hans Aebli geeignet, dieses Buch zu schreiben und aus meinen Forschungen über die Entwicklung der Denkoperationen beim Kinde die pädagogischen Anwendungen abzuleiten.

Ich hatte immer geglaubt, das Material, das ich mit Hilfe zahlreicher Mitarbeiter zu sammeln Gelegenheit hatte, und die Erkenntnisse, zu denen uns die festgestellten Tatsachen geführt haben, könnten sich pädagogisch und besonders auch didaktisch verwerten lassen. Aber es ist nicht Sache der Psychologen selbst, wenn sie nur Psychologen sind, aus ihren Arbeiten solche Schlüsse zu ziehen; denn wenn sie auch das Kind kennen, so fehlt ihnen doch die Schulerfahrung.

Leider gelingt es anderseits den Erziehern nicht immer, die Ergebnisse der Entwicklungspsychologie hinreichend auszuwerten; denn es genügt selten, die erschienenen Bücher zu lesen, will man zu einer gründlichen Kenntnis der psychologischen Tatsachen gelangen. Man muß selbst experimentiert und in Berührung mit den Tatsachen und den Schwierigkeiten des Experimentes — seines Aufbaus, seiner Registrierung und seiner Deutung — die besondere Geisteshaltung erworben haben, die allein das wirkliche Verstehen der Arbeiten anderer möglich macht.

Nun hat die schöne Studie, die Hans Aebli jetzt veröffentlicht, darin ihren eigenen Reiz, daß sie von einem Verfasser stammt, der gleichzeitig ein ausgezeichneter Pädagoge und ein vorzüglicher Experimentator in der eigentlichen Psychologie ist.

Als der Lehrer Hans Aebli nach sehr guten Anfangserfolgen an unser Institut kam, erwies er sich sofort als Forscher hohen Grades, rückte rasch vom einfachen Studenten zum Assistenten auf und hat dann sowohl in unserem Laboratorium für Experimental-Psychologie als auch in der Abteilung für Psychologie des Kindes, die Dr. Bärbel Inhelder am Institut für Erziehungswissenschaften leitet, mit seinen Fähigkeiten der Initiative, der Genauigkeit und der Kühnheit in der Deutung hervorragend gearbeitet.

So bekunden sich im Werk Hans Aeblis sowohl pädagogische als auch psychologische Begabung. Als er die unserer psychologischen Schule eigenen Gedankengänge vollkommen gemeistert und selbst zur Entdeckung neuer Tatsachen beigetragen hatte — die für ihn eine Bestätigung der von ihm gebilligten Thesen waren —, wollte er zur Überprüfung seiner pädagogischen Ausgangsstellungen fortschreiten. Er begriff, was eine Psychologie, die sich auf der Wirklichkeit der Operationen oder der operatorischen Leitbilder aufbaut, an Konsequenzen in dem Zwiegespräch oder Streit zwischen Aktivität und Rezeptivität einschließt, der die gegenwärtige Pädagogik kennzeichnet. Von diesem Gesichtspunkt aus hat Hans Aebli sehr wohl begriffen, daß die Notwendigkeit, die Schüler zu gemeinsamer oder persönlicher *Aktivität* aufzurufen — ein Aufruf, der die Hauptforderung der gegenwärtigen fortschrittlichen Erziehung darstellt —, nicht nur, wie man zu häufig glaubt, auf Überlegungen beruht, die aus der Psychologie des Interesses oder aus der allgemeinen Motivierung der Verhaltensweisen stammen, sondern ebensowohl auf dem Mechanismus des Verstehens selbst. Die wirkliche Kenntnisaneignung, auch von ihrer intellektuellen Seite her betrachtet, setzt die Selbsttätigkeit des Kindes und des Jugendlichen voraus, weil jeder Akt des Verstehens ein Spiel von Operationen einschließt und weil diese Operationen nur in dem Maße wirklich funktionieren (d. h. Gedanken statt bloßer Wortverbindungen erzeugen) können, wie sie durch Aktionen im eigentlichen Wortsinn vorbereitet worden sind. Die Operationen sind in der Tat nichts anderes als das Ergebnis der Verinnerlichung und Koordinierung von Handlungen, so daß es ohne Aktivität echte Intelligenz gar nicht geben kann. Es sei mir daher gestattet, nicht nur zu danken, sondern den Verfasser dieses schönen Werkes auch zu beglückwünschen, in dem man — zugleich mit der Klugheit des Experimentators und des Meisters der Schule, der sich seiner Verantwortlichkeit bewußt ist — leicht die Strenge und den weiten Gesichtskreis eines Geistes erkennen wird, dem es geglückt ist, die so oft auseinanderstrebenden Eigenschaften des Psychologen und des Erziehers in sich ins Gleichgewicht zu bringen.

Jean Piaget

VORWORT

Schon die Titel der Werke Jean Piagets zeigen klar die Bedeutung, die seine wissenschaftliche Lehre für die Didaktik haben muß. „Die Entstehung des Zahlbegriffs beim Kinde", „Die Entwicklung der Mengenbegriffe beim Kind", „Die spontane Geometrie des Kindes", alle diese Titel lassen ein reiches Material von Beobachtungen und Überlegungen ahnen, die sich zur unmittelbaren Anwendung auf den Unterricht darbieten. Und diesen Eindruck bestärkt das vertiefte Studium dieses großen psychologischen Schaffens.

Die Psychologie Jean Piagets ist Entwicklungspsychologie. Sie beschränkt sich nicht darauf, die kennzeichnenden Reaktionen des Erwachsenen oder einer einzelnen Altersstufe der Kindheit zu studieren, sondern sie analysiert die Bildung der Begriffe und Operationen im Laufe der kindlichen Entwicklung. Daraus erwächst nicht nur ein vertieftes Verstehen der Endzustände der geistigen Entwicklung, sondern auch eine genaue Kenntnis ihrer gestaltenden Mechanismen. Nun ist klar, daß gerade diese den Didaktiker im höchsten Grade interessieren. Denn er setzt sich kein anderes Ziel, als diejenigen Prozesse intellektueller Formung bewußt und systematisch hervorzurufen, welche die Entwicklungspsychologie ihrerseits in der freien Tätigkeit des Kindes studiert. Ohne Zweifel, die genaue Kenntnis dieser Prozesse ist unbedingt nötig, wenn man sie durch die geeigneten Unterrichtssituationen und Tätigkeiten der Schüler auslösen will.

In zweiter Linie untersucht die Pychologie Jean Piagets mit besonderem Erfolg die *höheren* geistigen Funktionen, nämlich die Begriffe, Operationen und Vorstellungen, deren Gesamtheit das menschliche Denken ausmacht. Auch hier entspricht diese Psychologie einem deutlichen Bedürfnis; denn die schwierigsten didaktischen Aufgaben betreffen nicht die Aneignung von Gewohnheiten, Automatismen oder anderen einfachen Abläufen durch die Schüler, sondern die Bildung von Begriffen, komplexen Vorstellungen und Operationen, welche Gesamtsysteme (Einmaleins, Grammatikregeln u. a.) bilden. Nun kann offensichtlich nur eine Psychologie wie die von Jean Piaget — die eine genaue Analyse der Denkoperationen, ihrer Gruppen und Gruppierungen gibt — die zur Lösung entsprechender didaktischer Aufgaben notwendigen Begriffe liefern. Denn jene Lehren, die sich um elementare Funktionen wie Motorik, Wahrnehmung oder Assoziation gruppieren, klären die verwickelteren seelischen Vorgänge nicht auf.

Ich lege dem Leser hier eine allgemeine Didaktik vor; sie untersucht die Grundzüge der formenden Prozesse und leitet daraus die methodischen Grundsätze ab, auf denen der Unterricht in allen Hauptzweigen beruhen muß. Obgleich ich eine große Anzahl einzelner Beispiele gebe, die meist aus dem Elementarunterricht stammen, findet man in diesem Buch nicht die vollständige Didaktik eines einzelnen Unterrichtszweiges. Ich habe mir im Gegenteil vorgenommen, die grundlegenden Begriffe und den allgemeinen Rahmen abzugrenzen, die allen Sonderdidaktiken gemeinsam sind. Ich möchte glauben, diese Methodenlehre erfüllte ihre Aufgabe, wenn es sich erweisen sollte, daß sie das so verwickelte Gebiet der Didaktik besser zu ordnen erlaubt, und wenn die im psychologischen und didaktischen Teil aufgestellten Behauptungen einige andere Forscher anregen könnten, neue Versuche zu unternehmen, bzw. wenn die Lehrer, welche diese Methodik lesen, einige neue Gedanken für ihre praktische Arbeit empfingen.

Da ich selbst in der Volks- und der höheren Schule unterrichtet habe, glaube ich zu wissen, was der Praktiker von einem didaktischen Werk erwartet. Außer den allgemeinen pädagogischen Grundsätzen sind es konkrete Beispiele, die genau zeigen, wie der Verfasser vorzugehen beabsichtigt, und zwar in echten schulischen Verhältnissen, die sehr vielen Forderungen der neuen Schule oft nur stark begrenzte Verwirklichungsmöglichkeiten bieten. Aus diesen Gründen habe ich zahlreiche didaktische Versuche unternommen, um zu prüfen, wie und mit welchem Erfolg meine Vorschläge unter gewöhnlichen schulischen Umständen in die Praxis umgesetzt werden können *. Ich veröffentliche außerdem im experimentellen Teil dieses Buches genaue Protokolle von Lehrstunden, die ich im Rahmen einer dieser Erprobungen gehalten habe. Wenn diese Beschreibungen dem einen oder anderen meiner Leser ein wenig lang erscheinen, so muß ich mich entschuldigen. Sie sind nicht nur deshalb wiedergegeben, um es anderen Forschern zu ermöglichen, meine Versuche zu wiederholen und zu prüfen, sondern auch — und hauptsächlich — deshalb, um meinen Lehrerkollegen zu zeigen, wie ich die praktische Verwirklichung meiner didaktischen Grundsätze auffasse.

Professor Piaget hat mir nahegelegt, diese Arbeit zu schreiben. Seine Bemerkungen und Ratschläge haben mir während der gesamten Ausarbeitung ganz besonders genützt. Darüber hinaus hat er mir erlaubt,

---

* Ich gestatte mir, hier den Herren E. Kuen und E. Keller in Küsnacht und den Herren H. Seiler und Th. Frey in Zürich zu danken, die mir ihre Klassen zur Verfügung gestellt und alles getan haben, um die Verwirklichung meiner Versuche zu ermöglichen.

dieses Buch eine Anwendung seiner Psychologie auf die Didaktik zu nennen. Möge darum Professor Piaget diese Arbeit nicht nur als neue Bestätigung des Wertes seiner psychologischen Lehre entgegennehmen, sondern auch als ein Zeichen meiner tiefen Dankbarkeit für das Vertrauen und die Ermutigung, die er mir ständig entgegengebracht hat.

Zürich, im Juni 1951   Der Verfasser

VORWORT ZUR DEUTSCHEN ÜBERSETZUNG

Es ist für einen deutschsprachigen Autoren ein eigenartiges Gefühl, die Rückübersetzung eines Werkes hinausgehen zu sehen, das er vor 12 Jahren französisch geschrieben hat. Es stellen sich zwei bange Fragen: Kann ich mich mit einer Übersetzung identifizieren, die zwar deutsch, aber nicht von mir, nicht meine Sprache ist? Darf ich ein Buch hinausgehen lassen, das ich heute, nach 12 Jahren, nicht mehr ganz so schreiben würde, wie es hier vorliegt? Die erste Frage ist die unproblematischere: In der vorliegenden Form stellt diese Übersetzung eine zwar nüchterne, aber sachlich einwandfreie Wiedergabe der Gedanken dar, die ich in der „Didactique psychologique" dargestellt habe. Die einzelnen Termini habe ich kontrolliert und sie — wo dies nötig war — mit den Ausdrücken in Einklang gebracht, die ich in meinen folgenden deutschsprachigen Arbeiten verwendet habe. — Die zweite Frage wirft größere Schwierigkeiten auf. In den Jahren, seit ich Genf verlassen habe, hatte ich Gelegenheit, lange und eingehend über die Lehre meines großen Meisters, Jean Piaget, nachzudenken. An wesentlichen Punkten mußte ich mich von seinen Auffassungen lösen; man kann darüber in meinem Buch „Über die geistige Entwicklung des Kindes" (Stuttgart: Klett 1963) nachlesen. Aber wie die Kinder, so scheinen auch die jungen Autoren ihre Schutzengel zu haben. Gerade jene Punkte der Theorie von Jean Piaget, auf welche sich das vorliegende Buch stützt, zähle ich auch heute noch zu den tragfähigsten und sichersten seines Werkes. Denn wenn ich auch dazu gekommen bin, Piagets Konzeption über die geistige Entwicklung in einem gewissen Sinne in Frage zu stellen und ihr eine neue und erweiterte Auffassung entgegenzuhalten, so bin ich doch heute noch davon überzeugt, daß Piaget eine ihrer möglichen Richtungen — diejenige auf den Aufbau immer umfassenderer, durchsichtigerer und beweglicherer Strukturen — richtig erkannt hat und daß er mit Recht die zentrale Rolle des Tuns im Denken und in der Entwicklung des Kindes betont. Gerade diese Auffassung aber habe ich vor 12 Jahren zur Grundlage der vorliegenden Didaktik gewählt, und daher kann ich die gewonnenen Schlußfolgerungen auch heute noch unterschreiben. Daß ich die Akzente heute zum Teil etwas anders setzen würde, wird jeder bemerken, der das vorliegende Werk mit meinen „Grundformen des Lehrens" (Klett 1961) vergleicht, ebenso aber wird er die grundlegende Einheit der Auffassungen feststellen.

So hoffe ich, daß dieses Buch den Leser auch heute noch zum Nachdenken über die geheimnisvollen Prozesse anregen wird, welche wir im Prozesse des Erziehens und Unterrichtens im Geiste unserer Schüler anregen.

Berlin, im November 1962   Der Verfasser

EINLEITUNG

Der Beitrag der Psychologie zur Lösung didaktischer Probleme

Zweck dieses Buches ist es, einige der möglichen Anwendungen der Psychologie Jean Piagets auf die Didaktik zu zeigen. Ich will damit beginnen, das Problem zu stellen und seine Begriffe zu definieren. Was ist Didaktik wirklich? Eine Hilfswissenschaft, an welche die Pädagogik allgemeinere Erziehungsaufgaben zur Verwirklichung im einzelnen abgibt. Wie kann man den Schüler dazu bringen, daß er diesen oder jenen Begriff, ein Verfahren oder eine Arbeitstechnik erfaßt? Das sind die Aufgaben, die der Didaktiker zu lösen versucht, wobei er seine psychologische Kenntnis der Kinder und ihrer Lernprozesse zu Hilfe ruft.

So gibt es eine Didaktik des Rechnens, der Werkarbeit, des Singens u. a. Ich will aber diese Studie auf die *intellektuellen* Lernprozesse beschränken, obwohl ich mich selbstverständlich auch auf die anderen Seiten des seelischen Lebens beziehe — in dem Maße, wie sie Bedingungen oder Folgen der intellektuellen Ausbildung sind.

Um den Beitrag genau zu bestimmen, den die Psychologie zur Lösung der didaktischen Aufgaben geben kann, beginne ich mit der Frage, wie im allgemeinen die Aufgaben der Didaktik abgegrenzt werden. In fast allen Schulprogrammen bestimmt man sie nach den zu erwerbenden *Begriffen* (geographische, physikalische, arithmetische Begriffe u. a.). Das sind die „Stoffe", die der Schüler „lernen", die er sich aneignen muß, um sie zu „kennen". Aber was bedeutet es, einen Gegenstand wie den „Hebel" oder einen Begriff wie den „gewöhnlicher Bruch" zu kennen? Meint man damit die Fähigkeit, eine Definition davon zu geben? Offensichtlich nicht! Will man sagen, der Schüler müsse sich den Hebel *vorstellen*, seinen Funktionsmechanismus vor sich sehen können? Vielleicht; aber man muß dann noch eindeutig bestimmen, was man genau meint, wenn man sagt, das Kind müsse diese oder jene Vorstellung erwerben. Im mathematischen Denkbereich ist die Aufgabe die gleiche. Was bedeutet es, eine genaue Vorstellung von dem Begriff „gewöhnlicher Bruch" zu haben? Wann kann man sagen, daß ihn das Kind erworben hat? Der unerfahrene Erzieher glaubt vielleicht, der Erwerb sei vollzogen, wenn die Schüler fähig sind, Aufgaben zu lösen, welche die fraglichen Begriffe und Rechenverfahren einschließen. Oft kann ihm das gänzliche Versagen der Klasse vor einer Aufgabe, die in ungewohnter Form gestellt wird, enthüllen, daß sich die Kinder den Begriff selbst nicht angeeignet haben und daß sie einfach einen „Kunstgriff" benützen.

Das damit gestellte didaktische Problem ist ein allgemeines. Es drückt die Tatsache aus, daß die „Stoffe" (Tatsachen, Begriffe u. a.) zunächst in gewissem Sinn außerhalb des kindlichen Verstandes sind und erst *Elemente seines Denkens* werden müssen. Ohne diesen Aneignungsprozeß jetzt schon zu untersuchen, muß man das gewünschte Ergebnis definieren, das man meint, wenn man sagt „Das Kind kennt die Tatsache" oder „Es hat den Begriff erworben". Das ist das erste wichtige Problem, das sich jeder Didaktik stellt. Es ist zweifellos Sache der Psychologie des Denkens, darauf mit einem höchstmöglichen Maß von Autorität zu antworten.

Aber noch mehr: Jede Didaktik muß definieren, und sie definiert in der Tat, nicht nur wie die Schüler einen Stoff „kennen", sondern auch wie sie ihn lernen. Nehmen wir als Beispiel einen Lehrer, für den der Begriff „Bruch" ein *Vorstellungsbild* ist, das im Bewußtsein der Schüler gleichsam durch fotografischen Eindruck niedergelegt wird. Um diesen Prozeß hervorzurufen, wird der Lehrer seiner Klasse Bilder von Kreisen zeigen, die in Sektoren geteilt sind; er wird die Bilder längere Zeit an die Zimmerwände hängen, wird sie abzeichnen, färben lassen usw. Dieses Beispiel verdeutlicht eine der Lösungen (übrigens eine falsche, wie ich mich im folgenden zu zeigen bemühen werde), die man dem zweiten didaktischen Problem gegeben hat, das eine psychologische Lösung verlangt: nämlich dem Problem, die Natur der Prozesse scharf zu umreißen, durch die sich das Kind die Tatbestände und die Begriffe aneignet.

Der Didaktik fällt außerdem die Aufgabe zu, die günstigsten *Bedingungen* für diese Bildungsprozesse zu prüfen. Auch dabei haben wir es mit einem sehr ausgedehnten Feld psychologischer Probleme zu tun, durch welche die Fragen des Bedürfnisses, des Interesses, der Aufmerksamkeit, der sozialen Organisation schulischer Aktivität aufgeworfen werden. Der Lehrer stützt sich auf seine psychologische Kenntnis des Kindes, um diesen Bedingungen in seinem Unterricht Rechnung zu tragen.

Die *wissenschaftliche* Didaktik stellt sich als Aufgabe, aus der psychologischen Kenntnis der Vorgänge geistiger Formung diejenigen *methodischen* Maßnahmen abzuleiten, welche für die Entwicklung der Prozesse am besten geeignet sind. Eine solche Beziehung zwischen Didaktik und Psychologie wird nur selten bewußt und unmittelbar hergestellt. Gleichwohl ist jedes Unterrichtsverfahren einer Kindespsychologie verpflichtet, die zwar oft nicht ausgesprochen, aber stillschweigend vorausgesetzt wird. Die aufmerksame Prüfung einer Methodenlehre (und schon der einfachen Lehrpraktiken in den Schulen) enthüllt ziemlich leicht die zugrunde liegenden psychologischen Begriffe.

Diese Überlegungen haben mir den folgenden Plan für dieses Buch nahegelegt: Ich beginne mit dem Studium der Lösung, welche die Didaktik des 19. Jahrhunderts auf die Frage nach der Bildung von Begriffen und Operationen gegeben hat. Dann werde ich zu zeigen versuchen, daß diese Methodenlehre der sensualistisch-empiristischen Philosophie verpflichtet ist, die damals in Ehren stand. In einem zweiten Abschnitt des historischen Teils werde ich einige Reformtheorien des 20. Jahrhunderts mit ihren psychologischen Grundlagen aufzeigen, besonders verschiedene pädagogische Bewegungen, die man gewöhnlich unter der Bezeichnung „Arbeitsschule" zusammenfaßt. In einem dritten Teil will ich gewisse Aspekte der Psychologie von Jean Piaget betrachten, von denen ich glaube, daß sie als Grundlage für methodologische Grundsätze dienen können, deren Darstellung Gegenstand der folgenden Kapitel sein wird.

Zuletzt will ich meine Auffassungen durch Beschreibung eines didaktischen Versuches veranschaulichen, den ich in den öffentlichen Schulen des Kantons Zürich selbst durchgeführt habe.

GESCHICHTLICHER TEIL

KAPITEL I

Die traditionelle Unterrichtslehre und ihre psychologischen Grundlagen

I. Der Grundsatz der Anschaulichkeit

Offensichtlich ist der Begriff „traditionelle Didaktik" durchaus relativ. Für die Schweizer Schulen bezeichnet er heute das Erbe der Methodik des 19. Jahrhunderts. Diese Methodenlehre ist aus den Lehren eines Comenius, Rousseau, Pestalozzi hervorgegangen. Aber in ihrer Technik ist sie weniger beeinflußt durch die psychologischen Begriffe dieser Autoren — die in vieler Hinsicht ihrer Zeit weit voraus waren — als durch die Psychologie und Erkenntnistheorie, die in jener Zeit lebendig waren und die wir mit Otto Wichmann als *sensualistisch-empiristisch* kennzeichnen wollen.[1] In der Praxis findet diese Didaktik ihren Ausdruck in dem, was man gewöhnlich „Anschauungs-Unterricht" nennt.*

Um nicht bei allgemeinen Überlegungen stehenzubleiben, prüfen wir einige Beispiele, die gleichzeitig den Wert und die Grenzen der herkömmlichen Form des anschaulichen Unterrichts zeigen werden. Nehmen wir an, es handle sich darum, den Begriff „gewöhnlicher Bruch" einzuführen. Im Verlauf der einführenden Stunden wird der Nachdruck entweder auf die Betrachtung von Flächen und Linien (Kreisen, Rechtecken, Geraden u. a.) oder von Gegenständen (Äpfel u. ä.) gelegt, die in verschiedene Anzahlen von Sektoren bzw. Abschnitte unterteilt sind. Diese wahrnehmbaren Größen werden beobachtet, beschrieben, kopiert, bemalt usw. Alle didaktischen Maßnahmen dienen dazu, im kindlichen Bewußtsein einen bleibenden Eindruck zu schaffen. Handelt es sich um die Berechnung *rechteckiger Flächen*, so geht man entsprechend vor: Um die Multiplikation der Grundlinie mit der Höhe zu begründen, teilt man vor den Augen der Klasse ein Rechteck in Streifen und die Streifen in Einheitsquadrate. Hat man diese „An-

---

* In Deutschland waren die wichtigsten Vertreter dieser Didaktik F. A. Diesterweg (1790–1866), F. W. Dörpfeld (1824–1893) und W. Rein (1847–1929).

schauung" geschaffen, welche die Multiplikation rechtfertigt, so schreitet man zur zahlenmäßigen Ausführung des neuen Verfahrens.

Die typische Einführung in das *geographische Studium* eines Landes nach der anschaulichen Methode besteht darin, daß man durch die Schüler die Grenzen, die benachbarten Länder, die Ebenen und Erhebungen und die Lage der Gewässer und Ortschaften beschreiben läßt. Mit einem Stempel kann man die Umrisse des Landes in das Schülerheft abdrucken. Ist so die Topographie des in Frage stehenden Landes anschaulich gezeigt, geht man über zur Formulierung einer kurzen Übersicht und zu ihrer gedächtnismäßigen Einprägung.

Es erübrigt sich, hier die Beispiele für dieses wohlbekannte Unterrichtsverfahren zu vermehren. Sein kennzeichnender Zug ist es, nach Möglichkeit anschauliche Gegebenheiten darzubieten, die der Auffassung und Beobachtung durch die Schüler zugänglich sind. Das ist die *Didaktik des Anschauungsunterrichts*, die man auch „Didaktik der Farbkreide" genannt hat. Auf den Grundsätzen dieser Methode hat man während des 19. Jahrhunderts immer bestanden. So schrieb Diesterweg 1835: „Du sollst von der Anschauung ausgehen und von ihr aus zum Begriff gelangen! Vom Besonderen zum Allgemeinen, vom Konkreten zum Abstrakten, nicht umgekehrt."[2] Wilhelm Rein — um nur *einen* neueren Pädagogen zu zitieren — formulierte: „... aus der lebendigen Anschauung muß der Schüler seine abstrakten Begriffe ableiten; denn nichts gibt es im Intellekt, was nicht vorher in den Sinnen gewesen wäre ..."[3]

Nach diesen zwei Definitionen des berühmten „Grundsatzes der Anschaulichkeit" gehe ich zur Prüfung der psychologischen Vorstellungen über, auf denen er beruht.

2. Die psychologischen Grundlagen der herkömmlichen Didaktik

Nehmen wir zuerst das Beispiel der gewöhnlichen Brüche. In der Logik der sensualistisch-empiristischen Psychologie und Erkenntnistheorie ist es begründet, den Bruchbegriff als Ableitung aus Vorstellungsbildern, aus „Anschauungen" von Flächen und Linien aufzufassen, die in Abschnitte unterteilt sind.

Sehen wir einen in mehrere Stücke zerlegten Kuchen, das in mehrere Sektoren geteilte Zifferblatt einer Taschenuhr, ein Fenster, das sich aus mehreren Scheiben zusammensetzt, so prägen sich, wie man sagt, diese Eindrücke unserem Bewußtsein ein, und zwar durch einen Vorgang, der der Aufnahme eines Bildes auf einer photographischen Platte entspricht. Dann folge ein Abstraktionsvorgang, mit dessen Hilfe wir von den Bildern zum allgemeinen abstrakten Begriff des Bruches übergehen. Dabei komme es zur Ausscheidung der *nebensächlichen* Merkmale, wie Form, Farbe, Stoff des Ganzen und seiner Teile. Diese Ausscheidung der zufälligen Züge rühre von der Wahrnehmung verschiedener Gegenstände her, die alle in eine gegebene Anzahl von Teilen zerlegt sind. So behalten wir nur einen schematischen Kern der verschiedenen Bilder, nämlich den allgemeinen Begriff eines in gleiche Teile zerlegten Ganzen, kurz den Begriff „Bruch". Einige Autoren haben sogar behauptet, der allgemeine Begriff gründe sich allein auf das *Wortzeichen*; mit ihm seien assoziativ die verschiedenen Bilder verknüpft, die seine Bedeutung wiedergeben.

Dieses Beispiel zeigt, wie die Psychologie des letzten Jahrhunderts das Wesen und die Aneignung eines Begriffes deutete. John Stuart Mill und Hippolyte Taine haben, ebenso wie ihr hervorragender Vorgänger David Hume, diese Lehre klar formuliert. Wenn John Stuart Mill von den einfachen Additionen und Subtraktionen spricht, und von der „Wissenschaft der Zahlen" im allgemeinen, so erklärt er, die grundlegenden Wahrheiten dieser Wissenschaft beruhten sämtlich auf dem *Zeugnis der Sinne.* Man beweist sie, indem man *sehen* und *fühlen* läßt, daß eine gegebene Anzahl von Gegenständen, z. B. 10 Kugeln, verschieden getrennt und angeordnet, unseren Sinnen alle Gruppen von Zahlen vermitteln können, deren Summe 10 ist.[4] Und Mill zieht daraus selbst die didaktischen Schlußfolgerungen: „Alle vervollkommneten Verfahren des Rechenunterrichtes bei Kindern gehen von der Anerkennung dieses Tatbestandes aus. Will man heutzutage den *Geist* des durchschnittlichen Kindes in das Verständnis des Rechnens einführen, will man Zahlen und nicht einfach Ziffern lehren, so geht man, wie eben gesagt, nach dem Zeugnis der Sinne vor" (ebenda). An anderer Stelle [5] versichert Mill, der Geist *empfange* die (mathematischen, physikalischen, biologischen u. a.) Begriffe von außen; man gewinne sie stets nur auf dem Wege des Vergleichens und der *Abstraktion.* — H. Taine andererseits faßt den allgemeinen Begriff nur als einen Klassennamen auf, als „bedeutsamen Laut", mit dem alle Bilder von Gegenständen oder Einzelfälle verknüpft sind, aus denen sich die Klasse zusammensetzt. Im Wort „Dreieck" wären so alle Bilder von Dreiecken zusammengefaßt, die der Beobachter wahrgenommen habe und die deshalb die Klasse der ihm bekannten Dreiecke bildeten. Diese Bilder werden als von außen dem menschlichen Geist eingeprägt angesehen.[6] — D. Hume hat in seinem „Treatise on Human Nature" den Mechanismus des Erwerbs einer Kenntnis auf eine kurze Formel gebracht. Als Beispiel nahm er die Bildung der Begriffe „warm" und „kalt". „Zuerst trifft ein Eindruck unsere Sinne und läßt uns Wärme oder Kälte empfinden ... Von diesem Eindruck nimmt der Geist ein Abbild, das weiterbesteht, nachdem der Eindruck aufgehört hat, und das eine Idee genannt wird." [7]

Mit Recht hat man demnach als sensualistisch-empiristisch eine Psychologie gekennzeichnet, die den Ursprung aller Begriffe in der Sinneserfahrung findet und dem Menschen bei ihrer Erwerbung nur eine unbedeutende Rolle zuschreibt. Der Geist des Kindes ist bei Beginn seines Lebens eine Art von tabula rasa, auf der sich fortschreitend die von seinen Sinnen gelieferten Eindrücke einprägen. Was sich von Person zu Person ändert, ist nur der Grad von „Empfindlichkeit", d. h. die Fähigkeit, Eindrücke aufzunehmen und die Fähigkeit, aus den verschiedenen Bildern die gemeinsamen Bestandteile herauszuziehen — eine Fähigkeit, die oft „Abstraktionsfähigkeit" genannt wird. Diese Funktion selbst hat man manchmal als einen automatischen Mechanismus gedeutet, vergleichbar der Überlagerung von Bildern verschiedener Gegenstände oder Individuen gleicher Art auf ein und derselben Fotoplatte, einer Überlagerung, die bewirkt, daß die Unterschiede getilgt und die allen gemeinsamen Formen bewahrt werden (F. Galton).

Man begreift jetzt auch, wieso man von einer „sensualistisch-empiristischen Didaktik" sprechen konnte. In der Tat läßt sich leicht zeigen, wie in den drei gegebenen Beispielen alle anschaulichen Lehrstunden in der Absicht entworfen wurden, nacheinander einen Prozeß von Sinneseindruck und Abstraktion zu schaffen. Nachdem man zunächst die Bilder von Brüchen auf den Geist des Kindes hat wirken lassen (der, um die Begriffe Humes wieder aufzunehmen, davon „ein Abbild nimmt"), gelangt man durch fortschreitende Abstraktion zu dem allgemeinen Begriff, der durch das Zahlensymbol ausgedrückt wird. Entsprechend erhält man das Verfahren und die Formel für die Flächenberechnung $(F = l \cdot b)$, ausgehend von der Darstellung des in Streifen und Quadrate geteilten Rechtecks. — Weiter schreitet man zur sprachlichen Beschreibung des topographischen Bildes eines Landes vorwärts, nachdem man von der sinnlichen Erfassung seiner Formen ausgegangen ist. (Zu diesem letzten Beispiel bemerken wir: Viele Pädagogen glauben den Erwerb der Vorstellungsbilder durch das Kind auslösen zu können, daß sie es einfach auf irgendeine Weise mit den fraglichen Gestalten beschäftigen. Man druckt z. B. die Umrisse eines Landes in sein Heft und gibt ihm auf, seine Fläche farbig auszumalen oder auch sie auszuschneiden, in der Hoffnung, dem kindlichen Geist werde sich der Eindruck einprägen, wenn das Kind die Gegebenheit betrachtet.)

3. Kritik der herkömmlichen Didaktik

Was soll man von einem Anschauungsunterricht halten, der die Grundsätze dieser sensualistisch-empiristischen Didaktik anwendet? Beurteilen wir ihn zunächst vom Gesichtspunkt seiner inneren Logik aus, so müssen wir uns fragen, ob die Psychologie, auf der dieser Unterricht beruht, zu wirklichen Fortschritten im kindlichen Denken zu führen vermag. Anders gesagt: die Frage ist, ob man mit der Abbild- und Abstraktionstheorie wenigstens die hauptsächlichsten didaktischen Maßnahmen rechtfertigen kann, die für die Bildung neuer Begriffe und neuer Verfahren notwendig sind. Nichts dergleichen! Die aufmerksame Prüfung des Verfahrens des Anschauungsunterrichts, wie er im allgemeinen praktiziert wird, zeigt, daß man gezwungen ist, didaktische Maßnahmen zu treffen, die keineswegs aus der sensualistisch-empiristischen Psychologie stammen. Nehmen wir als Beispiel wieder den Bruchbegriff. Offensichtlich kann sich der Lehrer nicht auf die Erwartung beschränken, der kindliche Geist werde ein Abbild von den wahrgenommenen geteilten Flächen aufnehmen und daraus den allgemeinen Bruchbegriff abstrahieren.

Will der Lehrer, daß der Schüler sich tatsächlich den Begriff aneignet, so muß er den Schüler anregen, der vorgezeigten Größe eine wohldurchdachte Aktivität zuzuwenden. Das Kind muß die Anzahl der in einem Kreise enthaltenden Sektoren *abzählen*, sie *aufeinander legen* (wirklich oder in Gedanken) und ihre Gleichheit feststellen. Es muß die Kreise nach der Anzahl der Sektoren ordnen, aus denen die Kreise zusammengesetzt sind. Dann muß das Kind die Größe der Sektoren in den verschiedenen Kreisen *vergleichen*, um festzustellen, daß die Teile um so kleiner werden, je mehr sich ihre Zahl vergrößert. Der Lehrer kann den Schüler veranlassen, diese Operationen wirklich auszuführen, indem er sagt: „Tue dies! Tue das!" Er kann ihn aber auch zwingen, sie in Gedanken auszuführen, indem er ihm geeignete Fragen stellt („Wie viele Teile? Welche Größe?"), und schließlich kann er sie der Klasse einfach zeigen oder beschreiben in der Hoffnung, daß die Schüler der Vorführung innerlich folgen werden. Aber immer und überall muß das Kind die wahrnehmbare Größe bestimmten Handlungen — hier Rechenoperationen — unterwerfen; andernfalls wird man es niemals zur Bildung eines Begriffes anregen.

Wir halten fest: Diese geistigen Operationen haben nichts zu tun mit jenem Abstraktionsvorgang, den die empiristischen Didaktiker und Psychologen beschrieben haben. Es handelt sich keinesfalls darum, durch einen Ausscheidungsprozeß die gemeinsamen Bestandteile der verschiedenen Größen zu suchen, sondern darum, ein *System von Operationen* aufzubauen und durch diese den ins Auge gefaßten Begriff zu definieren. So kann die Lehre von der passiven Einprägung der Bilder und von der Abstraktion der allgemeinen Begriffe keinesfalls jene didaktischen Maßnahmen rechtfertigen, die für die Aneignung eines neuen arithmetischen Begriffs doch unerläßlich sind.

Bei den folgenden Beispielen kann man entsprechende Beobachtungen machen. Es springt in die Augen, daß die Flächenberechnung nicht „abstrahiert" werden kann aus dem Bild eines in Streifen und Quadrate geteilten Rechtecks. Was den Erwerb eines Vorstellungsbildes betrifft, so liegen die Dinge hier nicht ganz so einfach. Begnügen wir uns für den Augenblick mit zwei vorläufigen Bemerkungen: Einerseits ist es erstaunlich zu sehen, wie schlecht die Schüler sogar jene Formen wiedergeben, die sie sehr oft wahrgenommen haben und das — wenigstens glaubt man es — in sehr *eindringlicher* Weise (z. B. beim farbigen Bemalen). Man erklärt im allgemeinen diese Tatsache, indem man sich auf die geringe Zeichenbegabung des durchschnittlichen Schülers beruft. Andererseits aber schwächt eine Beobachtung diese Erklärung ab. Man kann nämlich die Befähigung des Schülers, eine bestimmte Form wiederzugeben, beträchtlich fördern, wenn man sie mit ihm zusammen „studiert". Eine Figur studieren, das will besagen: auf sie eine *Aktivität* anwenden, sie *zerlegen*, Längen und Winkel aufeinander *abtragen*, die Ecken *abzählen*, dem Umriß *folgen* usw. Wenn dem so ist, kann man nicht annehmen, daß sich die räumlichen Figuren im Geist des „Subjekts" einfach abbilden. Auch hier handelt es sich vielmehr um eine innere aktive Rekonstruktion der äußerlich gegebenen Figuren.

Wenn die empiristische Psychologie nicht einmal fähig ist, auch nur vom Erwerb der *Vorstellungsbilder* Rechenschaft abzulegen, so ist es sehr wahrscheinlich, daß sie ebenso unfähig ist, jene Probleme zu lösen, welche die Bildung eines *Begriffs* oder einer *Operation* im Laufe der kindlichen Entwicklung betreffen. Sie versagt, wo Zahlen und Raumformen im Spiel sind. Die sensualistisch-empiristische Psychologie sieht damit gerade jenes Anwendungsgebiet entschwinden, auf dem sie sich am längsten behauptet hat, nämlich das der „gegenständlichen" wissenschaftlichen Begriffe. Jeder kennt ja die Rolle der Zahl und der Raumformen in den physikalischen, chemischen, biologischen Begriffen. Werden diese *nicht* durch passiven Eindruck wahrgenommen, so wird gerade der eigentliche Kern der wissenschaftlichen Begriffe einen andersartigen Ursprung haben, und die Didaktik wird sich infolgedessen neu einstellen müssen.

Wie weit bestimmt die empiristische Psychologie wirklich die herkömmliche Didaktik, und was sind ihre Ergebnisse? Verzeichnen wir zuerst ihre positive Leistung. Geschichtlich gesehen ist es unleugbar, daß der anschauliche Unterricht, wie ihn Comenius, Rousseau, Pestalozzi u. a. vorgeschlagen haben, ein ungeheurer Fortschritt gegenüber dem verbalistischen Unterricht des Mittelalters und der Renaissance war. In der Tat beruht sein wahrer Wert auf der Tatsache, daß er eine *notwendige Voraussetzung* für den Erwerb der meisten Begriffe und Operationen erfüllt: die Verwendung gewisser anschaulicher Gegebenheiten (geometrischer Figuren, Objekte, Veranschaulichungen, Modelle, Reliefs u. a.) im Unterricht. Nur an solchem Material können die Begriffe und Operationen erarbeitet werden. Aber dieser Satz gestattet sogleich auch, die *Grenzen* der anschaulichen Lehrweise anzugeben. Hat man die Wichtigkeit der konkreten Gegebenheiten anerkannt, so hängt nun in der Tat alles von der Art ab, wie sie *genützt* werden. Wir haben gesehen, daß man, um den Bruchbegriff zu finden, das Subjekt zu einer Tätigkeit führen muß: teilen, reihen, zählen. Nun wird man leicht erkennen, daß der ganze Erfolg des Unterrichts von der Form abhängt, die man der Ausführung dieser Operationen gibt. Wenn sich der herkömmliche Unterricht nur vornimmt, im kindlichen Geist Eindrücke hervorzurufen, so beschränkt er sich darauf, die Gegenstände und die Operationen mit Hilfe von *Demonstrationen vor der Klasse* darzubieten. Die tatsächliche Operation wird nur durch den Lehrer ausgeführt, bestenfalls von einem aufgerufenen Schüler vor der Klasse. Worin besteht dann die Aktivität der anderen? Im günstigsten Fall folgen sie der Demonstration, die ihnen vorgeführt wird, und durch eine Art innerer Nachahmung erleben sie die vor ihren Augen abrollenden Handlungen. Doch bleibt ihre Haltung die von *Zuschauern*, von interessierten, gleichgültigen oder völlig abwesenden Zuschauern. — Noch eine andere Beobachtung kann man machen, die im gleichen Sinne wirkt: Nach der Vorführung einer verhältnismäßig kleinen Anzahl von konkreten Operationen führt der herkömmliche Unterricht ohne weiteres die mathematischen Symbole und die festen Wortformeln ein, auf die man sich in der Folge beschränkt, wenn man die Schüler arbeiten läßt. Nachdem der Lehrer vor der Klasse ein Rechteck in Streifen und Quadrate geteilt und erklärt hat, daß man die Fläche durch Multiplikation der Grundlinie mit der Höhe erhält, so tun die Schüler nichts weiter, als daß sie Aufgaben dieser Art rein zahlenmäßig lösen. Fragt man sich, auf welchen — nicht ausgesprochenen, aber stillschweigend angenommenen — psychologischen Anschauungen diese didaktischen Verfahrensweisen beruhen, so erkennt man sogleich, daß alle diese Beweisführungen vorgetragen werden, als könnte man sie dem Kinde

„geben". Besonders klar ist das der Fall, wenn sie ihnen in der „allgemeinen" Form einer „anschaulichen" Darstellung vorgesetzt werden, ohne daß eine Problemstellung vorausgegangen ist. Ist man nicht berechtigt anzunehmen, ein Lehrer, der so vorgeht, fasse seine Darstellung als eine Art zwar nicht sinnlicher aber doch geistiger Einprägung auf, die er im kindlichen Geist vollzieht? „Lernen" würde für das Kind dann bedeuten, von der Erklärung des Lehrers „ein Abbild nehmen". Sogar die Form mancher aktiverer Erarbeitungen scheint oft auf solchen Annahmen zu beruhen. In der Tat beobachtet man häufig, daß ein Lehrer mit Hilfe von Fragen seine Klasse durch eine Überlegungsreihe hindurchführt, gleich als ob sich die so erzeugte Erfahrung dem Geist des Kindes einprägte, das Kind ein für alle Male die Sache begreifen ließe und nun den Übergang zu Übungen erlauben würde, bei denen nur noch Symbole verwendet werden.

Ich hätte die Vermutung über solche Auswirkungen der empiristischen Psychologie auf die Unterrichtsmethoden nicht geäußert, wenn nicht einige andere Beobachtungen die Behauptung bekräftigten. Man findet in der Tat, daß in sehr vielen Klassen eine physikalische, biologische oder geschichtliche Erscheinung bzw. eine Gesamtheit arithmetischer oder geometrischer Operationen immer in der gleichen Form vor- oder ausgeführt wird. Sie werden immer mit den gleichen Wortformeln ausgedrückt und immer mit den gleichen Illustrationen und Beispielen veranschaulicht. Die gleichschenkligen Dreiecke werden immer in der gleichen Lage mit horizontaler Grundlinie gezeichnet und die Dreisatzaufgaben stets mit dem gleichen Schlußverfahren erklärt. Welches Ziel verfolgt ein solches Vorgehen? Es ist immer dasselbe: dem kindlichen Geist ein Vorstellungsbild einzuprägen, von dem man hofft, es werde um so dauerhafter sein, je öfter es in der gleichen Form dargeboten wird. Und schließlich steht es im Einklang mit der empiristischen Eindruckstheorie, wenn der herkömmliche Unterricht Begriffe, die vom Kind leicht verwechselt werden, getrennt behandelt. So fängt man mit dem Umfang des Rechtecks an, um dann — getrennt davon — zur Behandlung seiner Fläche überzugehen. Man führt in einer ersten Reihe von Lehrstunden den Satzgegenstand ein, dann nimmt man nacheinander andere Satzteile in Angriff usw. Der zugrunde liegende Gedanke ist, jeden Begriff *isoliert* zu formen — aus Furcht, ein Eindruck könne den anderen auslöschen. Man glaubt, die Erkenntnis nach einem atomistischen Schema aufbauen zu können, indem man einen Bestandteil mit dem anderen verbindet; aber man vergißt, daß es gerade die gegenseitigen Beziehungen sind, die verschiedene Begriffe und Operationen abgrenzen und klarstellen.

Welche Ergebnisse zeitigt ein solcher Unterricht? Mit den gut begabten Schülern kommt man im allgemeinen zu dem gesteckten Ziel. Bei den mittleren und schwachen Schülern dagegen sind dieser Methode gewisse Mißerfolge zuzuschreiben. In der Tat, sobald der zu verwendende Begriff oder die Operation einigermaßen komplex ist — was für die gemeinen Brüche und für die Flächenberechnung zutrifft — macht es natürlich die einfache Demonstration der Operation nicht allen Schülern möglich, den neuen Begriff zu bilden. Geht man dann zu dessen zahlenmäßigem Ausdruck über und löst Aufgaben nur noch mit Hilfe von Symbolen, so sind diese Schüler nicht mehr imstande, sich an deren *Bedeutung* zu erinnern und daher gezwungen, sich blind nach der Regel zu richten, die für die Handhabung der Zeichen gilt.

Die Darbietung „intellektueller" Bilder wirkt im gleichen Sinn. Wird die Überlegung immer in der gleichen Weise formuliert, werden immer wieder ähnliche Illustrationen und Beispiele gegeben, wird eine Gedankenreihe stets im gleichen Sinn durchlaufen (Geschichte), dann ist die Gefahr groß, daß sich beim Kinde starre geistige Schemata bilden. Man stellt dann wirklich fest, daß gewisse Gedanken unablösbar an eine Wortformel, an eine gewisse Bedingung oder an einen zufälligen Zusammenhang gebunden sind, und daß sie nur in der Form und unter den Bedingungen, unter denen sie aufgenommen worden sind, wiedergegeben oder erkannt werden können.

So kommt es, daß die herkömmliche Unterrichtsweise, indem sie künstlich isoliert, was in Beziehung zueinander gestellt werden müßte, das Kind am Verstehen hindert und es zwingt, seine Zuflucht zum Auswendiglernen von Wortformeln zu nehmen.

Dieses Ergebnis zieht eine ganze Reihe von Folgen nach sich, die oft zur Kritik an der herkömmlichen Unterrichtsweise herausgefordert haben. Vor allem ist erwiesen, daß die Schüler dem Unterricht ein Interesse entgegenbringen, das direkt proportional ist zu dem Maß an Handlungsmöglichkeiten, die man ihnen einräumt. Ihr Interesse ist größer, wenn sie die Lösung einer Aufgabe selber finden, als wenn sie nur der Demonstration der Lösung beiwohnen dürfen; es ist größer, wenn sie selber mit konkreten Gegebenheiten arbeiten können, als wenn sie sich diese Gegebenheiten vorstellen müssen oder sie nur als Zuschauer betrachten dürfen. Nun setzt in jeder Hinsicht der herkömmliche Unterricht ein Minimum an Aktivität ins Spiel, so daß das Interesse für den behandelten Stoff oft nur gering ist.

Im übrigen wirkt die Bindung der Tätigkeit an eine feste wörtliche Ausdrucksweise oder an starre Lösungsregeln oft als Zwang. Das Kind hat keine Möglichkeit, sich in einem Gedankensystem frei zu bewegen.

Es muß die Ergebnisse, die Definitionen, den Wortlaut von Gesetzen auswendig lernen und wiedergeben, so wie sie ihm gegeben worden sind. Es muß immer die gleichen Verfahren anwenden, um die Lösungen zu finden.

Man weiß seit langem: Je mehr ein Stoff sinnentleert ist, um so schwerer ist er zu memorieren und um so rascher wird er vergessen. Alles, was bis jetzt gesagt wurde, zeigt, daß der auf die sensualistisch-empiristische Psychologie gegründete Unterricht sehr oft zu solchen Ballungen wirrer Gedanken führt, daß sie sich der Schüler schwer aneignet und sie kaum behält.

KAPITEL II

Die Didaktik der Arbeitsschule

Zu Beginn unseres Jahrhunderts sind zahlreiche Bewegungen zur Schulreform in Europa und Amerika entstanden. Sie waren unter sich sehr verschieden; aber alle erkannten die Unzulänglichkeiten der überkommenen Didaktik und strebten nach einer Erziehung, die der Psychologie des Kindes besser Rechnung tragen sollte. Man pflegt diese pädagogischen Strömungen unter dem Namen „Pädagogik der Arbeitsschule" zusammenzufassen. Die Literatur darüber ist sehr umfangreich. Außer den Werken der Theoretiker umfaßt sie zahlreiche Werke praktischer Richtung, unter anderen jene der großen Reformer, wie Decroly (Belgien), Cousinet (Frankreich), Washburne (Vereinigte Staaten), Scheibner (Deutschland), Elsa Köhler (Österreich). Um meinen Standpunkt mit demjenigen dieser Pädagogen zu vergleichen, scheint es mir nützlich, hier einige ihrer Antworten auf die in diesem Buch aufgeworfenen Probleme zu prüfen. Allerdings hat mich die Vielfalt der Theorien zu einer Auswahl gezwungen, die sich als schwierig erwies. Schließlich habe ich mich auf die Werke von vier Pädagogen beschränkt, die zunächst einmal große Theoretiker waren, deren Arbeiten zu praktischen Erprobungen führten, und die schließlich auch die Psychologie, auf der ihre Pädagogik beruhte, klar dargelegt haben. Sie heißen W. A. Lay (1862–1926), John Dewey (1859–1952), Edouard Claparède (1873–1940) und Georg Kerschensteiner (1854–1932). Hätte ich mich mehr mit den Praktikern der Arbeitsschule befassen sollen? Ich glaube nicht; denn ein solches Vorgehen hätte mich dennoch gezwungen, die allgemeinen Grundsätze zu erörtern, von denen sie sich in ihrer Arbeit leiten ließen und die meist von den Werken der großen Theoretiker eingegeben worden sind.

Die Wahl der eben erwähnten Pädagogen hat noch einen anderen Vorteil: die Analyse ihrer Lehren zeigt, daß die Arbeitsschule sich nur schrittweise von der überkommenen Didaktik hat lösen können. So ist es Lay nicht geglückt, über die Auffassungen der sensualistisch-empiristischen Psychologie und Didaktik endgültig hinauszukommen: Er hat ihnen nur einige aktivere Elemente zugeführt. Hingegen haben Dewey und Claparède die aktive Rolle des Denkens im Dienst des Handelns klar erkannt. In der Deutung der inneren Natur des Denkens jedoch sind sie der Assoziationspsychologie verhaftet geblieben. Kerschensteiner endlich hat sich von dieser Psychologie losgesagt und tief eindringend die Bildung der Begriffe durch den Schüler beschrieben. Leider hat er die regelnden Kräfte dieser Aktivität in Grundsätzen geistiger Disziplin gesucht, die dem Inhalt der Aktivität selbst fremd sind — eine Auffassung, die ich nicht teilen kann.

Keine dieser Didaktiken kann also völlig befriedigen. Der Grund dafür ist, daß jede auf gewissen psychologischen Ansichten beruht, mit denen man sich kaum befreunden kann. Meine Aufgabe ist daher, eine Psychologie zu finden, welche diese Schwierigkeiten vermeidet, um dann aus ihr die didaktischen Anwendungen abzuleiten.

Ich beginne nun mit der Prüfung der Didaktik W. A. Lays.

1. W. A. Lay: Eine Didaktik, gegründet auf die „grundlegende psychologische Reaktion" (Eindruck — Verarbeitung — Ausdruck)

W. A. Lays Didaktik gründet sich auf zwei psychologische Entdeckungen, die gegen Ende des 19. Jahrhunderts allgemein bekanntgeworden sind: die des *Reflexbogens* und die der *kinästhetischen Empfindung*. Nach Lay bildet der Reflexbogen, d. h. die Gesamtreaktion, die in der Wahrnehmung eines Sinnenreizes und der motorischen Reaktion auf diesen Reiz besteht, die natürliche Einheit des seelischen Lebens.[8] Durch eine künstliche Abstraktion hat die klassische Psychologie diese beiden Bestandteile getrennt und ihre Aufmerksamkeit fast ausschließlich auf die Eindrücke beschränkt, die das Subjekt aus der Umwelt empfängt. Nun zeigt die psychologische Beobachtung, daß schon die einfachsten visuellen Wahrnehmungsakte motorische Elemente enthalten. Wenn ein Lichtreiz das Auge trifft, antwortet dieses mit einer angepaßten Bewegung:[9] es stellt sich in der Richtung genau auf die

Reizquelle ein und paßt sich der Entfernung des Gegenstandes an. Aber gleichzeitig vermittelt die motorische Reaktion dem Subjekt eine neue Art von Empfindungen, deren Wichtigkeit nur von sehr wenigen Psychologen und Pädagogen der herkömmlichen Schule bemerkt worden war: die kinästhetischen Empfindungen.[10] Durch diese Empfindungen, die von den Muskeln und den Gelenken ausgehen, kann das Subjekt seine eigenen Bewegungen wahrnehmen, ohne sie zu sehen. Es kann sich z. B. der Bewegung bewußt werden, die darin besteht, mit dem Blick einem größeren Kreis zu folgen oder ein Glied zu beugen.

Aus diesen psychologischen Auffassungen leitet Lay seine grundlegende Behauptung ab, wonach das natürliche Element des seelischen Lebens weder die Empfindung noch eine andere isolierte Funktion sei, sondern vielmehr die Gesamtreaktion, die darin besteht, Eindrücke aus der Umwelt zu empfangen und — als Antwort — auf sie zu reagieren. Folglich sind die Lebensäußerungen gekennzeichnet durch die „Einheit des Eindrucks und der Reaktion (des Ausdrucks)". Dies ermöglicht dem Subjekt, die Umwelt seinen Bedürfnissen anzupassen.

Diesen grundlegenden Tatsachen schließt sich ein anderes psychologisches Phänomen an: Reaktion bzw. Ausdruck präzisieren den Eindruck. Das läßt sich leicht bei der visuellen Wahrnehmung feststellen: Die Anpassungsreaktion, die auf die erste Reizung des Auges folgt, verdeutlicht die ursprünglich noch unbestimmte und summarische Wahrnehmung. Lay sagt uns, ebenso verhalte es sich bei komplexeren seelischen Akten. Wenn wir (z. B. mit Worten oder mit einer Zeichnung) wiedergeben müssen, was wir wahrnehmen, so verschärft sich unser Eindruck von dem Objekt in dem Maße, wie unsere Wiedergabe fortschreitet. Und selbst bei den verwickeltsten Tätigkeiten unseres Seelenlebens, wo sich eine lange Verarbeitung zwischen Eindruck und Ausdruck (Aufsatz, wissenschaftliche Arbeit u. a.) einschaltet, wird die geistige Erfassung durch die sprachliche Formulierung gefördert.[11]

Daraus zieht Lay die folgenden pädagogischen Schlüsse:

„Der Zögling ist Glied einer Lebensgemeinschaft, die auf ihn einwirkt und auf die er zurückwirkt; ... die Wahrnehmungen, die nach den Normen der Logik ... aufgefaßt und verbreitet sind, müssen grundsätzlich und auf allen Gebieten und Stufen der Erziehung ihre Ergänzung finden in der Darstellung." [12]

Darin liegt nach Lay „das pädagogische Grundprinzip der Tat".

Die wesentliche Entdeckung ist — immer nach seiner Lehre — die des Ausdrucks: Die geistige Verarbeitung ist schon in den Schulen des Mittelalters gepflegt worden. Dann haben Comenius und Pestalozzi die Wichtigkeit des Sinneseindrucks erkannt; aber noch hatte man das dritte Kettenglied der natürlichen psychischen Reaktion nicht beachtet: den

Ausdruck der wahrgenommenen und verarbeiteten Gegebenheiten. In den Naturwissenschaften, in Geographie, Geschichte, Wirtschaftskunde u. a. zeigt sich die Ausdrucksfunktion am klarsten. Die objektiven Gegebenheiten werden vom Geist im Laufe des Eindruckprozesses aufgenommen. Wahrgenommen durch die Beobachtung, werden sie verarbeitet durch das Denken. Schließlich finden sie ihren Ausdruck auf verschiedene Weise. Lay erwähnt die folgenden Klassen: *„Körperliche Darstellung:* Modellieren, Experimentieren, Tier- und Pflanzenpflege; *zeichnerische Darstellung* ...; *mathematische Darstellung:* Geometrie, Rechnen; *sprachliche Darstellung* ...“ [13]

Was soll man von diesen didaktischen Auffassungen halten? Sie haben das Verdienst, eine systematische Theorie zu bilden, die zum großen Teil auf Experimentaluntersuchungen von Lay selbst und anderen Psychologen beruht. Was einzelne Thesen betrifft, so hat Lay zweifellos recht, die Wichtigkeit des motorischen Elements bei der Wahrnehmung und der Vorstellung von Raumformen zu unterstreichen. Wir werden sehen, daß Jean Piaget seinerseits zu analogen Schlüssen gelangt ist. Folglich hat die Wiedergabe einer wahrgenommenen oder dargestellten Form tatsächlich eine große Bedeutung: sie ist kein zusätzlicher seelischer Akt, welcher dem der Wahrnehmung und der Vorstellung fremd wäre, sondern sie gibt die *tatsächlichen* Erkundungsbewegungen (den Umrissen folgen usw.) wieder, die das Subjekt beim Wahrnehmen ausführt und die es innerlich von neuem ausführt, wenn es sich die fragliche Figur vorstellt. Ich werde auf dieses Problem zurückkommen. Halten wir also die These von Lay fest, daß die Wiedergabe einer Raumform durch Modellieren oder Zeichnen zugleich ihre Wahrnehmung und Vorstellung präzisiert und vertieft.

Wenn nun die Überlegungen Lays hinsichtlich der Wahrnehmung (des „Eindrucks“) der Figuren und Formen vollkommen folgerichtig sind, so sind sie es vielleicht nicht ebensosehr beim Thema „Ausdruck durch Experimentieren“ und „Ausdruck durch Mathematik“. Betrachtet man die verschiedenen Ausdruckstypen, so ist man in der Tat befremdet, wenn man erfährt, daß Lay das *Experimentieren* unter „körperliche Darstellung“ einreiht und es in die gleiche Gruppe stellt wie das Modellieren und die Tier- und Pflanzenpflege. Zwar gibt es bei näherer Prüfung nützliche Anweisungen für die Durchführung der Experimente [14]; aber diese Anregungen bleiben außerhalb des theoretischen Rahmens seiner Pädagogik.

Um mit einem scheinbar zweitrangigen Punkt zu beginnen: Es ist aufschlußreich festzustellen, wie schwierig es ist, das Experimentieren im System Lays unterzubringen. Man kann wirklich nicht zustimmen, daß das Experimentieren unter die Formen des Ausdrucks eingereiht wird. Denn nach Lay selbst ist es der Eindruck, der dem Geist die in den untersuchten Objekten vorliegenden Gegebenheiten vermittelt. Warum hat also Lay das Experimentieren nicht unter die Formen des Eindrucks eingereiht? Der Grund dafür ist leicht zu erraten: der Eindruck ist für ihn ein Prozeß passiver Aufnahme. Nun ist aber das Experimentieren ganz offensichtlich aktiv und kann demnach nicht unter die Formen des Eindrucks eingereiht werden. Also läßt Lay es unter den Formen des körperlichen Ausdrucks erscheinen, was kaum glücklicher ist, weil das Experimentieren dadurch dem Modellieren, der Tierpflege und der Pflanzenpflege gleichgestellt wird. Diese Aktivitätsformen haben einen gemeinsamen Zug: sie alle schließen physische Handlungen, Körperbewegungen ein. Sollte sich also das Wesen des Experimentierens in diesem Faktor physischer Aktivität finden?

Hier geht die Tragweite des Problems über die Frage einer bloßen Klassifikation hinaus. Es ist gefährlich, wenn der Psychologe dem Erzieher sagt, das Wesen der Unterrichtsversuche sei physische Aktivität. Ein so aufgefaßtes Experimentieren läuft Gefahr, nichts weiter zu sein als ein Hantieren mit Geräten, chemischen Substanzen u. ä. Beobachtet man nicht an gewissen höheren Schulen und selbst an gewissen Universitäten, daß die praktischen Übungen, die als Ergänzungen des theoretischen Unterrichts gedacht sind, nur darin bestehen, daß die Studenten mit Instrumenten hantieren oder irgendwelche Apparate in Gang setzen? Woran solche Aktivitäten kranken, ist der Umstand, daß sie nicht von Problemen ausgehen, die gut gestellt und für das Verständnis des Schülers klar sind; denn ein Experiment ist eine an die Natur gestellte Frage und hat nur dann Sinn, wenn sein Ablauf durch ein richtunggebendes Problem bestimmt ist (die „experimentelle Idee" von Claude Bernard, das „vorwegnehmende Schema" von Jean Piaget). Allein das Schema „Eindruck — Verarbeitung — Ausdruck" hat für eine solche Auffassung keinen Platz, und deshalb ist Lay gezwungen, das Experimentieren auf so sonderbare Weise seinem didaktischen System einzugliedern.

Entsprechende Überlegungen könnte man zu dem von Lay behandelten Thema „Ausdruck durch die Mathematik" anstellen. Er schlägt vor, die Schüler sollten die Mathematik in den Naturwissenschaften dazu einsetzen, die quantitative Seite der untersuchten Objekte zu erfassen; und das ist ohne Zweifel ein fruchtbarer Gedanke. Aber auch hier ist Lay gezwungen, die quantitative Erfassung von Gegebenheiten als „Ausdruck" anzusehen. Denn nach seiner Lehre ist der Eindruck, der dem Geist Kenntnisse liefert, ein Prozeß, bei dem das Subjekt passiv bleibt, ein Prozeß, dessen Unterschied gegenüber dem quantitativen Studium der Dinge er recht wohl fühlt.

Die Grenzen der Didaktik W. A. Lays, die von ihrer ungeeigneten psychologischen Grundlage herrühren, zeigen sich auch noch deutlich in seiner Theorie der Zahl. Es ist bekannt, daß Lay in seinem Buch „Führer durch den Rechenunterricht in der Unterstufe" die Darstellung der Grundzahlen durch zwei parallele Reihen von Punkten vorgeschlagen hat:

$$\begin{matrix} \bullet & \bullet & \bullet \; \bullet & \bullet \; \bullet & \bullet \; \bullet \; \bullet \\ & \bullet & \bullet & \bullet \; \bullet & \bullet \; \bullet \end{matrix} \quad \text{usw.}$$

Welche Aufgabe haben nach ihm diese Zahlenbilder?

Sie haben die Aufgabe, beim Kinde die anschaulichen Vorstellungen von den Grundzahlen zu bilden. Nach Lay wird eine solche Vorstellung, wie jedes andere Vorstellungsbild, durch einen passiven Sinneseindruck erworben. Zwar betont er, daß die visuellen Eindrücke durch Tastempfindungen und kinästhetische Empfindungen ergänzt werden müssen, durch Empfindungen, die sich einstellen, wenn das Kind die Spielmarken, mit denen es die Zahl darstellt, berührt, ergreift und mit ihnen spielt. Gleichwohl bleibt es dabei, daß sich die anschaulichen Zahlvorstellungen dem kindlichen Geist durch eine Art Abbildungsvorgang einprägen. Lay sagt wohl, daß der Zahlbegriff ein Handeln des Subjekts voraussetze und daß er eine Konstruktion des Verstandes sei.[15] Wenn man aber näher prüft, worin diese Tätigkeit bestehen soll, so sieht man, daß sie nur eine „Anerkennung", ein „Bewußtwerden" des Nebeneinanders einzelner Elemente in der numerischen Menge ist.[16] Man versteht nicht recht, inwiefern eine solche Anerkennung, ein solches Bewußtwerden aktiv sein soll. Ebenso sucht man bei Lay vergeblich nach der leisesten Andeutung der Rolle, welche die Operationen in der Bildung der Zahl spielen könnten. Wenn er auch keine axiomatische Analyse der Zahl durch Operationen der Ordnung (durch asymmetrische Beziehungen) und des Einschachtelns (durch Klassenbeziehungen) gibt, hätte er nicht zum Beispiel sagen können, daß die Zahl 5 konstruiert wird, indem man ein weiteres Element zu vier Einheiten oder zwei Elemente zu drei Einheiten usw. hinzufügt? Mit solch einer Feststellung hätte Lay seiner These von der Konstruktion der Zahl durch den Verstand eine konkrete Bedeutung gegeben, und gleichzeitig könnte der Praktiker sehen, wie er dem Kinde die einfachen Zahlen darbieten muß: durch das konkrete Ausführen der Prozesse des Zusammensetzens und Zerlegens. Ganz im Gegenteil verlangt Lay in seiner Psychologie, daß beim Kinde zuerst die anschaulichen Vorstellungen von der Zahl geschaffen werden, daß es die Zahlbilder betrachtet, berührt, zeichnet und daß erst dann daraus die Operationen abgeleitet werden.[17]

Was soll man also von der Methode der Zahlbilder halten, die von Lay vorgeschlagen wurde und die auch noch von modernen Autoren verteidigt wird?[18] Die Zahlbilder können zweifellos beträchtlich zur Bildung des Zahlbegriffes beitragen, aber nur dann, wenn sie psychologisch anders gewertet werden und man von ihnen einen andern didaktischen Gebrauch macht. Die nach den Figuren Lays gelegten Spielmarken haben nicht die Aufgabe, dem Kinde visuelle, taktile oder kinästhetische Empfindungen zu vermitteln oder bei ihm anschauliche Bilder zu erzeugen; sie sind Gegenstände, an denen Tätigkeiten der Zahlenbildung (Zählen, Hinzufügen, Wegnehmen usw.) praktisch geübt werden können. Die von Lay vorgeschlagene Ordnung der Spielmarken hat den Vorzug, den Aufbau einer Zahl — ausgehend von ihren Elementen — klar zu zeigen, d. h. es dem Kind leicht zu machen, die Zahl auf Grund seiner bloßen Wahrnehmung in Gedanken aufzubauen. Wird eine neue Zahl eingeführt, so ist es nicht wichtig, daß das Kind die Darstellung in einem fixierten Bild aufnimmt, sondern daß es die Rechenvorgänge ausführt, die mit jeder neuen Zahl möglich sind; und diese müssen, wohlverstanden, unabhängig werden vom räumlichen Bild der Einheiten. Vom didaktischen Gesichtspunkt aus ist es nicht wünschenswert, dem Zeichnen und Bemalen der Zahlbilder allzuviel Zeit zu widmen. Diese Verfahren zielen darauf ab, im kindlichen Geist anschauliche Zahlbilder zu schaffen; sie verlangen aber oft nur sehr wenig mathematische Überlegung. Besser ist es, wenn man dem Kind häufig Gelegenheit gibt, die Operationen, welche Zahlen erzeugen, konkret auszuführen.

Versuchen wir zum Abschluß eine Gesamtschau über die psychologischen und didaktischen Lehren Lays zu gewinnen. Wir haben festgestellt, daß die Didaktik — dank der Psychologie — die charakteristischen geistigen Akte, durch die wir einen gegebenen Stoff „kennen" und die notwendigen Schritte, die zu seiner Aneignung führen. aufzuzeigen vermag. Beginnen wir mit dem zweiten Problem: Wir haben gesehen, daß Lay die Bildung der Erkenntnis im wesentlichen im Sinne der sensualistisch-empiristischen Philosophie und Psychologie versteht. Das erste Kettenglied in jeder Reaktion, sei sie erkenntnismäßig oder motorisch, bleibt für ihn ein Eindruck, eine Sinneserregung, durch die von außen her eine Gegebenheit empfangen wird. Dieser Grundsatz gilt bei Lay ohne Ausnahme für Mathematik und Naturwissenschaften wie für jedes andere Gebiet der Erkenntnis. Der einzige Zug, den Lay dem überkommenen Bild des „Eindrucks" hinzufügt, besteht darin, daß er als deren Quelle die kinästhetischen Empfindungen ebenso anerkennt wie die klassischen Sinnesempfindungen. Er folgert daraus, daß die Raumformen vom Kinde aktiv erkundet werden müssen, daß es sie betasten und ihren Umrissen und Oberflächen folgen muß. Aber abgesehen von diesem motorischen Element bleibt für Lay der Eindruck ein wesentlich rezeptiver Vorgang.

Auch was den geistigen Akt betrifft, durch den der Unterrichtsgegenstand „gekannt wird", vertritt Lay denselben Standpunkt. Als Anhänger der alten Assoziationspsychologie läßt er die Behauptung gelten, daß die Empfindungen Bilder schaffen, die durch Assoziationen der Ähnlichkeit, des Gegensatzes u. a. miteinander verbunden sind. Von daher erklärt sich, weshalb Lay dem anschaulichen Zahlenbild so große Bedeutung beimißt. Er neigt dazu, den Geist als eine Sammlung von Bildern zu verstehen. Aber Lay fügt dieser psychologischen Theorie abermals einen dynamischen Zug bei. Indem er dem Begriff der kinästhetischen Empfindungen nachgeht, erkennt er das motorische Element in den Raumvorstellungen. Jean Piaget sagt uns heute, das Vorstellungsbild sei eine innere Wiedergabe der Bewegungen, mit denen die wahrgenommene Form erfaßt wurde. Man müßte also die Psychologie von Lay als „sensualistisch" kennzeichnen, aber sogleich hinzufügen, daß es sich um einen Sensualismus mit starker kinästhetischer Komponente handelt.

Doch ergänzt Lay seine Vorstellung vom „psychischen Grundprozeß" durch ein drittes Element, den Ausdruck, d. h. die Reaktion des Subjekts auf die Wirklichkeit. Dadurch geht er weit über die überlieferte Psychologie hinaus, die den Menschen allein als Betrachter und Denker gesehen hatte. Als allgemeine Haltung ist die Einstellung Lays äußerst fruchtbar für seine Pädagogik: sie führt ihn dazu, das Kind als Glied einer Gemeinschaft zu betrachten, deren Einwirkungen es unterworfen ist und auf die es reagiert. Wenn die Idee des „Ausdrucks" in der Didaktik Lays nicht fruchtbarer geworden ist, so liegt das an der Natur der gedanklichen Elemente, die ihm bekannt sind. Originell ist seine Theorie des „Ausdrucks" da, wo er die Wiedergabe der Raumformen beschreibt, d. h. der einzigen aktiven Elemente des Denkens, die er kennt. Hier zeigt er uns folgerichtig, wie das Zeichnen, das Modellieren einer Form nichts anderes ist als die tatsächliche Wiedergabe der Bewegungen der wahrnehmenden Erkundung, Bewegungen, die beim Vorstellen der Form nur skizziert sind. Aber die Bewegung als Erzeugerin praktischer Handlungen und räumlicher Figuren (Zeichnungen, Modelle) ist das einzige aktive Element des Denkens, das Lay kennt. So ist er z. B. gezwungen, das Experimentieren als einen körperlichen Ausdruck zu deuten, wobei er nur auf dessen motorischen Aspekt Rücksicht nimmt. Und was den „mathematischen Ausdruck" betrifft, so kann man überhaupt nicht erkennen, inwiefern er ein Ausdruck sein soll.

Dieser sonderbare Begriff des Ausdrucks erklärt sich aus der Tatsache, daß es Lay nur zum Teil geglückt ist, die aktive Natur des Denkens zu erkennen. Hätte er zum Beispiel gesehen, daß die Zahl durch Operationen und nicht durch „anschauliche Vorstellungen" gebildet wird, so hätte er einerseits begriffen, daß sie nicht durch einen „Eindruck" erworben wird, und hätte andererseits erkannt, daß sie in der Tat „ausgedrückt", d. h. exteriorisiert werden kann durch die tatsächliche und konkrete Ausführung der Operationen des Zusammensetzens, Teilens, der Reihenbildung usw.

Was das Experimentieren angeht, so wäre die Aufgabe der Klassifikation dieser geistigen Tätigkeit sogleich gelöst, würde das psychologische System Lays eine aktive Aneignung der Erfahrungsdaten kennen und nicht ihren passiven Eindruck. Das Typische des Experimentierens liegt ja gerade darin, daß es, ausgehend von einer Hypothese, einem Problem, das Objekt einer Forschungstätigkeit, d. h. einer aktiven geistigen Aneignung unterwirft.

So ergibt sich für uns aus der Theorie W. A. Lays eine wichtige Erkenntnis: Die Didaktik der Arbeitsschule braucht eine aktive Deutung des Denkens, sowohl unter dem Gesichtspunkt seiner Entstehung als auch unter demjenigen seines inneren Wesens.

2. J. Dewey und E. Claparède: Zwei Didaktiken, die auf einer „instrumentalistischen" Deutung des Denkens beruhen

Der große amerikanische Denker John Dewey hat seine Lehre sowohl nach pädagogischen als auch nach psychologischen und philosophischen Gesichtspunkten vollständig ausgearbeitet. Deshalb ist leicht zu erkennen, wie sich seine didaktischen Auffassungen folgerichtig aus seinen psychologischen und philosophischen Ansichten ergeben.

Um die Lösung zu verstehen, die Dewey für die Probleme der psychologischen Natur der Erkenntnis und den Vorgang ihrer Aneignung findet, ist es zweckmäßig, zuvor einen Blick auf seine Deutung der Beziehung zwischen dem Subjekt und der Umwelt zu richten. Steht das Subjekt vor allem unter dem Eindruck der Dinge? Wird es deshalb wesentlich von ihnen geformt (sensualistisch-empiristischer Standpunkt), oder ist das Subjekt vor allem ein reagierendes Wesen, das den Anstoß von der Wirklichkeit her erwartet, um darauf zu reagieren (Lay)? Nach Dewey ist der Mensch ein aktives Wesen, das spontan in den Lauf der Erscheinungen eingreift. Gerade das schöpferische Handeln kennzeichnet die Beziehungen zwischen dem Subjekt und der Umwelt. Der Mensch formt die Gegenstände der physischen Umwelt um und schafft neue Beziehungen und Strukturen in der sozialen Umwelt. Dewey unternimmt es, diese weitreichende philosophische Verallgemeinerung durch die ins einzelne gehende Analyse jener psychologischen Prozesse zu rechtfertigen, denen das Subjekt den Kontakt mit der Umwelt verdankt. Ganz allgemein kann man sagen, daß alle geistigen Funktionen, welche die klassische Psychologie unterschieden hat, *Werkzeuge* sind, die das Handeln des Subjekts fördern sollen. Also beschränkt sich das Subjekt beim Beobachtungsvorgang nicht darauf, sich den Reizen zu öffnen, die von den Dingen ausgehen.

„... ursprünglich steht die zielgerichtete analytische Beobachtung fast immer in Verbindung mit der gebieterischen Notwendigkeit, im Lauf des Handelns Hilfsmittel und Ziele zu finden. Wenn man etwas unternimmt und Erfolg haben will..., so ist man gezwungen, Augen, Ohren und Tastsinn als Führer im Handeln zu benützen. Man kann nicht einmal spielen, ohne ständig und flink seine Sinne einzusetzen. Bei jeder Form von Arbeit muß man sich genau nach den Materialien, den Widerständen, den Instrumenten, den Mißerfolgen und Erfolgen richten. Die Sinneswahrnehmung ist nicht um ihrer selbst willen da..., sondern weil sie einen unentbehrlichen Faktor darstellt, wenn gelingen soll, woran man interessiert ist ...“ [19]

Das Denken wie das Beobachten dient dem Menschen als Werkzeug des angepaßten Handelns. Für das Kind im besonderen hat es keinen Wert an sich, es ist ihm nur ein Hilfsmittel, das ihm dazu dient, die praktischen Aufgaben des täglichen Lebens zu lösen und beim Spiel seine Ziele zu erreichen.

„Die geistige Organisation entsteht und entwickelt sich während einer gewissen Zeit, wenn Handlungen, die zur Verwirklichung eines Zieles nötig sind, in Gang gesetzt werden. Aber sie entspringt nicht aus einem direkten Appell an das Denkvermögen. Das Bedürfnis zu denken, um etwas damit zu erreichen, ist stärker als das Denken um des Denkens willen. [20]

Das Denken wird so im Zusammenhang mit einem Handeln gesehen. Die enge Beziehung, die zwischen diesen beiden Formen der Aktivität besteht, zeigt sich am Anfang und am Ende des Denkaktes. Der Mensch wird zum Nachdenken angeregt, wenn er eine Tätigkeit ausübt und in Schwierigkeiten gerät, falls im Laufe dieser Tätigkeit ein

Zweifel oder eine Alternative vor ihm auftaucht. Er analysiert dann die Lage, sucht nach den Gründen und vergegenwärtigt sich die möglichen Folgen seines Handelns oder des vor ihm abrollenden Vorganges. Ist dann der Akt der Überlegung abgeschlossen, so wird die Güte der Schlußfolgerungen durch das Tun bestätigt: die Alternative, für die man sich im Lauf des Handelns entschieden hat, führt entweder zum gewünschten Ziel, oder sie führt nicht zum Ziel; das bedeutet: die Überlegung war der Natur der Lage angepaßt oder sie war es nicht. In diesen Rahmen des Handelns fügt Dewey seine berühmte Analyse des Denkaktes ein, bei der er „fünf logisch unterschiedene Schritte" aufzählt:

a) Die Wahrnehmung einer Schwierigkeit
b) Ihre Abgrenzung und Bestimmung
c) Die Vermutung einer möglichen Lösung
d) Die durch Schlußfolgerung gewonnene Entwicklung der logischen Folgen dieser Vermutung
e) Die weiteren Beobachtungen und Experimente, die zur Annahme oder Ablehnung der Vermutung führen, d. h. zum Entschluß, zu glauben oder nicht zu glauben (belief or disbelief). [21]

Unabhängig (mindestens teilweise) von John Dewey ist der Genfer Psychologe Edouard Claparède zu einer ähnlichen Deutung des Denkens gekommen. Für ihn wie für Dewey kann das Denken nur begriffen werden, wenn man es in seinem Zusammenhang mit dem Handeln betrachtet. Von einem biologischen Standpunkt aus bemerkt Claparède, daß jedes Handeln die Aufgabe hat, das Subjekt immer wieder der Umgebung anzupassen, wenn das ursprüngliche Gleichgewicht zwischen beiden gestört worden ist. Diese Störung kann von einer Änderung in der Umwelt herrühren. Aber ebensooft ist es der Mensch, der selbst das Gleichgewicht zerstört, um zu versuchen, es auf einer höheren Ebene wiederzufinden.

„Das Kind, weit entfernt sich damit zu begnügen, daß es nur kennt, was zur Befriedigung seiner augenblicklichen Bedürfnisse genügt, wünscht im Gegenteil immer noch mehr zu wissen, fragt, experimentiert, hantiert, rührt alles an, wobei es ständig die Grenze der unmittelbaren Bedürfnisse überschreitet und sich in jedem Augenblick über sich selbst erhebt." [22]

Das Denken und Erkennen hat keine andere Aufgabe, als das Handeln vorzubereiten und unter Kontrolle zu halten, wenn die instinktiven und gewohnheitsmäßigen Reaktionen nicht ausreichen, um eine Schwierigkeit zu überwinden.[23] So kommt Claparède zum gleichen Schluß wie Dewey: das Denken ist das Werkzeug, das Instrument des Handelns.

„Eine mathematische Formel hat für uns nur insoweit Wert, als wir mit ihrer Hilfe Rechnungen ausführen können, deren Ergebnisse unser eigenes Verhalten leiten oder uns ermöglichen, das eines anderen zu überwachen. Einen Berg oder einen Fluß zu kennen hat nur insoweit Wert, als uns damit die Orientierung auf der Erdoberfläche erleichtert wird, ob wir uns nun dort selbst bewegen oder die Wanderungen anderer verfolgen oder sie in Gedanken mitmachen wollen." [24]

Bei genauer Prüfung dieser Beziehung zwischen Handeln und Denken findet Claparède, daß die auftauchende Schwierigkeit, die den Menschen zum Nachdenken anregt, sich zunächst immer durch ein Bedürfnis bekundet.[25] Ein Bedürfnis jedoch, dessen sich das Subjekt bewußt wird, wird zu einer Frage, einer Aufgabe. Dieses Bedürfnis weckt die Energie, die im folgenden zur Tätigkeit der Beobachtung oder Überlegung benötigt wird. Das Bedürfnis ist also der „Krafterzeuger" des Verhaltens.[26] Außerdem weckt das Bedürfnis Interesse am Gegenstand der Aktivität oder an der Aktivität selbst.[27] Da wir eine Tatsache kennen müssen, um unsere Tätigkeit fortsetzen zu können, wird diese Tatsache für uns „interessant". Man sieht, in welcher Beziehung diese Auffassungen zur instrumentalistischen Interpretation des Denkens und Erkennens stehen: So wie der Autofahrer Werkzeuge braucht, wenn er eine Panne beheben will, so ist der Mensch genötigt, zu denken, Tatsachen kennenzulernen, wenn sein Handeln auf Schwierigkeiten stößt; und wie die Werkzeuge in einer schwierigen Lage an Interesse gewinnen, so werden für den Menschen jene Tatsachen und Kenntnisse interessant, die ihm zur Lösung seines Problems verhelfen können.

Nachdem wir so erfahren haben, wie weit die Interpretationen des Denkens bei Dewey und Claparède einander entsprechen, wollen wir sehen, wie Dewey die Beziehung zwischen Handeln und Denken im Laufe der Entwicklung auffaßt. Beim kleinen Kind dominiert das Handeln über das Denken. Das Kind interessiert sich nicht für die Beziehungen zwischen den Dingen als solchen, sondern für die konkreten Ergebnisse seines Tuns. Im Laufe der Entwicklung wird jedoch im Handeln des Kindes der Erkenntnisanteil immer wichtiger. Das Nachdenken strebt einer logischen Ordnung zu, die immer systematischer und zusammenhängender wird. Ob es in der praktischen Anwendung erfolgreich ist oder nicht, läßt sich durch geeignete Versuche nachweisen. Ein reicheres und beweglicheres System von Symbolen gestattet ausgedehntere Verallgemeinerungen. Am Ende dieser Entwicklung des Denkens stehen die in sich zusammenhängenden und überprüften intellektuellen Systeme, die wir Wissenschaften nennen.

In dieser Entwicklung, sagt uns Dewey, sind Anfangs- und Endstadium nicht grundsätzlich verschieden. Man kann das Handeln des Kindes oder das Handeln überhaupt nicht dem Denken, der Erkenntnis oder der Wissenschaft schroff gegenüberstellen. Zwischen Handeln und Denken besteht genetische Kontinuität. Das Handeln enthält bereits ein Erkenntniselement, das sich entsprechend dem Wachsen des kindlichen Geistes weiter entwickelt. Umgekehrt bewahrt auch die reine Erkenntnis immer noch ein aktives Element. Letztlich dient sie stets dazu, den Menschen an seine Umwelt anzupassen. Demnach muß die Entwicklung der Intelligenz aufgefaßt werden als „eine kontinuierliche Rekonstruktion der Erfahrung" in der Richtung auf ihre systematische Ordnung und eine immer schärfer ausgeübte Kontrolle.

So können bei allen intellektuellen Erscheinungen zwei Dimensionen unterschieden werden. Zunächst verbindet ein Verhältnis der Wechselwirkung den Menschen mit seiner Umgebung. In dieser ersten Dimension vollzieht sich die Erfahrung des Subjekts in jedem Augenblick seines Kontakts mit der Wirklichkeit. Die zweite Dimension gibt die Geschichte der geistigen Prozesse während der Entwicklung des Individuums wieder. Das Handeln, welches das Subjekt und die Dinge verbindet, ändert beim Wachsen des Kindes seine Struktur. Das konkrete und zweckbestimmte Handeln des Kindes wird durch kontinuierliche Rekonstruktion beim Erwachsenen zum Experiment, das immer zusammenhängender und objektiver wird. Die begrenzten Erkenntnismittel des Kindes entwickeln sich zur Wissenschaft des Erwachsenen, die seinem Handeln eine fast unbegrenzte Wirksamkeit sichert.

Die pädagogischen Systeme von Dewey und Claparède haben viele gemeinsame Züge, da sie auf sehr ähnlichen psychologischen und philosophischen Anschauungen aufbauen. Immerhin legen die beiden Autoren den Nachdruck auf unterschiedliche Seiten ihrer Theorie. Claparède bemüht sich, vor allem zu zeigen, daß der Unterricht den Bedürfnissen des Kindes entsprechen muß, während im Mittelpunkt der Untersuchungen Deweys die Beziehungen zwischen dem theoretischen Unterricht und dem praktischen Handeln sowie die Methoden des Denkens und Forschens stehen, die der Schüler sich aneignen muß. Diese weitgehende Ähnlichkeit der beiden Theorien ermöglicht es, in der nachstehenden Darlegung folgenden Weg einzuschlagen: Wir richten unsere Aufmerksamkeit vor allem auf die Pädagogik John Deweys, die weiter ausgearbeitet ist als jene des Genfer Psychologen; wir werden aber auf dessen Theorie zurückkommen, wenn sie zusätzliche Aufklärung bringt.

Es kann hier nicht darum gehen, die Pädagogik Deweys in ihrer Gesamtheit darzulegen. Wir beschränken uns darauf, die Antwort zu prüfen, die sie auf die Frage nach der Bildung der Erkenntnisse beim

Kind gibt. – Durch seine instrumentalistische Interpretation des Denkens hat sich Dewey endgültig von der überkommenen Didaktik losgesagt. In der Tat: Wenn die wahre Einheit des seelischen Lebens das Handeln ist, und wenn das Denken nur als Werkzeug des Handelns verstanden werden darf, so kann der Unterricht nicht die Aufgabe haben, dem Geist des Kindes Inhalte einzuprägen. Die erzieherische Beeinflussung kann nicht die Form einer direkten Einwirkung auf den kindlichen Geist annehmen; sie muß sich an seine spontane Aktivität wenden, indem sie versucht, diese in die gewollte Richtung zu lenken. Nun muß sich jedoch diese Ausrichtung über die Umwelt vollziehen, in der das Kind lebt. Zu diesem Zweck muß die schulische Umwelt die Mittel besitzen, welche die Ausübung konkreter Tätigkeiten ermöglichen, also Werkzeuge und konkretes Material. Das setzt voraus, daß die Unterrichtsmethoden und die Schulorganisation so abgeändert werden, daß die Kinder sich ständig und direkt mit Gegenständen beschäftigen können. Das bedeutet nicht, daß der Gebrauch der Sprache eingeschränkt werde; sie muß sich aber dem Leben nähern und fruchtbarer werden, indem sie ihre natürlichen Beziehungen zu den gemeinsamen Tätigkeiten beibehält.[28] In einer solchen Umwelt müssen nun die natürlichen Impulse des Kindes auf spezifische Ziele gerichtet werden. Dadurch wird eine geordnete Kontinuität in seine Handlungen gebracht. Der Zusammenhang mit dem Handeln gibt Grund und Anlaß zu den geistigen Anstrengungen und kontrolliert zugleich deren Ergebnisse.

Die didaktischen Lehren, welche die Wichtigkeit der praktischen Tätigkeiten unterstrichen haben, sind zahlreich, sagt uns Dewey. Jedoch hat fast keine Lehre diese Tätigkeiten in Beziehung zu der geistigen Formung des Kindes gebracht.

„Es wird allgemein anerkannt, daß sie (die praktischen Tätigkeiten) die ursprünglichen und natürlichen Neigungen der Kinder ansprechen (ihr Bedürfnis zu handeln). Man erkennt immer mehr, daß sie wertvolle Gelegenheiten bieten, um die Jugend darauf vorzubereiten, der Gesellschaft selbständig und wirksam zu dienen. Aber sie können auch benützt werden, um typische Aufgaben zu stellen, die durch persönliches Nachdenken, durch Experimentieren, durch den Erwerb bestimmter Kenntniskomplexe gelöst werden können, die dann zur spezialisierten wissenschaftlichen Erkenntnis führen ... Man kann Gärtner-, Küchen-, Webearbeiten oder einfache Arbeiten in Holz und Metall ausdenken, von der Art, daß die Lernenden, falls sie sie verständig und fortgesetzt betreiben, nicht nur praktische und wissenschaftliche Kenntnisse in Botanik, Zoologie, Chemie, Physik und anderen Wissenschaften erwerben, sondern (was wichtiger ist) sich mit den experimentellen Methoden der Forschung und der Beweisführung vertraut machen."[29]

So geleitet, ist die Entwicklung des Kindes eine kontinuierliche Rekonstruktion der Erfahrung. Anfänglich überwiegt die praktische Arbeit in der schulischen Tätigkeit; dann verwandelt sie sich, indem sie sich fortschreitend organisiert und systematisiert, allmählich in wissenschaftliche Erkenntnis.

Dewey ist nicht bei allgemeinen Aussagen zum Thema Unterricht stehengeblieben; seine Psychologie hat ihn dazu geführt, genaue didaktische Regeln zu formulieren. Diese gründen sich auf seine Analyse des Denkaktes. Die wesentlichen Züge der beim Unterricht zu befolgenden Methode sind identisch mit denen des Nachdenkens. Dies erfordert,

> „daß der Schüler sich in einer echten Erkundungssituation befindet — daß er sich zu einer sinnvollen Tätigkeit veranlaßt sieht, die ihn um ihrer selbst willen interessiert; zweitens, daß sich aus dieser Situation ein echtes Problem als Ansporn zum Nachdenken ergibt; drittens, daß der Schüler über die gegebenen Informationen verfügt und die für die Lösung notwendigen Beobachtungen macht; viertens, daß sich ihm vorläufige Lösungen zeigen und daß er für ihre ordnungsgemäße Durcharbeitung verantwortlich ist; fünftens, daß ihm Möglichkeit und Gelegenheit geboten werden, seine Ideen der praktischen Prüfung zu unteriehen, um ihre Tragweite zu bestimmen und selbst ihre Gültigkeit zu entdecken".[30]

Bei Claparède findet man eine ganz analoge Reihe didaktischer Stufen, jedoch ausgedrückt in den Begriffen seiner Theorie des Bedürfnisses und dessen Befriedigung durch den Erwerb von Erkenntnis.

Die Didaktik Deweys wie diejenige Claparèdes gründet sich auf den Vorgang des Forschens und Suchens. Forschen ist das konstruktive Handeln des Geistes, der vom Zweifel ergriffen ist und dessen bisherige Hilfsmittel nicht genügen, um zum Handeln vorzustoßen. Während des Forschens und Suchens baut der Geist Neues auf. In dieser Didaktik hat das Forschen jene zentrale Stellung, die in der herkömmlichen Didaktik vom Bildeindruck beansprucht wurde.

Faßt man das geistige Werden als einen Vorgang auf, der sich im Laufe aktiven Forschens vollzieht, so ändert sich dadurch die Aufgabe des Erziehers und wird in gewissem Sinn komplexer. Das Forschen und Suchen läßt sich nicht durch Maßnahmen äußeren Zwangs anregen; es muß durch einen inneren Antrieb hervorgerufen werden: durch das Problem, das im Laufe einer fortgesetzten Tätigkeit auftaucht, an welcher der Schüler innerlich interessiert ist. Das erste Ziel ist dann, Lösungsentwürfe zu finden. Man sieht jetzt, welche Rolle in diesem Prozeß Beobachtung und bisherige Kenntnisse spielen: Sie dienen dazu, die Problemlage zu analysieren und die vorläufige Lösung zu konstruieren. Eine solche Methodik schließt natürlich die traditionellen Anschauungslektionen aus, bei denen die Beobachtungen ohne Motivation und Problemstellung angestellt werden und wo die Schüler nur Antworten geben, wenn der Lehrer die entsprechenden Fragen stellt. Die Beobachtung muß das unentbehrliche Werkzeug im Dienst des Forschens und Suchens sein. — Aber die von den Schülern auf Grund der bisher gewonnenen Erkenntnisse vorgeschlagenen Lösungen dürfen noch nicht als endgültig angesehen werden. Der Lehrer hat die Schüler daran zu hindern, sich mit flüchtigen Schlußfolgerungen zu begnügen. Die zuerst gefundenen Lösungen müssen als Hypothesen aufgefaßt werden, die in zweifacher Hinsicht zu bestätigen sind. Zuerst müssen sie unter dem Gesichtspunkt ihres inneren Zusammenhangs geprüft werden. Dewey fordert, daß man dem Schüler die Verantwortung dafür überläßt, selbst zu entwickeln, was die Hypothese in sich schließt. Diese Prüfung legt besonderen Nachdruck auf gute Ordnung im Überlegen, auf seinen logischen Aufbau. Widersprüche werden so aufgedeckt, ebenso die Beziehungen des fraglichen Gedankens zu verwandten Auffassungen. So wird die systematische Struktur der Lösung erarbeitet. Aber die durchdachte Prüfung ist nur der erste Schritt in der Kontrolle der Hypothese. In zweiter Linie bedarf es der Kontrolle durch das Experiment. Auf den niedrigen Stufen des Unterrichts ist diese Kontrolle nicht unbedingt experimentelle Bestätigung nach den strengen Regeln der wissenschaftlichen Methodik. Es handelt sich einstweilen nur darum, auf neue Situationen Begriffe oder Operationen anzuwenden und zu sehen, ob sie ihnen angemessen sind. Handelt es sich um eine neue Technik, die von den Kindern ersonnen wurde, so bestimmen die Ergebnisse deren Wert. Aber während der geistigen Entwicklung des Kindes wacht der Lehrer darüber, daß das Kind sich immer weniger mit einer rein empirischen Kontrolle begnügt. So wird sich der Schüler die wissenschaftliche Methode der experimentellen Verifikation allmählich erwerben.

Deweys und Claparèdes Analysen beschreiben sehr scharfsinnig die Aufgabe des Denkens im Dienste des Handelns. Die Anwendungen auf die Didaktik, welche die beiden Autoren daraus ableiten, sind außerordentlich fruchtbar. Zwei didaktische Grundsätze ergeben sich eindeutig: Jede Kenntnis, jede Operation, die in der Schule erworben wird, muß einem Bedürfnis genügen, d. h. einer Frage entsprechen, die in einem natürlichen, lebendigen Zusammenhang entstanden ist. Wenn der neue Gedanke oder das neue Verhalten Gestalt angenommen hat, müssen beide der Prüfung in der Wirklichkeit unterworfen werden, sei es durch Anwendung, sei es durch experimentelle Kontrolle. Da das Denken ein Werkzeug ist, fordern Dewey und Claparède, daß sich das Kind seiner zu bedienen lernt.

Was ist aber die innere Natur dieses Werkzeuges? Was ist das Denken, was ist die Kenntnis an sich? Die Frage ist von Bedeutung. Das Kind muß nicht nur lernen, die geistigen Werkzeuge richtig zu gebrauchen, es muß sie zunächst einmal herstellen, d. h. sich die Begriffe und Operationen aneignen. Das Kind soll z. B. eine neue mathematische Formel kennenlernen. Dewey und Claparède betonen mit Recht, wie wichtig es ist, daß dieses Kennenlernen von einem echten lebendigen Problem ausgehe und daß die gefundene Formel in Situationen der Wirklichkeit erprobt werde. Aber wie soll die Formel vom Schüler erworben werden? Das didaktische Vorgehen, welches der Lehrer verwendet, hängt unmittelbar davon ab, wie er die psychologische Natur der zu erwerbenden Kenntnis auffaßt. Die bloße Analyse der *Funktion* des Denkens ist unzulänglich; wir müssen die ergänzende Frage nach der *inneren Natur* des Denkens stellen. Weder Claparède noch Dewey sind diesem Problem ausgewichen. In seinem Buch „How we think" versucht Dewey die Natur des Denkens zu definieren. Er beschreibt es als ein Spiel von Folgerungen, welche die Beobachtungsdaten mit ihren Bedeutungen und die Bewußtseinsinhalte unter sich verbinden. Nun ist dieser Begriff der Folgerung (inference) nahe verwandt mit dem der Assoziation in der klassischen Psychologie; denn sie scheint nur ein äußeres Band zwischen jenen Inhalten zu sein, die in räumlicher oder zeitlicher Berührung erschienen sind.[31] So entsteht in der Lehre ein gewisser Dualismus. Einerseits wird das seelische Leben als wesentlich aktiv beschrieben, als Ausdruck der Anstrengung, die der Mensch unternimmt zu seiner Anpassung an die psychische und soziale Umwelt; andererseits und nach seiner inneren Natur bleibt aber das Denken ein Spiel von Assoziationen, das starre Inhalte miteinander verbindet.

Auch Claparède hat versucht, die Natur der Kenntnisse zu definieren und — davon abgeleitet — den Prozeß ihrer Aneignung. Bei ihm erscheint noch klarer der Zwiespalt, den wir soeben bei Dewey festgestellt haben. Er charakterisiert das Problem der Bildung von Kenntnissen in der Schule durch folgende Ausdrücke: „Aufgaben der Ausstattung, Erwerb von Kenntnissen (Unterricht im eigentlichen Sinn, Belehrung) ... Welche Kenntnisse einprägen? ... Wie sie einprägen?"[32]
Gewiß, das ist nur ein bildlicher Vergleich, aber besteht nicht die Gefahr, daß er eine statische Auffassung von der Natur des Denkens nahelegt? Die Kenntnisse sind „die Möbel" des Geistes, ihr Erwerb ist eine Aufgabe der Ausstattung. In der Schule vollzieht sich diese Ausstattung durch „Belehrung" des Schülers.
Die Psychologie von Jean Piaget hat neue Einsichten in das Wesen

der Erkenntnis gebracht. Eine neue Didaktik muß versuchen, über jenes Stadium hinauszukommen, in dem der Erwerb von Kenntnissen eine Sache der Belehrung für den Schüler ist.

Es scheint, daß Dewey den Zwiespalt gefühlt hat, der seiner Deutung des Denkens innewohnt. In seinem erkenntnistheoretischen Werk, *The Quest for Certainty*,[33] hat er versucht, ihn zu lösen. Eine neue Entwicklung in der Philosophie der Wissenschaften scheint ihm seine Problemlösung zu bestätigen. In der Tat hatte P. W. Bridgman in seinem Buch *The Logic of Modern Physics*[34] geschrieben:

„Um die Länge eines Gegenstandes zu finden, müssen wir gewisse physische Operationen ausführen. Der Begriff der Länge ist also bestimmt, wenn die Operationen bestimmt sind, mit denen die Länge gemessen wird; das will besagen, daß der Begriff der Länge nicht mehr enthält als die Gruppe der Operationen, durch welche die Länge bestimmt wird. Allgemein: wir verstehen unter irgendeinem Begriff nichts anderes als eine Gruppe von Operationen. Der Begriff ist gleichbedeutend mit der ‚entsprechenden Gruppe von Operationen‘."[35]

In Übereinstimmung mit Bridgman besteht jetzt Dewey darauf, daß das Denken seiner inneren Natur nach „operatorisch" sei.

„... das Denken, unsere Begriffe, unsere Ideen sind Bezeichnungen für Operationen, die ausgeführt werden sollen oder schon ausgeführt worden sind."[36]

Zwar kündigt sich diese Auffassung des Denkens schon an gewissen Stellen in früheren Werken an. Bereits 1903 hatte Dewey geschrieben:

„Der Instrumentalismus ist eine behavioristische Theorie des Denkens und der Erkenntnis. Das will besagen, daß Erkennen im wörtlichen Sinn etwas ist, was wir tun, daß letztlich die Erkenntnis etwas Physisches und Aktives ist und daß die Bedeutungen (meanings) ihrer logischen Qualität nach Gesichtspunkte sind, Haltungen, Verhaltensweisen gegenüber den Tatsachen ... Anders gesagt ... die Operationen des Erkennens sind natürliche Reaktionen des Organismus (oder sind sinnreich daraus abgeleitet)."[37]

Aber erst das Werk von 1929 entwickelt ausdrücklich die neue Theorie von der operatorischen Natur des Denkens. Leider befriedigt die neue Auffassung vom psychologischen Standpunkt aus nicht ganz. Man sieht, daß sie mehr aus philosophischen Erwägungen als aus psychologischen Untersuchungen entstanden ist. Dewey sagt zum Beispiel, daß „die Ideen Aktionspläne" seien; aber obwohl er sie auf Handlungen zurückführt, sieht man doch nicht recht, wie sie vom Subjekt gedacht werden. Wenn Dewey etwa gesagt hätte, die Ideen seien gereinigte Handlungen, die sich nicht mehr in tatsächlichen Bewegungen entfalten, sondern verinnerlicht sind, so hätte er seiner Behauptung von der operatorischen Natur des Denkens eine viel tiefere Bedeutung gegeben.

Vom didaktischen Gesichtspunkt aus ergäben sich daraus gleich wichtige Konsequenzen.

Wird das Denken als eine Art des Tuns aufgefaßt, so stellt sich ein anderes sehr wichtiges Problem: Rechenschaft abzulegen über die verschiedenen Formen, welche die geistigen Akte annehmen. In der Tat bestehen große Unterschiede zwischen dem geistigen Mechanismus eines Schlusses, der ohne Verständnis nach einer blinden Regel erworben worden ist, und dem einer Operation, die vom Subjekt einsichtig gemeistert wird. Eine Theorie der umkehrbaren Operation, im Gegensatz zur Gewohnheit und zur unbeweglichen Anschauung, wird den Ausgangspunkt für wichtige didaktische Regeln abgeben können.

So ist die Pädagogik John Deweys wie die Edouard Claparèdes sehr tiefgründig in der Erklärung des Denkens als Werkzeug für ein sich anpassendes Handeln. In einer großartigen Gesamtschau zeigt Dewey, wie sich in diesem Rahmen der Aktivität das erkenntnismäßige Element des Verhaltens entwickelt, wie sich von den ersten konkreten Erfahrungen des kleinen Kindes an fortschreitend die Erkenntnis des Erwachsenen entwickelt, deren letztes Glied die Wissenschaft ist. Die natürlichen Impulse des Kindes und die Wissenschaft werden so als äußerste Grenzen ein und desselben Wachstumprozesses begriffen, wobei das wissenschaftliche Denken die Richtung angibt, in der die Äußerungen des kindlichen Tätigkeitsdranges orientiert werden müssen. — Aber diese Auffassungen lassen die Frage nach der inneren Natur des Denkens noch in der Schwebe. Hier stellt Dewey, übereinstimmend mit dem Operationalismus Bridgmans, die Hypothese von der operatorischen Natur des Denkens selbst auf. Durch seine psychologischen Analysen hat Jean Piaget diese These bekräftigt und ausgearbeitet.

3. G. Kerschensteiner: Eine Didaktik der geistigen Disziplin

Georg Kerschensteiner ist einer der größten deutschen Theoretiker der Arbeitsschule. Er schöpft aus einer umfassenden Kenntnis der Naturwissenschaften, der Literatur sowie der Probleme schulischer Organisation und entwickelt daraus eine pädagogische und didaktische Lehre von großer Tiefe und bemerkenswerter Geschlossenheit.

Wir wollen in diesem Kapitel die Lösung prüfen, die Kerschensteiner für das Problem der Begriffsbildung gibt. Wie soll der Schüler seine Kenntnisse erwerben? Kerschensteiner kennt nur eine Antwort auf diese Frage: Der Schüler muß die neuen Begriffe durch eigenes Bemühen erarbeiten. Prüfen wir nun, wie er diese These, die in seiner pädagogischen Lehre von grundlegender Wichtigkeit ist, anzuwenden gedenkt:

In seinem Buch *Wesen und Wert des naturwissenschaftlichen Unterrichts* [38] erklärt Kerschensteiner, der Schüler müsse grundlegende Begriffe durch eigene Beobachtungen erwerben. Kann man aber sagen, der Schüler selbst erarbeite neue Begriffe, indem er Beobachtungen anstelle? Unterliegt er nicht einfach den Eindrücken der Dinge, wie das die traditionelle Didaktik angenommen hatte? Hier die Antwort Kerschensteiners: „Es ist ein vergeblicher Versuch, die Beobachtung von einem Prozeß intensiven Denkens abtrennen zu wollen" ...; [39] oder: „Man beobachtet nicht ohne zu denken. Der Ausdruck ‚denkendes Beobachten', der sich in vielen Lehrbüchern befindet, ist eine Tautologie." [40] Auch ein scheinbar passiver Beobachter ist immer aktiv. Bei der Beobachtung einer Alge unter dem Mikroskop zum Beispiel „verfolge ich nicht nur mit dem Auge alle Konturen und Oberflächenlinien, alle Ausdehnungen nach Länge, Breite und Tiefe, sondern ich handhabe auch die Mikrometerschraube, um das Okular nach allen Tiefen einzustellen; ich greife zum Bleistift, um Formen zu zeichnen und die Abmessungen zu notieren". [41] Kerschensteiner zeigt in der Folge, daß sich die einfache Beobachtung über Stufen eines unmerklichen Übergangs in Experimentieren verwandelt. Die Tätigkeit erscheint dabei nicht als ein neues Element, nur ihr Anteil wird wichtiger; denn das Experiment schließt ein direktes Eingreifen in die beobachteten Prozesse ein. [42]

Welches sind demnach die relativen Anteile der Sinneswahrnehmung und des Denkens bei der Beobachtung? Ist es doch so, daß die Sinneswahrnehmung die neuen Materialien liefert, welche das Denken in der Folge nur noch assoziiert und umformt? Oder werden die neuen Ideen durch die geistige Aktivität des Individuums geschaffen, dem es die Sinneswahrnehmung einfach ermöglicht, in Kontakt mit den Dingen zu kommen? Auf diese Frage antwortet Georg Kerschensteiner folgendermaßen: Da „ich nur so viel beobachten kann, als ich beobachten will", [43] so kann uns eine neue Idee nicht durch bloße Wahrnehmung eines Gegenstandes gegeben werden. Es bedarf eines schöpferischen Aktes des Geistes, der „Intuition", [44] damit der Mensch eine neue Idee voll erfaßt.

Man versteht jetzt, weshalb Kerschensteiner die traditionellen Methoden des Anschauungsunterrichts verwirft. Wenn er verlangt, daß der Schüler Beobachtungen anstelle, so nicht aus dem bloßen Wunsch, Bilder dem Geist einzuprägen. Im Laufe des Beobachtungsvorganges muß der Schüler aktiv die Begriffe und Operationen erarbeiten. Daraus ergeben sich weitere didaktische Folgerungen. Der Unterricht in den Naturwissenschaften und in der Geschichte zum Beispiel wird nicht mehr die Form „vollständiger" Übersichten annehmen können, deren Ziel es ist, summarisch eine große Zahl von Tatsachen zusammenzufassen. Der Stoffumfang wird zu beschränken sein, und nur wenige exemplarische Fälle sollen herausgegriffen werden. Dann kann sie der Schüler studieren, entweder durch eigenes Beobachten und Experimentieren oder durch das Analysieren von Originaltexten.

Aber die Aneignung einer neuen Idee (zum Beispiel die Erklärung einer physikalischen oder chemischen Erscheinung oder die Übersetzung einer griechischen oder lateinischen Stelle) ist noch nicht abgeschlossen, wenn sich der glückliche Lösungsgedanke eingestellt hat. Damit ein geistiger Erwerb endgültig gesichert ist, bedarf es noch eines letzten Aktes: der Kontrolle der neuen Idee, die vorerst einmal als einfache Hypothese betrachtet werden muß. Handelt es sich um eine Übersetzung oder um die Lösung einer mathematischen Aufgabe, so ist diese Kontrolle nur möglich auf der Ebene der Reflexion. Der Schüler prüft, ob die Übersetzung eines bestimmten Ausdrucks in den Zusammenhang paßt, ob die gefundene mathematische Größe die Bedingungen der Aufgabe erfüllt. In den Naturwissenschaften hingegen nehmen die Kontrollen meist die Form bestätigender Experimente an. Außer der inneren Folgerichtigkeit muß hier geprüft werden, ob sich die Hypothesen mit den Tatsachen decken. Zählen, Messen, Wägen spielen dabei eine wichtige Rolle.

Nach Kerschensteiner schließt also die Begriffsbildung im wesentlichen folgende Stufen ein: Beim Beobachten sieht sich der Schüler immer wieder Tatsachen gegenübergestellt, die ihn zu bestimmten Fragen veranlassen. In der Form hypothetischer Vermutungen (erzeugt durch die „schöpferische Intuition") erfaßt der Schüler mögliche Lösungen. Diese werden aber erst angenommen, wenn die gedankliche oder experimentelle Kontrolle ihren Wert bestätigt.[45]

Beim Lesen dieser Zeilen ist man zweifellos verwundert über die große Ähnlichkeit, die zwischen den Ansichten Kerschensteiners und der von Dewey gegebenen Beschreibung des Denkaktes besteht. Nun erklärt der deutsche Pädagoge selbst, durch die Schriften des amerikanischen Philosophen, dessen Buch „How we think" (Wie wir denken) er übersetzt hat, stark beeinflußt worden zu sein. Vergleicht man die beiden Theorien, so kann man indessen eine interessante Beobachtung machen. Kerschensteiner setzt in der Tat einen viel stärkeren Akzent auf die Kontrolle der Hypothesen als Dewey. Andererseits scheint er der Tatsache, daß jeder Denkakt von einer im kindlichen Geist lebendigen Frage ausgehen müsse, nicht so große Bedeutung beizumessen. In meinen kritischen Bemerkungen werde ich auf diesen charakteristischen Zug der Kerschensteinerschen Didaktik zurückkommen.

Prüfen wir jetzt die erzieherischen Ziele, die der Schüler erreichen soll, indem er die Kenntnisse durch eigene Beobachtungen und Experimente erwirbt. Nach unserem Autor bilden so erworbene Tatsachen und Begriffe ein „Erfahrungswissen", nicht nur ein „mitgeteiltes Wissen" oder „Buchwissen". Da der Schüler sein Wissen selbst erarbeitet hat, statt es fertig zubereitet vom Lehrer entgegenzunehmen, ist es wirklich sein Eigentum, und er ist fähig, es als ein geistiges Werkzeug zu benützen. Die aus den Büchern stammenden oder einfach mitgeteilten Begriffe hingegen bleiben unfruchtbar, sowohl für die Lösung praktischer Aufgaben als auch für die Weiterentwicklung des Denkens.

Man erkennt leicht den Wert der Unterscheidung zwischen diesen beiden Arten von Wissen. Es kann in der Tat keinem Zweifel unterliegen, daß jede Didaktik die psychologische Natur *der* Erwerbung von Kenntnissen, die sie dem Schüler vermitteln, und jener, die sie vermeiden will, genau abgrenzen muß. Doch scheint es mir nützlich, noch genauer zu unterscheiden, als dies Kerschensteiner getan hat. Im psychologischen Teil dieses Buches will ich versuchen, die Analyse in diesem Sinn fortzusetzen, wobei ich mich auf die Psychologie Jean Piagets stützen werde. Ich werde mich bemühen zu zeigen, daß sich das Erfahrungswissen aus Begriffen und Operationen zusammensetzt, die beweglich und in Gesamtsystemen gruppiert sind und deshalb große Möglichkeiten der Anwendung und Verallgemeinerung besitzen. Andererseits werde ich mich bemühen aufzuzeigen, daß sich ein mitgeteiltes Wissen oder ein Bücherwissen aus starren „Gewohnheiten der Symbolbehandlung" zusammensetzt.

Bisher habe ich zwei didaktische Postulate Kerschensteiners geprüft. Das erste fordert, daß der Schüler sich selbst der neuen Kenntnisse bemächtige, das zweite, daß er gewissenhaft alle Ergebnisse seiner Arbeit kontrolliere. Wir haben gesehen, daß diese Kontrolle in der gedanklichen Prüfung der Lösung eines Problems oder auch in der experimentellen Bestätigung einer wissenschaftlichen Hypothese bestehen kann. Nun legt Kerschensteiner besonders großes Gewicht darauf, daß der Schüler solche Kontrollen ausführe. Kerschensteiner schreibt:

„In dieser inneren Nötigung zur Selbstprüfung und in der Möglichkeit dieser Selbstprüfung im erzeugten Gute, mag dieses Gut nun eine innere Gedankenverbindung oder eine sittliche Willenshandlung oder ein äußeres technisches Gut sein, haben wir das Grundmerkmal der rechten Arbeitsschule. Nicht daß wir Gedankendinge selbst erzeugen, nicht daß wir manuelle Arbeitsprodukte ausführen lassen, die vielleicht sogar einen wirtschaftlichen Wert haben, nicht daß wir Kenntnisse ‚erarbeiten' lassen, ist das letzte Kennzeichen einer guten

Arbeitsschule, sondern daß wir die Schüler in der Selbstprüfung erleben lassen, wie groß ihre Selbsttreue, ihre Sachlichkeit in der Selbsttätigkeit ihrer Arbeit war, darin liegt der wahre Geist der Arbeitsschule." [46]

Warum ist die Selbstkontrolle ein so wichtiger Zug in der Pädagogik Kerschensteiners? Deshalb, weil Kerschensteiner dadurch beim Schüler die kritische Einstellung zu sich selbst und zum Gegenstand seiner Arbeit entwickeln will. Der Schüler muß lernen, sich beharrlich anzustrengen, gegen seine eigene Trägheit zu kämpfen, sich selbst zu besiegen. Aus einem egozentrischen Wesen muß er zu einem heterozentrischen Wesen werden, das die unbedingten Werte der Kultur und Moral erkennt. Indem er lernt, sich selbst zu kontrollieren, muß der Mensch ein zuchtvolles Wesen werden, das sein Verhalten an den objektiven Werten ausrichtet. Nun ist der erste dieser Werte das Ideal der Vollendung. Seine Anerkennung ist die Grundlage für die getreue Verwirklichung aller anderen Werte.[47] Hat sich der Schüler einmal daran gewöhnt, sich nur mit einer vollendeten Arbeit zufrieden zu geben, immer dem Gesetz des Stoffes, den er behandelt, zu gehorchen, so fühlt er sich in der Zukunft stets verpflichtet, die Werte, mit denen er in Berührung kommt, sich so vollkommen wie möglich anzueignen. Ist das Problem wissenschaftlicher Art, so kommt das Streben nach vollkommener Arbeit dem Streben nach der Wahrheit gleich. Einem Vollkommenheitsideal nachzustreben, gleichgültig ob auf wissenschaftlichem oder praktischem Gebiete, hat moralischen Wert.
Welche Unterrichtszweige gestatten die Verwirklichung dieses Erziehungsziels am ehesten? Auf der Volksschulstufe sind es die manuellen Arbeiten und die Naturwissenschaften; auf der Stufe der höheren Schule kommen noch die klassischen Sprachen hinzu. Unter allen manuellen Betätigungen mißt Kerschensteiner den Holzarbeiten den größten Wert bei; denn die Qualität der Arbeiten aus festem Stoff läßt sich vom Schüler am leichtesten prüfen. Durch Messungen kann er feststellen, ob die Dimensionen eines Gegenstandes stimmen, und schon mit bloßem Auge kann er erkennen, ob die mit der Säge ausgeführten Schnitte ganz gerade sind.[48] In Physik und Chemie lassen sich gleichfalls einfache Untersuchungsaufgaben stellen, bei denen der Schüler seine Vermutungen durch bestätigende Experimente nachprüfen kann.[49] In der Botanik geben Aufgaben der Bestimmung unbekannter Pflanzen Gelegenheit zu eigenem Suchen und Nachprüfen.[50] Schließlich zeigt Kerschensteiner, daß der Schüler beim Übersetzen lateinischer und griechischer Texte zahlreiche Hypothesen aufstellt, die er vom grammatischen Gesichtspunkt wie von dem der Bedeutung aus nachprüfen muß.[51]

Was ist von Georg Kerschensteiners Pädagogik zu halten? Wenn man nur die Tätigkeitsformen betrachtet, die er vorschlägt, so ist man verwundert über die Ähnlichkeit seines Programmes mit dem von Dewey, Claparède und Lay. Alle diese Pädagogen verlangen, daß der Schüler konkrete Tätigkeiten ausübe, wie manuelle Arbeiten, physikalische, chemische und biologische Experimente. Prüft man die didaktischen Grundsätze, die Kerschensteiner veranlaßt haben, diese Tätigkeiten zu fordern, so findet man abermals eine gewisse Verwandtschaft mit diesen anderen Theoretikern der Arbeitsschule. Wie sie, so wünscht auch der deutsche Pädagoge, daß sich das Kind die Erkenntnisse selbst aneigne, statt daß sie ihm fertig vorbereitet vom Lehrer vermittelt werden. Wie sie, so findet auch Kerschensteiner, daß das unabhängige Experimentieren des Schülers eine der Tätigkeiten ist, die es ihm am ehesten ermöglicht, neue Begriffe zu erarbeiten.

Wenn es auch Kerschensteiner gelingt, sehr überzeugend den pädagogischen Wert des Experimentierens im Unterricht der Naturwissenschaften zu rechtfertigen, so hat er vielleicht doch nicht die ganze Bedeutung der praktischen und konstruktiven Arbeiten erkannt. Er weiß zwar recht wohl, daß diese Tätigkeiten die Lösung zahlreicher theoretischer Fragen verlangen. So beschreibt er zum Beispiel mit bewundernswerter Eindringlichkeit alle arithmetischen und geometrischen Überlegungen, welche die Vorbereitung des Arbeitsplans für eine Holzarbeit fordert.[52] Trotzdem bleibt die Beziehung zwischen praktischer Tätigkeit und geistiger Operation bei Kerschensteiner rein äußerlich. In der Tat erklärt er im Hinblick auf den Rechenunterricht: „Die Verbindung mit praktischer Tätigkeit ist bloß ein *äußeres* Mittel zur möglichst ausgiebigen Betätigung der geistigen Funktionen ...“[53] Nach Kerschensteiners Definition der Arbeitsschule würde also eine solche Verbindung den Unterricht nicht aktiver machen, als er ohnehin wäre. Denn nach Kerschensteiner definiert sich die Arbeitsschule allein dadurch, daß der Schüler die neuen Begriffe und Operationen durch eigene Anstrengung erarbeite. Erarbeitet und kontrolliert der Schüler selbständig, so entspricht der Unterricht — „so abstrakt er auch sei“ — den Forderungen der Arbeitsschule.[54]

Man erkennt leicht die praktische Tragweite solcher pädagogischen Ansichten. Prüft man die Schulorganisation, die Kerschensteiner in seinen Experimentierklassen in München eingeführt hat, so findet man in der Tat, daß sich die grundlegende Unterscheidung, die er zwischen den praktischen und den theoretischen Funktionen macht, in der Trennung der handwerklichen Arbeiten vom theoretischen Unterricht äußert. Der handwerkliche Unterricht wurde von besonderen, aus dem

Handwerkerstand hervorgegangenen Lehrern erteilt. Offensichtlich hätte Kerschensteiner eine solche Trennung — welche die Koordination der manuellen Arbeiten und der theoretischen Fächer zwangsläufig erschwert — nicht vorgenommen, wenn er der Koordination nicht eine zweitrangige Bedeutung beigemessen hätte.

Überdies greift Kerschensteiner auch recht kräftig die Pädagogen an, welche die Ausführung praktischer Tätigkeiten im Rahmen theoretischer Fächer vorschlagen.[55] Seine Gründe sind klar: er will den Lehrer vor der Gefahr bewahren, im Unterricht eines bestimmten Wissenschaftszweiges Tätigkeiten ausüben zu lassen, die diesem Zweig fremd sind. So erklärt er mit Recht, der Schüler erhalte keinen Begriff vom kategorischen Imperativ, wenn er ein Porträt Kants abzeichne.

Gleichwohl muß man sich fragen, ob Kerschensteiner die ganze Wahrheit auf seiner Seite hat, wenn er den tiefgehenden Dualismus zwischen Handeln und Denken aufrechthält und infolgedessen praktische Arbeit und theoretische Fächer so streng trennt. Tatsächlich zeigen die entwicklungspsychologischen Untersuchungen Jean Piagets, daß die Beziehungen zwischen den effektiven Operationen und den geistigen Operationen viel enger sind, als es die einfache Prüfung des Verhaltens Erwachsener glauben ließe. Die geistigen Operationen lassen sich als verinnerlichte Formen der konkreten Operationen verstehen. Ist diese psychologische Entdeckung richtig, so können die praktischen Tätigkeiten eine viel wichtigere Rolle bei der Erarbeitung der Begriffe und Operationen spielen, als das Kerschensteiner angenommen hat. Kerschensteiner scheint selbst bisweilen gefühlt zu haben, daß die Beziehungen zwischen den konkreten Tätigkeiten und den geistigen Operationen enger sind, als seine dualistische Psychologie gelten läßt. Jedenfalls erklärt er immer wieder, daß in seinen Experimentierklassen im Rahmen des Rechenunterrichts zahlreiche konkrete Tätigkeiten ausgeführt wurden (Messungen, Schätzungen, Zählungen, Wägungen, An- und Verkäufe u. a.). Aber dann findet man abermals eine sehr beachtenswerte Bemerkung. Er verteidigt den Standpunkt, wonach diese Tätigkeitsformen die Unterrichtsmethoden nicht aktiver machen, und erklärt, die einzige Folge sei, daß der Schüler das Interesse, das er für diese konkreten Experimente habe, auf das Rechnen übertrage.[56] Dieser Satz scheint mir aufschlußreich. In der Tat geht daraus hervor, daß für Kerschensteiner das Wecken des kindlichen Interesses kein wesentlicher Zug der Arbeitsschule ist. Wie wir sahen, legt er trotzdem großen Wert darauf, daß die Aufgaben dem Schüler in lebendiger Form geboten werden. Es handelt sich da offenbar um die gleiche Einstellung unseres Autors; denn das Kind, das sich eine Aufgabe stellt, ist offensichtlich an ihrer Lösung interessiert; und umgekehrt wird ein Unterricht, der auf das Interesse des Schülers glaubt verzichten zu können, dem Wecken der Probleme im kindlichen Geist keine besondere Bedeutung beimessen. Was wir hier wiederfinden, ist die Pädagogik der fremdgesetzlichen Disziplin. Nach Kerschensteiner darf die geistige Zucht des Schülers nicht von seinem Interesse abhängen. Der Schüler muß die Werte der Vollkommenheit, der Kultur u. ä. mehr aus Pflichtgefühl als aus Interesse annehmen und verwirklichen. Ein solches Erziehungsideal ist zweifellos sehr hoch. Es befiehlt dem Schüler, überindividuellen Grundsätzen zu folgen, vergleichbar dem kategorischen Imperativ Kants. Wenn sich der Lehrer an den gleichen Grundsätzen begeistert, so werden einige der reiferen Schüler zweifellos eine solche Zucht annehmen.

Ist aber diese Lehre nicht gefährlich sowohl für den durchschnittlichen Schüler als auch für den durchschnittlichen Lehrer? Kann man nicht alle unangemessenen Methoden unter dem Vorwand rechtfertigen, daß sie den Schüler daran gewöhnen, sich für etwas anzustrengen, was ihn nicht interessiert? Disziplin und Streben nach Genauigkeit, die nicht an eine Tätigkeit gebunden sind, für die sich der Schüler innerlich interessiert, werden sie nicht durch Zwangsmaßnahmen aufrechterhalten werden müssen? Droht dann nicht die geistige Disziplin in einen rein äußerlichen Gehorsam zu entarten, der gefährlich ist, weil er bedingungslos gefordert wird? Und wird sich schließlich der Schüler Werte wie Vollkommenheit, Wahrheit, Kunst und Wissenschaft ohne inneres Interesse aneignen können? Ich glaube es nicht.

Gibt es aber andere Formen der Disziplin, die den Schüler autonomer machen, als das bei Kerschensteiner der Fall ist? Ich denke ja; denn es gibt eine Disziplin, die jeder Aktivität — sei sie Handlung oder Überlegung — innewohnt, wenn sie ein gewisses Niveau der Vollkommenheit erreicht hat. Die Zucht des logischen Denkens ist ein Beispiel dafür. Sie verdankt ihre Strenge nicht einem äußerlichen Prinzip der Genauigkeit, sondern ihrer innerlich zusammenhängenden und umkehrbaren Struktur, wie das Jean Piaget gezeigt hat.[57] Infolgedessen halte ich es nicht für notwendig und nicht einmal für wünschenswert — wir haben die daraus entspringenden Gefahren ja gesehen —, daß die Schule versucht, dem Schüler die geistige Zucht mit Hilfe gewisser Unterrichtsfächer und Unterrichtsmaßnahmen auf direktem Weg einzuprägen. Ich glaube, daß der Schüler in dem Maße geistige Disziplin erwerben wird, wie ein interessanter Unterricht ihm dazu verhilft, sich zusammenhängende, aktive Kenntnisse und differenzierte, wirksame Fähigkeiten anzueignen.

51

PSYCHOLOGISCHER TEIL

Die vorausgegangenen Kapitel haben einerseits die Unzulänglichkeit der traditionellen Didaktik, andererseits den Wert gewisser Grundsätze der Arbeitsschule gezeigt. Die Pädagogen dieser Schule haben das Kind als ein Wesen begriffen, das begabt ist mit einer spontanen Aktivität, die durch den Unterricht nicht unmittelbar geformt wird, deren Entwicklung durch ihn vielmehr nur begünstigt werden kann. Mir scheint aber, als sei es diesen Psychologen in mancher Hinsicht nicht geglückt, sich von der herkömmlichen Psychologie genügend zu lösen. In ihrer Deutung der Wahrnehmung und des Denkens glaubten wir die Spuren jener mechanistischen Auffassung zu finden, nach welcher der Geist auf dem Weg der Sinne fertige „Inhalte" empfängt. Wir werden aus diesen Tatsachen eine für den psychologischen Teil dieser Arbeit wichtige Lehre ziehen. Mit der denkbarsten Sorgfalt werden wir die Beziehungen zu definieren haben, die zwischen der sensualistisch-empiristischen Psychologie und jener Psychologie bestehen, die meiner Didaktik zugrunde liegen soll.

Wir werden folgendermaßen vorgehen: Wir beginnen unsere Darlegung der Psychologie Jean Piagets, indem wir seine Deutung des Vorstellungsbildes der Auffassung der herkömmlichen Psychologie gegenüberstellen (vgl. Kapitel III: „Vorstellungsbild und Operation"). Dann setzen wir die Darlegung der Theorie unseres Psychologen fort, indem wir anhand einer Analyse der psychologischen Ergebnisse des herkömmlichen Unterrichtes einige der abweichenden Auffassungen Jean Piagets entwickeln (vgl. Kapitel IV: „Automatismus und Operation"). Die innere Logik der Darlegung wird uns dann dazu führen, die psychologische Bedeutung des Forschens zu beschreiben (vgl. Kapitel V: „Das selbständige Suchen, die Aufgabe und der Aufbau der Operation"). Schließlich werden wir einen kurzen Abriß der Assimilationstheorie geben, der in gewissem Sinn die ganze Psychologie Jean Piagets zusammenfaßt (vgl. Kapitel VI: „Die Assimilation").

KAPITEL III

Vorstellungsbild und Operation

1. Das Grundelement des Denkens: Bild oder Operation?

Die sensualistisch-empiristische Psychologie (Assoziationspsychologie) und die herkömmliche Didaktik beruhen auf der Theorie der Bildeindrücke im menschlichen Geist. Nach diesen Lehren sind die Bilder die grundlegenden Elemente des arithmetischen Denkens (Bilder der einfachen Zahlen), des geometrischen Denkens (Bilder von räumlichen Figuren) und der Naturwissenschaften (Bilder von Gegenständen, lebendigen Wesen u. ä.). Von den allgemeinen Begriffen nimmt man an, sie entstünden durch einen Prozeß der Abstraktion, der die zufälligen Merkmale ausscheidet. Entweder wird das Vorkommen der Operationen stillschweigend übergangen (weil sie nicht in das System passen), oder sie werden als Ableitungen aus Bildern angesehen. Schon die tägliche Erfahrung im Schulunterricht macht die Unzulänglichkeit dieser Theorie klar. In Wirklichkeit genügt es nicht, einer Klasse Bilder zu zeigen und ihre Aufmerksamkeit auf deren Einzelheiten zu lenken, um im Geist der Schüler jene Eindrücke hervorzurufen, aus denen sich ohne weiteres die gewünschten Begriffe und Operationen ergäben. Wir haben gesehen, daß jeder Lehrer gezwungen ist, auf irgendeine Weise die Aktivität der Schüler anzuregen, damit sie die ihnen gezeigten Gegebenheiten vergleichen, sich Umformungen vorstellen oder ganz einfach den Demonstrationen des Lehrers folgen. Nun gehen aber alle diese Tätigkeiten bereits über den einfachen Prozeß des Eindrucks hinaus und zeigen an, daß die grundlegenden Elemente des Denkens nicht statische Bilder sind (Abbilder äußerer Modelle), sondern Schemata von Tätigkeiten, an deren Ausführung das Subjekt einen wichtigen aktiven Anteil hat.

Die Psychologie Jean Piagets umreißt die Wirkungsweise und die Bedeutung dieser Aktivität des Subjekts. Ohne die Existenz der Bilder zu leugnen, weist er ihnen eine ganz andere Funktion zu, als es die klassische Psychologie getan hatte. Er zeigt, daß das Denken vor allem eine Form des Tuns ist, die sich im Verlauf ihrer Entwicklung differenziert, organisiert und ihre Wirkungsweise verfeinert. Ohne sich auf die Ergebnisse seiner Untersuchungen über die Psychologie des Kindes zu berufen, erweist Piaget seine These an der Mathematik:

„In irgendeinem Ausdruck, wie z. B. $(x^2 + y = z - u)$, bezeichnet jedes Glied im Grunde eine Handlung. Das Zeichen ($=$) drückt die Möglichkeit eines Austausches aus, das Zeichen ($+$) eine Vereinigung, das Zeichen ($-$) eine Trennung. Das Quadrat (x^2) steht für die Handlung, den Wert x x-mal wiederzugeben, und jeder der Werte u, x, y, z bedeutet die Handlung, die Einheit eine gewisse Anzahl mal zu reproduzieren. Jedes dieser Symbole bezieht sich also auf eine Handlung, die real sein könnte, bei der sich aber die mathematische Sprache darauf beschränkt, sie abstrakt anzuzeigen, und zwar in der Form verinnerlichter Handlungen, d. h. gedanklicher Operationen." [58]

Was für das arithmetische Denken zutrifft, gilt auch für das geometrische Denken: die zahlreichen Untersuchungen über die Raumvorstellung beim Kinde haben sämtlich die grundlegende Rolle des Handelns in diesem Denkbereich bekräftigt. Am Schluß des ersten der großen Werke, die sich damit beschäftigen, schreibt Jean Piaget:

„Was die Tätigkeit selbst betrifft, so habe ich immer wieder festgestellt, wie grundlegend ihre Rolle ist, im Gegensatz zu der des Bildes. Die geometrische Anschauung ist wesentlich aktiv: sie besteht vor allem in virtuellen Handlungen, abgekürzten Schemata früherer tatsächlicher Handlungen oder vorwegnehmenden Schemata späterer Handlungen. Und wenn die Handlung fehlt, so fällt die Anschauung aus. Angefangen bei den elementaren Beziehungen der Ordnung (Gegenstände in zweierlei Richtung aufstellen), der Umhüllung (Knoten) oder den projektiven Beziehungen (Perspektiven wiederherstellen, Schatten projizieren, Strahlenbündel brechen, Oberflächen abwickeln u. a.), affinen Beziehungen (einen Rhombus strecken), bis zu den Ähnlichkeiten und zu den Mengen, die in Ebenen zu koordinieren sind, beruhen alle Formen räumlicher Anschauung, die wir untersucht haben, auf Handlungen: auf der Handlung, Dinge nebeneinander (Nachbarschaft) oder in einer bestimmten Reihenfolge (Ordnung) aufzustellen, auf Handlungen wie einhüllen, verknüpfen und auflösen, den Standpunkt wechseln, schneiden, herunterklappen, falten und entfalten, vergrößern und verkleinern usw." [59]

Die Ergebnisse der genetischen Untersuchungen liefern eine Menge von Beispielen, die diese Betrachtungsweise bekräftigen. Wir führen nur zwei besonders bezeichnende an:
Zeigt man Kindern unter acht bis neun Jahren einen geometrischen Körper, z. B. einen Zylinder oder einen Kegel aus Papier, und stellt ihnen die Aufgabe, die abgewickelte Oberfläche zu zeichnen, so sind sie dazu nicht imstande, sondern liefern zunächst Zeichnungen, die mit denen übereinstimmen, durch die sie — im Alter von fünf bis sieben Jahren — den Körper in gewöhnlicher Sicht und — im Alter von sieben bis acht Jahren — unvollständige oder noch nicht koordinierte Abwicklungen wiedergaben. Man sieht, die Aufgabe, die sich dabei dem Kinde stellt, bezieht sich nicht auf die Wahrnehmung der statischen Form der Volumina, sondern auf die Vorstellung der Umfor-

mung der Oberfläche in eine ebene Figur. Im Kommentar zu diesem
Versuch schreibt Jean Piaget:

„Es ist klar, daß das Kind einen Zylinder oder Kegel in gleicher Weise wie
wir wahrnimmt, unabhängig von der Handlung, die Oberfläche abzuwickeln:
das Kind sieht den Zylinder und den Kegel wie wir in drei Dimensionen, erkennt wie wir ihre kreisförmige Grundfläche und den Deckkreis oder die
Spitze, bemerkt wie wir die gekrümmten Seitenflächen. Was es nicht erfaßt,
wenn man ihm die Aufgabe stellt, die Oberfläche abzuwickeln, das sind also
nicht die Formen der Oberflächen als solche, sondern einzig und allein ihre
entsprechenden Umlegungen und ihre Anordnung in einer einzigen Ebene.
Diese Handlungen kann es sich eben nicht vorstellen bis zum Niveau III b
(Stadium der Bewältigung der Aufgabe), wo ihm deren operatorische Verinnerlichung schließlich gelingt." [60]

Nun wollen wir ein Beispiel zeigen, das sich auf die Entstehung des
Zahlbegriffs beim Kinde bezieht und das gleichfalls die Wichtigkeit
der Operationen bei der Bildung der grundlegenden Denkbegriffe
augenscheinlich macht, im Gegensatz zu der zweitrangigen Rolle, welche
die Wahrnehmung der statischen Konfigurationen (Bilder) dabei spielt.
Würden bei der Bildung des Zahlbegriffes die Bilder tatsächlich die be-
herrschende Rolle spielen, die ihnen Mill und W. Lay zugeschrieben
haben — um nur zwei illustre Namen aus der Philosophie und Didaktik
zu nennen —, so begriffe man schwerlich die Reaktionen der Kinder in
einer experimentellen Situation wie der folgenden: Man beauftragt die
Kinder, zu einer gegebenen Reihe von sechs Spielmarken „gleich viele
darunter" zu setzen. Im Alter von ungefähr fünf bis sechs Jahren ist
das Kind imstande, zwischen zwei Reihen von Spielmarken eine
genaue Zugehörigkeit herzustellen, und es bejaht infolgedessen ihre
Gleichwertigkeit. Man könnte also meinen, es habe den Begriff der
numerischen Gleichheit von zwei Mengen erworben, gestützt auf das
Wahrnehmungsbild ihrer Glieder, die einander gegenübergesetzt worden sind. Allein es genügt schon, die Steine der einen Reihe zu lockern
oder einen Haufen daraus zu machen, damit das Kind den Glauben an
diese Gleichheit verliert. Hingegen bejaht das Kind im Alter von sieben
und mehr Jahren die Gleichheit der beiden Mengen, selbst wenn die
sichtbare Entsprechung zerstört ist. Warum? Weil es jetzt eine Operation erworben hat, die ihm gestattet, unabhängig von den trügerischen
Wahrnehmungsbildern die Gleichwertigkeit zu erkennen und wieder-
herzustellen. Wenn die Zwischenräume der Glieder einer Menge vergrößert werden, so kann das Kind in Gedanken diese Veränderung
annullieren, indem es zur Ausgangslage zurückkehrt, und gleichzeitig
hat es gelernt, die Gesamtlänge einer Reihe mit der Dichte ihrer Glieder
in Beziehung zu setzen. Jetzt hat das Kind erkannt, daß diese Glieder

zwar eine längere Reihe bilden, gleichzeitig aber weiter verteilt sind, genau wie es auch eine Plastilinkugel, die in eine Wurst umgeformt wurde, als mengenmäßig unverändert ansieht, weil sie zwar länger, dafür aber dünner geworden ist.[61] Demnach benötigt man die Vermittlung einer umkehrbaren (reversibeln) Operation und die aktive Herstellung der Beziehungen zwischen den gegebenen Längen für die Bildung des elementaren Begriffes der Gleichwertigkeit zweier Mengen; man versteht dann, daß die komplexeren Begriffe des mathematischen Denkens erst recht nicht als aus statischen Bildern hervorgehend erklärt werden können.

2. Die Aufgabe des Bildes im operatorischen Denken

Wir sahen, daß die Psychologie Jean Piagets dem Bilde nicht den zentralen Platz einräumt, den es in den Lehren der klassischen Psychologie innehatte. Um seine allgemeine Funktion im Denkmechanismus genau zu bestimmen, muß man es in die Reihe der Symbole und Zeichen einordnen, auf die wir etwas später zurückkommen werden. Begnügen wir uns für den Augenblick mit folgenden Feststellungen: Sobald eine Operation vom Kind erworben worden ist, wenn es sich zum Beispiel eine Umgestaltung im Raum, etwa die Abwicklung der Oberfläche eines Körpers oder seinen Schnitt mit einer Ebene vorstellen kann, wird ihm das Bild des Gegenstandes – der abgewickelten Oberfläche oder des Schnittes – zu einem *Symbol*, dessen Wahrnehmung oder Vorstellung ihm ermöglicht, sich der Operation (der Abwicklung, des Schnittes usw.) zu erinnern, zu der das fragliche Objekt Anlaß geben kann. So gestattet uns das wahrgenommene oder vorgestellte Bild eines Würfels, uns die Operation seiner Abwicklung vorzustellen und so sein Netz zu finden; und umgekehrt ermöglicht die Wahrnehmung oder Vorstellung des Netzbildes dem Subjekt, sich den Wiederaufbau des anfänglichen Körpers vorzustellen. Das Bild ist eine Art Stütze des Denkens, welches durch die symbolische Vertretung der Operationen ihre innerliche Vorstellung ermöglicht.[62]

3. Die Verinnerlichung der Handlungen zu Bildern und Operationen

Das erste Ergebnis meiner Analyse der Psychologie Jean Piagets ist also folgendes: In seinen höheren Ebenen ist das Denken vor allem ein System von logischen, physischen (raumzeitlichen) und numerischen Operationen. Die Operation ist das aktive Element des Denkens. Sie ist es, welche die wesentlichen Fortschritte der Intelligenz sichert, im Gegensatz zum Bild, das die Rolle eines verhältnismäßig statischen Elementes spielt, da es nur Augenblicksbilder der operatorischen Umgestaltungen festhält. Das Bild ist somit ein Symbol der Operation, dessen Wahrnehmung oder Vorstellung dem Subjekt erlaubt, sich die gesamte Operation vorzustellen.

In diesem Abschnitt wollen wir zu zeigen versuchen, daß Bild und Operation ihren gemeinsamen Ursprung im Handeln haben, obwohl sie unter dem Gesichtspunkt ihrer *Funktion* beim Denken einander entgegengesetzt sind.

Beginnen wir mit der Operation. Die angeführten Stellen haben schon durchblicken lassen, daß zwischen Operation und Handlung eine enge Beziehung besteht. In diesem Zusammenhang sind wir im besonderen dem Begriff „Verinnerlichung" begegnet. Es handelt sich hierbei in der Tat um einen Vorgang, dessen grundlegende Bedeutung bei der Entwicklung des Denkens die Entwicklungspsychologie Jean Piagets augenscheinlich gemacht hat.

Bis zum Alter von eineinhalb bis zwei Jahren muß das Kind jede Handlung, die ihm ein Problem stellt, auch wirklich ausführen, so z. B. den Schlitz einer Streichholzschachtel erweitern, um deren Inhalt zu erreichen. Es ist noch nicht fähig, diese Handlung nur in Gedanken auszuführen, sie sich „einzubilden" oder „vorzustellen", wie die Umgangssprache sich ausdrückt. Im weiteren Verlauf aber wird dieser Fortschritt gemacht: Statt zur wirklichen Ausführung jeder Handlung gezwungen zu sein, erlangt das Kind die Fähigkeit, sie *innerlich* und ohne sichtbare Bewegungen auszuführen. Man kann daher sagen, daß die Handlung *verinnerlicht* wurde, daß durch einen Vorgang der *Verinnerlichung* sich die tatsächliche Handlung in eine Vorstellung der Handlung verwandelt hat. Jean Piaget ist es geglückt, bei einem sechzehn Monate alten Kind in dem Fall der Öffnung einer Zündholzschachtel den Übergang von der einfachen materiellen Ausführung der Handlung zu ihrer Verinnerlichung festzuhalten. Er beschreibt die fragliche Beobachtung folgendermaßen:

„Ich lege die Kette in die Schachtel zurück — es handelt sich um eine Uhrkette und eine Zündholzschachtel, mit denen das Kind gerade spielt — und verkleinere den Spalt auf 3 mm. Das Kind Lucienne kennt den Vorgang des Schließens und Öffnens der Zündholzschachtel nicht und hat mich den Versuch nicht vorbereiten sehen ... Sie steckt ihr Fingerchen hinein und versucht, die Kette zu erreichen, scheitert aber völlig. Es folgt eine Unterbrechung, während der Lucienne eine sehr merkwürdige Reaktion zeigt, die nicht nur erstaunlich gut beweist, daß sie versucht, den Vorgang zu ‚denken' und sich die auszuführenden Bewegungen durch Gedankenverbindung vorzustellen, sondern die auch verdeutlicht, welche Rolle die Nachahmung beim Entstehen der Vorstellungen spielt: Lucienne ‚mimt' die Vergrößerung der Spalte. Sie betrachtet die Spalte sehr aufmerksam, dann öffnet und schließt sie mehrere Male nacheinander ihren Mund, zuerst nur wenig, dann immer weiter. Offenbar begreift Lucienne die Existenz eines Hohlraumes unter der Spalte und wünscht, diesen Hohlraum zu vergrößern. Den Versuch der Vorstellung, den sie dabei liefert, drückt sie plastisch aus; d. h., da sie die Situation nicht in Worten oder in klaren Bildern denken kann, macht sie, als Zeichen oder Symbol, eine einfache Bewegung." [63]

Das Kind geht also nicht mehr mit tatsächlichen Tastversuchen zu Werke, erkundet nicht mehr den Schlitz mit dem Finger, bis es das Verfahren entdeckt, das darin besteht, die Seitenwand der Schachtel an sich zu ziehen, um die Öffnung zu vergrößern, andererseits ist es ebensowenig imstande, sich schon diese Handlungen einfach vorzustellen, d. h. sie innerlich auszuführen. Deshalb mimt es das Öffnen der Schachtel, was nicht mehr eine wirkliche Handlung am Objekt ist, aber ebensowenig schon eine Vorstellung, denn sie äußert sich in wirklichen Bewegungen des Mundes.

Wenn wir nun noch einmal die schon erwähnten geistigen Operationen kurz vorüberziehen lassen, so kann man sagen, daß etwa von zwei Jahren an das Kind fähig wird, sich Operationen vorzustellen, wie z. B. das Vereinen und Trennen der Stücke eines Ganzen, das Zerteilen eines Gegenstandes, das Ausbreiten und Näherrücken von Spielmarken u. ä. Nur ist noch ein langer Weg zu durchlaufen, bis diese Handlungen des Vereinens usw. zahlenmäßige Operationen werden, bis die Ausführung eines Schnittes mehr ist als eine einfache praktische Handlung und zum Voraussehen der Schnittform führt. Das Kind muß im besonderen die Struktur der Operationen differenzieren und die Operationen zu Systemen koordinieren. Wir werden später auf diesen Aspekt der Operationsbildung zurückkommen.

Zunächst müssen wir prüfen, was nach Jean Piaget der Ursprung des Vorstellungsbildes ist. Stellt es trotz allem eine statische Wesenheit im Geiste dar, eine dauerhafte Spur des Sinneseindruckes? Setzt sich also der Geist aus zwei durchaus verschiedenen Elementen zusammen, aus starren „Inhalten" einerseits (Bilder) und aus Handlungsschemata andererseits (Operationen)? Hier ist die Antwort Jean Piagets:

„Das Bild ist nicht eine primäre Tatsache, wie die Assoziationspsychologie lange geglaubt hat: es ist ... eine aktive Nachbildung und nicht eine Spur oder ein durch die Sinne eingeprägtes Abbild der wahrgenommenen Gegenstände." [64]

Das Vorstellungsbild muß viel eher als eine Zeichnung aufgefaßt werden — die jedesmal im Geist entsteht, wenn das Subjekt sich etwas vorstellt — denn als eine Fotografie, die aus einem geheimnisvollen Untergrund (dem „Gedächtnis", dem „Unterbewußtsein" usw.) im

Augenblick des Vorstellungsaktes auftaucht. Die Analogie zwischen der Zeichnung und dem Vorstellungsbild ist in der Tat verblüffend:

Die Zeichnung ... wie das Vorstellungsbild gehen nicht aus der reinen Wahrnehmung hervor, wohl aber aus der Gesamtheit der Bewegungen, ... Vergleiche usw., welche die Wahrnehmung begleiten und die wir Wahrnehmungstätigkeit nennen. Zeichnung und Bild sind äußere oder innere Nachahmungen des Gegenstandes, nicht aber Fotografien des Geistes ..." [65]

Die neue Erklärung des Vorstellungsbildes, die Piaget vorschlägt, entspricht einer neuen Auffassung der Wahrnehmung selbst. Diese ist nicht mehr ein rezeptiver Prozeß der Einprägung sinnlicher Gegebenheiten, sondern es hat sich erwiesen, daß in ihr die Wahrnehmungstätigkeit eine wichtige Rolle spielt. Eine ganze Reihe von Untersuchungen über die Psychologie der Wahrnehmung hat Jean Piaget zur Entwicklung dieses Begriffes geführt und hat dessen Wichtigkeit bekräftigt. * Im Rahmen dieses Buches beschränken wir uns jedoch darauf, ein Experiment der Entwicklungspsychologie anzuführen, das eine sehr klare Vorstellung davon gibt, was man unter dem Ausdruck „Wahrnehmungstätigkeit" zu verstehen hat.[66] Die Versuchsleiter haben dabei Kindern von drei bis acht Jahren Gegenstände des täglichen Gebrauchs vorgelegt (ein Stück Kreide, einen Schlüssel u. ä.) und besonders auch einfache geometrische Figuren, ausgeschnitten aus Pappe (Kreise, Ellipsen, Quadrate), aber auch komplexere Formen (Sterne, Kreuze u. ä.). Das Kind sah die Gegenstände nicht; man gab sie ihm nur zum Betasten und zur Manipulation hinter einem Schirm. Es mußte sie benennen oder zeichnen oder mußte sie unter mehreren sichtbaren Modellen oder unter vorbereiteten Zeichnungen erkennen. Der Versuchsleiter hatte so die Möglichkeit, die Bewegungen der taktilen Exploration ** zu studieren und sie zu vergleichen mit der Wiedergabe oder dem Erkennen der Gegenstände. Nun hat dieser Versuch einwandfrei gezeigt, daß sich die Explorationstätigkeit zwischen drei und acht Jahren deutlich entwickelt. Das Kind kann anfänglich überhaupt nicht explorieren: es hält den Gegenstand einfach in den Händen und reagiert auf zufällige Berührungen, wenn es zum Beispiel mit dem Finger in das Loch des Schlüssels gerät. In der Folge wird aber die taktile Exploration immer aktiver und systematischer: Das Kind folgt den Umrissen der Figur, untersucht die Geraden, die Krümmungen, die Winkel, vergleicht deren Formen, indem es die einen auf die anderen legt usw.

---

* Zu den Problemen der Wahrnehmung siehe die Artikel von *Jean Piaget* und *Marc Lambercier* in den „Archives de Psychologie". Jahrgang 1941 ff.
** taktile Exploration = Untersuchung durch den Tastsinn.

Merkwürdigerweise entwickeln sich nun die Zeichnungen, welche die Figuren wiedergeben, sowie das Erkennen der Figuren in direkter Abhängigkeit von der Aktivierung und Systematisierung der Explorationstätigkeit. In dem Maße, wie sich die Wahrnehmungstätigkeit entwickelt, werden die Zeichnungen präziser und fangen an, die Maße der Entfernungen und der Winkel und ebenso die gegenseitigen Verhältnisse zu beachten. Alles verläuft demnach so, als ob die Zeichnung nichts anderes wäre, als eine Wiedergabe der Bewegungen bei der Explorationstätigkeit. Nun begreift man auch, wieso Jean Piaget die Zeichnung „eine Nachahmung des Gegenstandes" nennen konnte. Die zur Ausführung der Zeichnung notwendigen Bewegungen „imitieren" die Umrisse und die Struktur des Objektes, entsprechend der Wahrnehmungstätigkeit, die ebenfalls den Gegenstand „imitiert".

Demzufolge kann man nun verstehen (und die Selbstbeobachtung aller, die gezeichnet haben, bestätigt es), wie die visuelle Wahrnehmungstätigkeit aufzufassen ist. Wie bei der taktilen Exploration muß es sich um Bewegungen handeln, welche den Linien und Verhältnissen der Figuren folgen und sie explorieren, mit dem einzigen Unterschied, daß das Organ, welches die Exploration sichert, das Auge ist (Blickbewegungen) und daß man wahrscheinlich innere Bewegungen annehmen muß, die sich nicht mehr in wirklichen Bewegungen des explorierenden Organs äußern. Nun begreift man auch, daß das Vorstellungsbild nichts anderes ist als eine innerliche Wiedergabe der Bewegungen bei der wahrnehmenden Exploration. Aus diesem Grund kann man das Vorstellungsbild auch eine innere Nachahmung des Gegenstandes nennen, und deshalb ist es mit der Zeichnung vergleichbar. Das Vorstellungsbild verhält sich zur Zeichnung, wie die innere Sprache zur gesprochenen Sprache.

Obwohl also Bild und Operation im Mechanismus des Denkens verschiedene Aufgaben erfüllen, haben sie gemein, daß sich ihr Ursprung aus der gleichen sensu-motorischen Aktivität herleitet, was der Auffassung vom Wesen des Denkens und seiner Entwicklung eine bemerkenswerte Einheit verleiht.

4. Die geistige Aktivität des Schülers in der traditionellen Schule vom Standpunkt der Theorie der Verinnerlichung her gesehen

Die Psychologie Jean Piagets liefert die Mittel zur Analyse der geistigen Aktivität, die den traditionellen Unterricht charakterisiert. Wir können jetzt eine erste Gruppe seiner typischen Züge bestimmen.

Wir haben gesehen, daß der traditionelle Unterricht trotz seiner sensualistisch-empiristischen Begründung, die keine echte seelische Aktivität kennt, in der Praxis doch gezwungen ist, beim Schüler eine gewisse Aktivität hervorzurufen. Im äußersten Fall — wenn er auf jede Darbietung anschaulicher Gegebenheiten verzichtet — wendet er sich doch wenigstens an die Vorstellungskraft des Schülers. So verlangt man bei der Einführung der Brüche vom Schüler, sich die Teilung eines Kuchens vorzustellen und sagt ihm, daß die erhaltenen Teile Halbe, Drittel usw. heißen. Ein solcher rein verbaler Unterricht ist sogar noch älter als die traditionelle Methode, wie wir sie definiert haben, so daß wir rasch darüber hinweggehen können. Wir merken uns lediglich: diese Unterrichtsmethode schließt ein, daß der Schüler alle Operationen in verinnerlichter Form ausführt, und zwar von ihrer ersten Einführung an. Selbst wenn die Schüler nach dem Stand ihrer geistigen Entwicklung dazu fähig wären, könnte sich doch der Lehrer den meisten unter ihnen einfach nicht verständlich machen und sähe sich gezwungen, ihnen Rezepte zu vermitteln, die zeigen, wie man mit den Zahlsymbolen umgeht.

Eine zweite, schon viel häufigere Unterrichtsform benützt zur Einführung der neuen Operationen Bilder oder Gegenstände, die fertig vorbereitet sind, so daß sie weder verändert noch bewegt werden können. Bei der Einführung der Brüche sind das z. B. fertig vorbereitete Tafeln mit in Sektoren eingeteilten Kreisen. Wiederum wird also das Kind aufgerufen, sich die Operation, in unserem Fall die Teilung, vorzustellen. Aber jetzt hat es ein Bild vor Augen, das als Symbol der Operation wirken kann und deshalb eine wichtige Stütze für die innerliche Ausführung der Operation ist. Doch wenn ein Schüler auch stets in der Lage ist, sich auf Grund des Resultates eine begriffene Operation wieder vorzustellen, so liegt der Fall anders, wenn er sich eine neue Operation aneignen soll. Man findet dann oft, daß solche Bilder für die Schüler sinnleer bleiben. Der Lehrer muß von neuem zu Worterklärungen Zuflucht nehmen, um die Schüler dazu zu bringen, daß sie sich die neue Operation vorstellen — was ebenso mühsam wie fruchtlos ist.

Das führt zu einer dritten möglichen didaktischen Maßnahme, die bereits den Übergang bildet von der traditionellen Unterrichtsweise zu der Methode, die wir vorschlagen werden: man bietet der Klasse nicht fertig vorbereitete Bilder, sondern läßt diese vor ihren Augen entstehen. Um beim Beispiel der Brüche zu bleiben: Der Lehrer oder ein von ihm aufgerufener Schüler teilt vor der Klasse verschiedene Gegenstände oder Flächen in eine gegebene Anzahl von Teilen. Die

Schüler werden dazu aufgefordert, diesen Darbietungen zu folgen. Was geht nun in den Zuschauern vor? Die Psychologie Jean Piagets liefert auf diese Frage eine sehr überzeugende Antwort: Der Schüler *vollzieht* die ihm vorgeführten Operationen *innerlich mit*. Aber auch da drängt sich eine Bemerkung auf. Die schulische Erfahrung zeigt in der Tat, daß aus verschiedenen Gründen nicht alle Schüler fähig sind (oder sich nicht interessiert zeigen), diesen Demonstrationen zu folgen und die vorgeführten Operationen innerlich nachzuvollziehen. Die traditionelle Psychologie konnte diese Erscheinung kaum erklären. Wenn die Schüler „aufmerksam" waren (d. h. wenn sie ihre Augen dorthin gerichtet hatten, wo die Demonstration vor sich ging), so mußte sich das Dargebotene notwendig ihrem Geist einprägen, während der Anteil des Subjekts an diesem Prozeß bedeutungslos war. Alles klärt sich jedoch, wenn man annimmt, daß der Schüler sich eine vorgeführte Operation nur aneignet, indem er sie innerlich mitvollzieht. Fehlt der innerliche Nachvollzug, so gibt es keine Aneignung. Die Nachteile eines ausschließlich darbietenden Unterrichtes werden noch verschlimmert durch den Umstand, daß die Beteiligung der Schüler nur in einem sehr beschränkten Ausmaß kontrollierbar ist.

So stellt sich uns ein genau bestimmtes didaktisches Problem: Wir werden Formen der Ausführung für die Operationen zu suchen haben, die leichter und interessanter sind als die innerliche Nachahmung der vom Lehrer gebotenen Demonstrationen. Ich nehme vorweg, daß das Suchen nach Operationen durch konkretes Manipulieren und Experimentieren eine Lösung dieses Problems liefern könnte.

KAPITEL IV

Automatismus und Operation

1. Die Struktur der in der traditionellen Schule erworbenen Reaktionen

Das beschriebene grundlegende psychologische Phänomen ist die Verinnerlichung des Handelns, ein Begriff, der nicht nur den Ursprung der Operationen und Vorstellungsbilder verstehen läßt, sondern auch das Wesen der einzigen Form von Aktivität, die der traditionelle Unterricht fordert: die innerliche Ausführung der gedanklichen Operation.

Von Aktivität des Schülers kann noch kaum die Rede sein, wenn der traditionelle Unterricht neue Begriffe und Operationen einführt; sie wird jedoch sichtbar beim Üben, Auswendiglernen und beim Aufsagen von Operationen, Regeln, Gesetzen, Definitionen u. ä. Dann aber kann man oft folgendes beobachten: Obwohl die Schüler eine bestimmte Formel auswendig gelernt oder das Lösungsverfahren bei einer bestimmten Art von Aufgaben (z. B. Flächenberechnung, Addition von Brüchen, schriftliche Division) bereits automatisiert haben, begreifen sie nicht mehr, was sie sagen oder tun. Sie sagen eine sprachliche Formel mechanisch her oder wenden ein stereotyp gewordenes Verfahren automatisch an. Dazu wollen wir uns merken, daß ein Mangel an Verständnis immer und notwendig die Stereotypie der Reaktion zur Folge hat. Wenn der Schüler nicht begreift, wenn ihm die wirkliche Bedeutung entgeht, so muß er sich starre Automatismen erwerben, die durch ihren rein äußerlichen, immer gleichen Mechanismus den Ablauf der gewünschten Reaktionen sichern.

Häufig beobachtet man auch, daß viele Schüler die Automatismen nur auf genau dieselben Situationen anwenden können, in denen sie erworben wurden. Das sind Beobachtungen, die jeder machen kann, der die Ergebnisse der traditionellen Methoden ein wenig genauer prüft, auch ohne sich dabei auf psychologische Begriffe stützen zu müssen. Für uns aber stellt sich nun die Aufgabe, diese Tatsachen im Lichte einer Gesamtpsychologie zu überprüfen und zu suchen, ob sie nicht engere Beziehungen zueinander haben, als es zunächst scheint.

Bevor ich mit dieser Analyse beginne, möchte ich auf das Besondere der Aufgabe hinweisen. Es handelt sich nicht darum, die natürlichen Ergebnisse der psychologischen Entwicklung des Kindes zu analysieren. Diese wird von der Entwicklungspsychologie untersucht. Die Reaktionen der Schüler, die wir zu prüfen haben, sind hingegen sonderbare Mischungen aus tatsächlichen Erwerbungen und primitiven Mechanismen, die den Mangel an Verständnis für die Operationen künstlich ersetzen.

Kommen wir nun zurück auf die erste Wirkung, die der traditionelle Unterricht haben kann: Mangel an Verständnis bei auswendig gelernten Formeln und mechanisierten Lösungsverfahren. Ein Schüler kann z. B. die Regel zur Berechnung der Trapezfläche richtig hersagen, ohne ihren Sinn erfaßt zu haben: „Um die Fläche eines Trapezes zu berechnen, multipliziert man seine Mittellinie mit der Höhe."

Wie kommt es zum Hersagen eines solchen nicht begriffenen Satzes, und was bedeutet es, daß er nicht begriffen worden ist? Ich gehe bei meiner Analyse von dem Grenzfall aus, daß der Schüler mit den Worten, die er hersagt, keinerlei Bedeutung verbindet. Die verbale Wiedergabe der Regel ist in diesem Fall ein rein sensu-motorisches Phänomen, das nur die Motorik der Sprechorgane und die auditive Wahrnehmung beansprucht. Während des Hersagens weckt jedes Wort das folgende, wie z. B. beim Künstler, der auswendig ein Musikstück spielt, die Wahrnehmung jeder Note die Bewegung auslöst, welche die folgende hervorruft. Ohne hier schon genauer zu definieren, halte ich fest, daß eine solche Reaktion mit stereotypem Ablauf in der Psychologie ein *Automatismus* genannt wird. Fehlt das Verständnis für die Bedeutung, so stellt das Aufsagen eines Satzes wie der angeführten geometrischen Regel also einen einfachen sensu-motorischen Automatismus dar. Aber worin besteht denn die Bedeutung der Aussage? In verinnerlichten räumlichen und numerischen Operationen, wie ich sie in den vorhergehenden Abschnitten beschrieben habe. Für die Regel zur Berechnung der Trapezfläche wären dies folgende Operationen: Verwandlung des Trapezes in ein Rechteck, dessen Grundlinie der Mittellinie des Trapezes entspricht; Berechnung der Rechtecksfläche durch ihre Unterteilung in ein Netz von Einheitsquadraten usw. Die Regel verstehen bedeutet somit, diese räumlichen und zahlenmäßigen Operationen innerlich hervorrufen zu können. Die Wörter und ihre Verbindungen, die Sätze, stellen also *Zeichen* * dar und die Operationen deren *Bedeutung*. Zeichen und Bedeutungen sind geistige Akte, jene sensu-motorisch, diese rational und meist verinnerlicht; die Zuordnung der beiden zueinander ermöglicht dem Menschen, sich auszudrücken und den Gedankenausdruck eines anderen zu verstehen.

Ich bin von dem fiktiven Grenzfall ausgegangen, daß ein Schüler eine Regel hersagt, ohne sie im geringsten zu begreifen; dadurch war es mir möglich, Zeichen und Bedeutung zu unterscheiden. Nun kommt allerdings ein so völliger Mangel an Verständnis nie vor; jedoch ist folgende Erscheinung sehr häufig: Wie im angeführten Fall lernt der Schüler eine Regel auswendig, z. B. die, welche sich auf die Trapezfläche bezieht; die Abfolge der verbalen Zeichen ist also gesichert. Ohne daß nun das Verständnis für diese Zeichen gänzlich fehlt, umfaßt doch die Bedeutung, die ihnen das Subjekt beilegt, nicht die gesamte Operation, die in der Regel enthalten ist. Man könnte von bruchstückhaftem Verständnis sprechen, und dieses würde sich in unserem Beispiel folgendermaßen zeigen: Ohne genau begriffen zu haben, was eine Fläche

---

* Das Zeichen ist ein konventionell festgesetztes Symbol. Das „Symbol" (im engeren Sinn des Wortes) gleicht dem Objekt, für das es steht. Das Wort ist also ein Zeichen, die Zeichnung ein Symbol.

ist, und ohne imstande zu sein, die Formel $F = m \cdot h$ aus den besonderen Eigenschaften des Trapezes und den für jede Flächenberechnung geltenden Grundsätzen abzuleiten, könnte der Schüler doch das richtige Ergebnis einer Aufgabe finden, in der ihm gesagt würde: 1. daß es sich um ein Trapez handele, 2. daß die verlangte Größe die Fläche sei (die Frage darf beispielsweise nicht einfach heißen „wieviel pflügbares Land?"), 3. daß die „Mittellinie" und die „Höhe" eine gegebene Länge hätten. Was sind in diesem Fall die Bedeutungsakte, die der Schüler mit der Regel verbindet, und inwiefern ist das Verständnis nur partiell? Der Schüler begreift zweifellos, was er tut, wenn er die arithmetischen Operationen des Multiplizierens und Dividierens ausführt, die zur Lösung der Aufgabe nötig sind. Überlegt er, so kann er wahrscheinlich auch erklären, daß die m^2, durch die er das Ergebnis ausdrückt, Quadrate mit einem Meter Seitenlänge sind. Möglicherweise erschöpft sich damit die Bedeutung, die ein schwacher Schüler mit der auswendig gelernten Regel verbindet. Weshalb weiß er trotzdem, daß er die beiden parallelen Seiten addieren, ihre Summe durch zwei dividieren und das erhaltene Ergebnis mit der Höhe multiplizieren muß? Anders gesagt: Welcher innere Prozeß sichert die geordnete Reihenfolge aller Schritte zur Lösung der Aufgabe? Es ist der sensu-motorische Automatismus, der es dem Schüler ermöglicht, sich die Regel innerlich zu wiederholen oder sie laut aufzusagen. Indem er sie spricht, hört er sich sozusagen selbst zu und führt aus, was ihm der Wortreflex sagt. Da er aber nur einige Teilakte seiner Rechnung begreift, ohne die gesamte Operation begründen zu können, irrt er sich leicht und macht sinnlose Fehler. Der Schüler vergißt die Summe der parallelen Seiten durch zwei zu dividieren, er verwendet ein Mittel aus Grundlinie und Höhe und multipliziert es mit der Decklinie u. ä. Er ist für die Gesamtordnung der Lösung von der sensu-motorischen Gewohnheit des Hersagens abhängig, die sich natürlich auch unvollständig oder unrichtig abwikkeln kann, ohne daß er sich dessen bewußt werden könnte. Beispiele für diese psychologische Erscheinung könnte man leicht in unbegrenzter Zahl angeben. Ist $(a - b)^2 = a^2 - 2\,a\,b + b^2$ oder $a^2 - 2\,a\,b - b^2$? Das einfache innere Hersagen kann den Schüler, der auch gelernt hat, daß $(a - b)\,(a + b) = a^2 - b^2$ ist, in der Tat leicht irreführen.

Ein zweiter Typ mangelhafter Aneignung ist ebenso häufig wie der eben beschriebene. Es kommt oft vor, daß die Schule vom Schüler nicht das Auswendiglernen einer Regel, eines Gesetzes oder einer Formel — die in Worte gefaßt sind — verlangt, sondern daß sie ihn einen gewissen arithmetischen oder geometrischen Prozeß mechanisch lernen läßt. Wir denken z. B. an alle schriftlichen Operationen, an die Verfahren, Quadrat- oder Kubikwurzeln zu ziehen, Gleichungen zu lösen, zu addieren, Brüche zu dividieren u. ä. Auch hier beobachten wir oft ein nur teilweises Verständnis. Der Schüler kann die Gesamtheit der Operationen, die er mechanisch ausführt, nicht begründen. In diesem Falle ist es nicht mehr der sensu-motorische Automatismus des Hersagens, die den korrekten Ablauf des Lösungsverfahrens sichert. Aber es handelt sich um eine Gewohnheit, die dem sensu-motorischen Reflex recht nahe bleibt. In der Tat, wenn man sich vergegenwärtigt, wie man bei einer schriftlichen Operation die Ziffern untereinandersetzt, Dezimalen „abschneidet", Nullen „hinzufügt", wie man bei der Lösung von Gleichungen Glieder umsetzt und neu anordnet, so findet man, daß es sich dabei um lauter praktische und automatisierte Tätigkeiten handelt. Was sie von gewöhnlichen praktischen Tätigkeiten unterscheidet, ist einzig, daß sie sich nicht auf konkrete Objekte beziehen, sondern auf Ziffern und Buchstaben, also auf Zeichen. Auch da kann der blinde Mechanismus das Verständnis der Gesamtoperation ersetzen, und alsdann können Störungen im Lösungsverlauf eintreten, die absurde Irrtümer möglich machen.

Versucht man jetzt die eben beschriebenen psychologischen Erscheinungen zu überblicken, so könnte man sagen: Alle beobachteten Reaktionen stimmen darin überein, daß sie Automatismen der Handhabung von Symbolen schaffen. Für den ununterrichteten Beobachter können sie den Eindruck verstandener Verfahren erwecken, denn sie endigen oft in richtigen Ergebnissen. In Wirklichkeit aber enthalten diese Reaktionen nur „Verständnisinseln", d. h. nur Teiloperationen sind wirklich verstanden, während die Gesamtstruktur nicht begriffen wurde.

2. Die „Automatismen der Handhabung von Symbolen" und die Operation

Versuchen wir jetzt, die Automatismen der Handhabung von Symbolen zu kennzeichnen. Wir haben gesehen, daß diese Prozesse, falls sie nicht begriffen sind, nur unter künstlichen Bedingungen richtig ablaufen, Bedingungen, die niemals im wirklichen Leben, sondern nur bei Schulproblemen gegeben sind. In Arithmetik, Physik oder Geometrie muß z. B. die zu bestimmende Größe immer durch den gleichen Ausdruck bezeichnet werden. Um zu wissen, welche Operationen bei einer Aufgabe auszuführen sind, in der die Berechnung der Rechtecksfläche gefordert wird, muß der Schüler in der Aufgabenstellung den Ausdruck finden: „Wie groß ist die Fläche?" Würde man ihm einfach die Aufgabe stellen, das pflügbare Land eines gegebenen Feldes zu bestimmen, so würde er vielleicht dessen Umfang berechnen. Der Schüler hat gewissermaßen ein *Signal* nötig, das ihm sagt, was er berechnen muß. Der Ablauf der Gewohnheit entspricht dem Ablauf eines *bedingten Reflexes*, der durch ein Signal ausgelöst wurde. Der Unterschied liegt einzig darin, daß bei der Aufgabe der Rechtecksberechnung das Signal das Wort oder ein verbaler Ausdruck ist und nicht irgendein Sinnessignal, und daß die ausgelöste Reaktion eine Folge von Rechnungen ist, nicht eine Bewegung oder eine sekretorische Reaktion. Außerdem hängen die geistigen Gewohnheiten oft von gewissen, durchaus konventionellen Ausdrucksweisen ab. So kann ein Schüler fähig sein, den Bruch $^{25}/_{100}$ zu kürzen, ohne daß er deswegen 25% in $\frac{1}{4}$ umzuformen vermag. Seine Gewohnheit ist beschränkt auf die Division von Zähler und Nenner durch die gleiche Zahl, sie beruht nicht auf der Einsicht in das Wesen der Brüche und der Prozente.

Man kann also zusammenfassend sagen, daß die „Automatismen der Handhabung von Symbolen" stereotype und starre Verhaltensweisen sind. Ihr richtiger Ablauf hängt von äußerlichen Umständen ab, so daß sie sich nur auf wenige schulische Situationen anwenden lassen.

In seinen entwicklungspsychologischen Untersuchungen hat Jean Piaget gefunden, daß das Kind im Laufe seiner Entwicklung Reaktionen erwirbt, die viel differenzierter sind als die Gewohnheiten; er hat sie „*Operationen*" genannt. Welches sind ihre charakteristischen Züge? Um mit dem letzten Punkt zu beginnen, den ich beim Thema „Automatismus" hervorgehoben habe: das Anwendungsfeld einer Operation ist viel weiter als das eines Automatismus. Die Operation hat kein *Signal* nötig, um ausgelöst zu werden, und sie ist nicht an einen festen symbolischen Ausdruck (verbal, algebraisch, numerisch) gebunden. Da sie sich aus Teiloperationen zusammensetzt, die stetig miteinander verbunden sind, und da sie, zusammen mit anderen Operationen, zusammenhängende und bewegliche Gesamtsysteme bildet, so kann sie auf jede Größe angewandt werden, die das zuläßt.

Wie muß man aber diese *Beweglichkeit der Operation* im Gegensatz zur *Stereotypie des Automatismus* definieren? Jean Piaget beantwortet diese Frage mit einer der grundlegenden Thesen seiner Psychologie: Wenn die Automatismen — und allgemein alle voroperatorischen Reaktionen — stereotyp sind und starr funktionieren, so hängt das damit zusammen, daß sie irreversibel (nicht umkehrbar) sind, während die Beweglichkeit der Operation vor allem in ihrer Reversibilität besteht. Jean Piaget vergleicht die automatisierte Gewohnheit mit der Intelligenz (welche die Gesamtheit aller Operationen ist, über die das Subjekt verfügt) folgendermaßen:

„Die Gewohnheit ... ist irreversibel, weil immer in einer Richtung auf das gleiche Ergebnis ausgerichtet, während die Intelligenz reversibel ist. Eine Gewohnheit umkehren (Spiegelschrift schreiben oder von rechts nach links schreiben u. ä.) bedeutet eine neue Gewohnheit erwerben, während eine inverse (umgekehrte) Operation der Intelligenz psychologisch zu gleicher Zeit wie die direkte Operation begriffen wird und logisch die gleiche Umformung verlangt, nur im Gegensinn." [67] Oder auch: „Die Intelligenz hingegen kann Hypothesen aufstellen und sie dann aufgeben, um zum Ausgangspunkt zurückzukehren, sie kann einen Weg vorwärts und rückwärts durchlaufen, ohne die verwendeten Begriffe abzuändern." [68]

Der Begriff der Reversibilität ermöglicht es daher, einen der grundlegenden Unterschiede zwischen den Automatismen und den Operationen zu definieren, zu deren Erwerb das Kind in der Schule geführt werden kann.
Aber in der Entwicklungspsychologie hat der Begriff der Reversibilität eine viel tiefere Bedeutung. Er ermöglicht es, einen der fundamentalen Aspekte in der Entwicklung des kindlichen Denkens zu erfassen.

„Das kindliche Denken ... ist um so weniger reversibel, je jünger das Kind ist und je näher es den perzeptiven, den motorischen oder den anschaulichen Verhaltensweisen der kleinkindlichen Intelligenz steht. Die Reversibilität kennzeichnet also ... die Entwicklungsprozesse an sich." [69]

Zahlreiche Untersuchungen über die Entwicklung des Denkens in der Physik [70], Arithmetik [71] und Geometrie [72] haben diese These bekräftigt. In den Schlußfolgerungen des Buches: „Classes, relations et nombres", [73] wo Jean Piaget die logische Bedeutung der Reversibilität analysiert, faßt er kurz die Entwicklung der physikalischen Größenbegriffe zusammen, mit deren Hilfe das Kind die Invarianz (Unveränderlichkeit) der Substanz, des Gewichtes und des Volumens begreift.

„Für das Kleinkind ... gibt es keine Invarianz, weil die Wahrnehmung jede Überlegung überschattet. So genügt es, eine Tonkugel zu deformieren, damit das Kind annimmt, daß deren Gewicht sich vermehre oder vermindere und die Stoffmenge selbst sich verändere. Schmilzt ein Stück Zucker, so ist das Kind überzeugt, daß Substanz und Gewicht verschwinden; bläht sich ein Maiskorn in der Hitze, so wachsen Substanz und Gewicht in den Augen des Kindes an ... Zwischen sieben und elf Jahren ungefähr bildet das Kind ... die ersten konstanten Mengenbegriffe der Substanz: Invarianz des Gewichts und sogar des Volumens (im Fall der Formveränderungen bei der Tonkugel). Mehr noch, es bejaht diese Konstanz unabhängig von jeder empirischen Überprüfung und glaubt daran wie an eine Wahrheit, die notwendig oder *a priori* besteht. Wie kommt das Kind dazu, sich von den wahrgenommenen Erscheinungsbildern so völlig zu lösen und rein verstandesmäßige Beziehungen herzustellen? Die einfache Identifizierung („Sie haben nichts weggenommen und nichts dazugetan") erklärt den Vorgang nicht, denn sie könnte in jedem Alter herangezogen werden; sie nützt den Kleinen nichts ... Die Überlegungen, welche das Kind anstellt, um die Invarianz der Mengen zu begründen, zeigen in der Tat, daß das Bewußtwerden der Reversibilität der Operationen eine wesentliche Rolle bei der Bildung dieser Begriffe spielt. ‚Man kann', sagt das Kind, ‚die ursprüngliche Form wiedergewinnen, mit den Teilen das Ganze wiederherstellen, jede Verformung durch eine umgekehrte Formänderung ausgleichen usw.' " [74]

Jean Piaget hat ferner einen zweiten Zug der Operation deutlich gemacht, dessen Anwendung auf die Didaktik mir wichtig erscheint:

„Die Zusammensetzungen der Operationen sind ‚assoziativ' (im logischen Sinn des Wortes), d. h. daß das Denken immer die Freiheit hat, Umwege zu beschreiten, und daß ein auf zwei verschiedenen Wegen erzieltes Ergebnis in beiden Fällen das gleiche bleibt. Das scheint auch ein Merkmal der Intelligenz zu sein, denn weder die Wahrnehmung noch die Motorik kennen Variationen der Lösungswege." [75]

Und nun ein konkretes Beispiel für die psychologische Bedeutung der Assoziativität der Operationen:

„Nehmen wir etwa an, daß ich eine Tonkugel C in die Stücke A, A' und B' aufgeteilt habe und nun zuerst $A + A'$ zu einem Stück (B) vereinige, dann B' hinzufüge, oder daß ich A zur Seite lege, um $A' + B'$ zu vereinigen. Auf dem operatorischen Niveau zweifelt kein Kind mehr, daß $(A + A') + B' = A + (A' + B')$ ist, während vorher das Ergebnis für das Kind nicht notwendig identisch war." [76]

Gestattet die Gewohnheit in der Handhabung der Symbole solche Änderungen der Lösungswege bei gleichem Ziel? Sicherlich nicht; denn nach der Definition ist sie ein starrer Mechanismus, der keine assoziativen Variationen zuläßt. Kennt der Schüler aber verschiedene Verfahren, die zum gleichen Ergebnis führen, so weiß er oft nicht zu sagen, warum das möglich ist. Warum ist $25 \cdot 25$, berechnet nach der gewöhnlichen Form der Multiplikation $(20 \cdot 25 + 5 \cdot 25)$, auch gleich $20^2 + 2 \cdot 20 \cdot 5 + 5^2$, $(a^2 + 2 a b + b^2$, wobei $a = 20$ und $b = 5)$? Um das zu begreifen, genügt es nicht, die beiden Rechnungen mechanisch ausführen zu können, sondern man muß die Assoziativität der beiden Operationen begriffen haben. In der Geometrie muß man ebenso von den Schülern verlangen, daß sie fähig sind, eine Konstruktion (z. B. die eines Quadrats mit Zirkel und Lineal) nach verschiedenen Methoden auszuführen; andernfalls hat man keine Sicherheit dafür, daß das fragliche Verfahren nicht bloß als stereotyper Automatismus erworben worden ist.

Alle Unterschiede zwischen automatisierter Gewohnheit und Operation, die wir bisher aufzählten, haben ihren tiefsten Grund in folgender Tatsache: Während die Gewohnheiten verhältnismäßig isolierte Verhaltensweisen sind, *bilden die Operationen Gesamtsysteme.*

Auf der Ebene der numerischen Operationen ist diese Tatsache den Mathematikern wohl bekannt. Sie wissen, daß die arithmetischen Operationen „*Gruppen*" bilden, welche die direkten, inversen und assoziativen Operationen zu Gesamtsystemen verbinden. Durch Zusammensetzung können einfache Operationen in komplexeren Strukturen kombiniert werden. Dank der Koordination der in Frage stehenden Beziehungen sind Urteile transitiven Charakters möglich ($x > y$, $y > z$, folglich $x > z$). Nun hat Jean Piaget zeigen können, daß diese mathematischen Gruppen nicht die einzigen Gesamtsysteme sind, die der menschliche Geist im Laufe seiner Entwicklung erarbeitet hat. Den mathematischen Gruppen entsprechen auf der qualitativen Ebene die „*Gruppierungen*". Diese setzen sich z. B. aus Operationen der Klassifizierung und der Reihung zusammen. Nun sind die Strukturen dieser Gruppierungen denen der numerischen Gruppen sehr ähnlich. Sie haben im besonderen die Möglichkeiten der Zusammensetzung, Umkehrung und Assoziativität gemein. Was aber die Gruppen und Gruppierungen so bedeutend macht — und das ist die zweite Entdeckung Jean Piagets — ist die Tatsache, daß diese operatorischen Systeme nicht außerpsychologische Wesenheiten sind, nach denen sich das Denken ausrichten müßte. Als Gesamtsysteme psychologischer Operationen sind die Gruppierungen und Gruppen Strukturen, die nicht nur dem Denken, sondern auch dem Handeln des Menschen innewohnen. So streben beim Kinde im Laufe seiner Entwicklung seine logischen Verhaltensweisen — sowohl die effektiven (Handlungen) als auch die verinnerlichten (Denken) — nicht allein zur Reversibilität und Assoziativität, wie wir eben gesehen haben, sondern auch zu einer Organisation in Gruppierungen und Gruppen (deren Gesetze übrigens die Möglichkeiten der Reversibilität und Assoziativität der sie begründenden Operationen enthalten). Auch wenn die fundamentalen Gruppierungen und Gruppen bereits erworben worden sind (nach den Untersuchungen der Entwicklungspsychologie trifft das etwa mit sieben Jahren zu), sind sie noch Quellen für immer weiterführende Differenzierungen und Verallgemeinerungen. Die Gruppierungen können die Rahmen für Untersuchungen (als „vorwegnehmende Entwürfe") abgeben, die es dem Subjekt ermöglichen, die realen Dinge zu begreifen, und sie können Raum für neue Einsichten geben.

Im Gegensatz zu den gruppierten Operationen sind die *Automatismen Verhaltensweisen, die voneinander verhältnismäßig isoliert sind.* Zwar kann sich ihr Funktionieren in einem gewissen Ausmaß verfeinern, und eine oder mehrere Gewohnheiten können sich gegenseitig durch Assoziation verbinden, aber das ist ihre einzige Entwicklungsmöglichkeit. Die Operation hingegen, die immer einem Gesamtsystem zugehört, steht in rationalen Beziehungen zu allen anderen Operationen des Systems. Ein Beispiel aus der Schulpraxis klärt diesen Unterschied: Das *Einmaleins* kann als eine Sammlung von Automatismen oder als eine Gruppe von Operationen erworben werden. Im ersten Fall wird jede Zahlenkombination als stereotype Reaktion gelernt, bei der die visuelle oder auditive Wahrnehmung zweier Zahlen, etwa 8 . 7, das Aussprechen (effektiv oder innerlich) einer dritten Zahl, hier 56, hervorruft. Jede der verschiedenen Zahlenkombinationen ist demnach von jeder anderen isoliert. Will man jedoch, daß die Schüler das Einmaleins als System von Operationen begreifen, so wird man mit ihnen die vielfachen Beziehungen zwischen den verschiedenen Operationen studieren, zum Beispiel $6 . 5 = (6 . 10) : 2; 7 . 6 = (5 . 6) + (2 . 6)$, also $30 + 12; 9 . 8 = (10 . 8) - (1 . 8); 5 . 5 = 25; 5 . 6 = 30; 5 . 7 = 35, \ldots$ also $5 . a = n$ und $5 . (a + 1) = n + 5$; usw., und dies alles, ohne noch vom Zusammenhang der Multiplikation mit der wiederholten Addition zu sprechen und ohne die Multiplikation in Beziehung zu ihrer Umkehrung, der Division, zu setzen. So wird das Einmaleins für den Schüler zu einem System, in dem er ohne Schwierigkeiten eine Operation aus der anderen ableiten und auf verschiedenen Wegen zu ein und demselben Ergebnis kommen kann, kurz: sich einem freien, seiner Ergebnisse sicheren arithmetischen Handeln zu überlassen vermag — dank dem Zusammenhang des Ganzen und der Beweglichkeit der Teile.

Dieser Unterschied zwischen Automatismus und Operation macht gut verständlich, warum die intellektuellen Automatismen so oft in erstaunlich kurzer Zeit vergessen werden. Das mechanisch gelernte Einmaleins braucht regelmäßige Wiederholung, sonst kann der Schüler bald nicht mehr über es verfügen. Wer die Beziehung nicht begriffen hat, die zwischen dem praktischen Quadratwurzelziehen und der Formel $(a + b)^2 = a^2 + 2 a b + b^2$ besteht, kann sich nach einigen Monaten nicht mehr an das Verfahren des Wurzelziehens erinnern. Wenn das Verfahren ein bloßer Automatismus der Handhabung von Symbolen war, kann es durch Überlegung nicht wiederhergestellt werden. Eine Operation hingegen, die Teil eines Gesamtsystems ist, kann von diesem aus immer wieder gefunden werden. Hätte ich zum Beispiel vergessen, wie man eine Quadratwurzel zieht, so brauchte ich mich nur daran zu erinnern, daß die Aufgabe, die Quadratwurzel aus 169 zu ziehen, die Umkehrung davon ist, 13 ins Quadrat zu erheben $[(10 + 3)^2]$, und könnte dann leicht das vergessene Lösungsverfahren wieder finden.

Allgemein kann man sagen, daß sich die Operationen viel stärker als die isolierten Gewohnheiten dem Vergessenwerden widersetzen; denn da sie in Gesamtsysteme eingereiht sind, stützen sich alle verwandten Operationen gegenseitig.

3. Die Operation und die Zusammenarbeit der Schüler

Zahlreiche moderne Pädagogen haben gezeigt, wie sehr die *Zusammenarbeit der Schüler* in der Gruppenarbeit und im Unterrichtsgespräch die soziale und sittliche Erziehung zu fördern vermag. Ich kann dieses Gebiet der Erziehung im Rahmen dieses Buches nicht behandeln; jedoch erheben sich in diesem Zusammenhang zwei wichtige Fragen. Es handelt sich darum, die Beziehungen zwischen den Arbeitsgemeinschaften der Kinder und ihrer verstandesmäßigen Bildung zu untersuchen. Einerseits ist klar, die Verwirklichung der freien Zusammenarbeit setzt voraus, daß die Teilnehmer gewisse intellektuelle Bedingungen erfüllen; andererseits muß man sich fragen, ob nicht umgekehrt diese Formen gemeinsamer Arbeit die geistige Entwicklung des Kindes günstig beeinflussen. Sollte das der Fall sein, so müßte man die Gemeinschaftsarbeit nicht nur aus Gründen der sittlichen und sozialen Erziehung fordern (die zwar an sich genügten), sondern auch im Blick auf die Verwirklichung der bestmöglichen Bedingungen für die intellektuelle Bildung.

Die Analysen Jean Piagets erhellen die intellektuellen Voraussetzungen, die ein Kind zur Zusammenarbeit befähigen, und erklären deren Einfluß auf die Bildung seines Denkens. In der Tat beruhen Wesen und Schwierigkeit des geistigen Austausches in einer Gruppe darauf, daß er den einzelnen vor Gesichtspunkte stellt, die sich von seinen eigenen unterscheiden. Soll sich ein Gespräch ergeben, so muß jeder Teilnehmer fähig sein, den Standpunkt des anderen zu verstehen. Wie ist aber ein solcher Austausch der individuell verschiedenen Gedanken möglich? Er ist dann möglich, wenn bei jedem Teilnehmer die Vorstellung nicht starr ist und nicht durch den eigenen begrenzten Gesichtskreis beherrscht wird. Das aber gelingt, wenn das Denken der einzelnen in Gruppen und Gruppierungen organisiert ist. Denn erst ein in beweglichen Gruppierungen und Gruppen strukturiertes Denken ermöglicht es jedem einzelnen, sich eine Vielzahl von Gesichtspunkten anzueignen. Nehmen wir das Beispiel einer Schülergruppe, die Bericht über eine Beobachtung oder einen Versuch erstattet, welche selbständig gemacht wurden: Die Schülergruppe versetzt sich in die Lage der Mitschüler und versucht, die Daten entsprechend der Aufnahmefähigkeit der Zuhörer wiederzugeben. — Handelt es sich darum, eine mathematische Aufgabe zu lösen, so kann durch die Möglichkeit der assoziativen Verfahren (die auf verschiedenen Wegen zu gleichen Ergebnissen führen) das gegenseitige Verstehen gesichert werden, wenn Schüler verschiedene Lösungsmethoden vorschlagen. — Oder nehmen wir an, daß zwei Glieder einer Schülergruppe zwei scheinbar verschiedene Deutungen eines kausalen Prozesses vorschlagen, eine, die zeigt, wie aus den Ursachen die Wirkungen entstehen, und die andere, wie die Wirkungen auf die Ursachen zurückgehen: Die Fähigkeit, die Gleichwertigkeit der inversen Beziehungen zu erkennen (Reversibilität des Denkens), läßt die Schüler begreifen, daß die beiden Erklärungsweisen gleichwertig sind. Allgemein kann man sagen, daß die intellektuellen Voraussetzungen für die Zusammenarbeit in einer Gruppe dann erfüllt sind, wenn jedes Mitglied fähig ist, die Gesichtspunkte der anderen zu begreifen und sein eigenes Handeln oder seinen mündlichen Beitrag demjenigen der andern anzupassen. Jean Piaget hat diese unbegrenzte Fähigkeit gegenseitigen Austausches unter den Mitgliedern einer Gruppe die „Reziprozität" (Wechselseitigkeit) ihres Denkens genannt.[77]

Die vorstehenden Überlegungen haben uns gezeigt, inwiefern die operatorische Organisation des Denkens der Schüler *Voraussetzung* für ihre Zusammenarbeit ist. Könnte man aber nicht die umgekehrte Frage stellen: Inwiefern ist die operatorische Organisation des Denkens der Gruppe *ein Ergebnis* ihrer Zusammenarbeit? Könnte nicht die intellektuelle *Operation* ein Ergebnis der intellektuellen *Co-operation* sein? Man erkennt sogleich die didaktische Wichtigkeit dieser Frage. Wäre es so, müßte dann nicht ein guter Unterricht Gemeinschaftsarbeit einschließen?

Gestützt auf seine Studien zur Entwicklungspsychologie sieht sich Jean Piaget veranlaßt, diese Frage positiv zu beantworten. Prüfen wir zwei psychologische Beobachtungen, die diese Behauptung stützen. Zunächst stellt man fest, daß das Kind mit einem Höchstmaß an Logik argumentiert, wenn es sich auf eine Diskussion mit andern eingelassen hat.

„Vor allem in der Auseinandersetzung mit anderen versucht das Kind, sich selbst nicht zu widersprechen. So sind Objektivität, das Bedürfnis nach Verifikation, der Zwang, den Worten und Gedanken ihren konstanten Sinn zu sichern . . ., sowohl Forderungen der Gemeinschaft als auch Voraussetzungen für das operatorische Denken." [78]

In ihren frühen Stadien ist die Logik noch „eine Moral des Denkens, auferlegt und gebilligt durch die anderen".[79]

Schließlich kann man leicht beobachten, wie gerade in Gegenwart anderer Kinder und Erwachsener das Kind von Gesichtspunkten Kenntnis nimmt, die sich von seinen eigenen unterscheiden. Erst wenn es sich einer Person gegenübersieht, die das linke Hand nennt, was ihm eine rechte Hand zu sein scheint (weil sie sich auf der gleichen Seite befindet wie seine eigene rechte Hand), legt es sich Rechenschaft darüber ab, daß die Unterscheidung nach linker und rechter Seite vom Gesichtspunkt des Sprechers abhangt. — Durch solche Erfahrungen lernt das Kind, daß man eine objektive Gegebenheit unter verschiedenen Gesichtspunkten betrachten kann, daß diese jedoch wechselseitig verbunden sind und daß die verschiedenen Beobachtungen, die man so machen kann, sich gegenseitig nicht ausschließen. Ein solches System von koordinierten Gesichtspunkten, sagt uns Jean Piaget, ist nichts anderes als eine Gruppierung. Deshalb kann man sagen, daß das Kind, das seine Gedanken mit seinesgleichen und mit Erwachsenen austauscht, dazu gelangt, sein eigenes Denken operatorisch zu gestalten. Die sozialen Kontakte des Kindes spielen demnach in seiner geistigen Entwicklung eine sehr wichtige Rolle. Es empfängt nicht nur durch den Kontakt mit Erwachsenen und älteren Kindern die Sprache und mit ihr ein durchorganisiertes System von Begriffen und Operationen. Die Einordnung in die menschliche Gesellschaft, die Zusammenarbeit mit anderen, läßt das Kind seine anfänglich egozentrischen Ansichten überwinden und führt es so zu einem beweglichen, in sich zusammenhängenden Denken.

Sind diese psychologischen Beobachtungen richtig, so erkennt man die didaktischen Folgerungen, die man daraus ziehen muß. Von ihren ersten Schuljahren an müssen die Kinder ermutigt und dazu geführt werden, zusammenzuarbeiten und gemeinsam einfache, innerhalb ihrer Möglichkeiten liegende Aufgaben zu besprechen. Später wird das gemeinsame, zum Teil experimentelle Studium von Gegenständen und Erscheinungen, das gruppenweise Lösen von Problemen, die gemeinsame Verwirklichung von Plänen die Möglichkeiten der Zusammenarbeit erweitern.

Vom Gesichtspunkt der intellektuellen Bildung, den ich in diesem Buch ausschließlich einnehme, wird die Zielsetzung dieser gemeinsamen Tätigkeiten sein, beim Kind die Bildung operatorischer Gruppierungen zu begünstigen, die lebendig und reich an Möglichkeiten weiterer Entwicklung sind.

Gleichzeitig wird ein so aufgefaßter Unterricht die Fehler vermeiden, die mir für die herkömmliche Schule charakteristisch scheinen. Schüler, die ständig gezwungen werden, Gesichtspunkten Rechnung zu tragen, die nicht ihre eigenen sind, ihr Denken in Übereinstimmung mit dem ihrer Kameraden zu bringen, werden kaum starre, stereotype geistige Gewohnheiten erwerben können. Und sollten sich trotzdem solche Gewohnheiten beim einen oder anderen Schüler bilden wollen, so läßt sich leicht vorstellen, wie die starren Strukturen durch den Zusammenstoß mit dem Denken der anderen gebrochen werden. Wenn also die soziale Zusammenarbeit eine der hauptsächlichen formenden Kräfte in der freien Entwicklung des kindlichen Denkens ist, so ist es für den modernen Unterricht eine gebieterische Notwendigkeit, aus dieser Tatsache die Konsequenzen zu ziehen, indem man in den Lehrplänen den gemeinsamen Tätigkeiten einen bedeutenden Platz einräumt.

KAPITEL V

Das selbsttätige Suchen, die Aufgabe und der Aufbau der Operation

1. Das Suchen und Forschen führt zum Aufbau der Operation

Die traditionelle Didaktik gründet sich auf eine Psychologie der passiven Einprägung von Bildern im kindlichen Geist; daher ihre überaus einfache Auffassung des Prozesses, durch den das Subjekt von den umgebenden Objekten Kenntnis nimmt. Diese werden im Geiste des Menschen sozusagen kopiert, wobei die Kopie die Spur ist, welche die Wahrnehmung des Objekts im menschlichen Geist hinterläßt. Gleichzeitig wird so auch die Bildung neuer Denkelemente erklärt. Sie sind nichts anderes als das Ergebnis neuer Eindrücke; diese empfängt der Mensch von Gegenständen, die komplexer sind als jene, die es bis dahin kennengelernt hat.
Die vorausgehenden Darlegungen haben gezeigt, daß eine solche Auffassung der Erkenntnis und der Erkenntnisbildung der Wirklichkeit nicht entspricht. Um gute Ergebnisse zu erzielen, muß selbst der herkömmliche Unterricht beim Schüler eine gewisse Aktivität hervorrufen. Aber diese Praxis fand keine theoretische Grundlage in einer Psychologie, welche die Aktivität des Subjekts nicht beachtete, und deshalb wurde sie zur rein praktischen Methodik. Die Unterrichtsform, die so im Laufe des 19. Jahrhunderts ausgearbeitet wurde, wird gewöhnlich

„mäeutische" Methode genannt. Der Lehrer läßt die Klasse das gewünschte Ergebnis durch eine Reihe geschickt gestellter Fragen finden, von denen jede einen Teilschritt in der Entwicklung des Ganzen darstellt. Die Verfechter der Arbeitsschule haben diese Unterrichtsform kritisiert und vorgeschlagen, daß die Schule versuchen müsse, dem Kind echte kleine Probleme zu stellen, die zu eigenem Forschen anregten, und daß das Kind dann seine Untersuchungen unter äußerst behutsamer Leitung des Lehrers möglichst selbständig durchführen solle. Soll unsere Beteiligung an diesem Gespräch von Nutzen sein, so muß vorerst eine Reihe psychologischer Fragen gelöst werden. Was ist, müssen wir fragen, die psychologische Bedeutung des Forschens? Wenn die Operation wirklich das grundlegende Element des Denkens ist, welche Rolle spielt sie dann im Prozeß des Forschens und Suchens? Wie führt dieser zur Bildung neuer Operationen?

Hier drängt sich eine erste Feststellung auf. Im Verlauf des forschenden Suchens — natürlich von sehr verschiedenem Rang — vollzieht sich beim Kinde wie beim Wissenschaftler der Fortschritt des Denkens. Man kann sogar so weit gehen, das Forschen und Suchen zu definieren als jene geistige Aktivität, in deren Verlauf sich die neuen Begriffe und Operationen bilden. Daher kommt die Frage: Wie vollzieht sich der Fortschritt des Denkens, wie bilden sich die neuen Operationen? Die genetischen Untersuchungen Jean Piagets ergeben vielfach abgewandelte Bestätigungen der folgenden grundlegenden These: Nie taucht ein neues Verhalten *ex abrupto* und ohne Vorbereitung auf; in allen Bereichen des seelischen Lebens ist es stets vorbereitet von einer langen Reihe vorhergehender Verhaltensweisen, von denen es nur eine weitere Differenzierung bzw. eine neue Kombination ist. So haben alle Operationen und Begriffe ihre Geschichte, die Geschichte ihres progressiven und vollkommen stetigen Aufbaus, ausgehend von früheren Denkelementen.

Nehmen wir zwei Beispiele, die aus den Untersuchungen über die Entwicklung der Raumvorstellung beim Kinde stammen. Was ist Entwicklung der Vorstellung des Quadrates beim Kinde? Als Bärbel Inhelder und Jean Piaget den Versuchspersonen auftrugen, das wahrgenommene Bild eines Quadrates zeichnerisch wiederzugeben, erhielten sie die folgenden Reaktionen, die als repräsentativ für den Quadratbegriff angesehen werden dürfen, den die Kinder in den verschiedenen Stadien ihrer Entwicklung besitzen: Nach einem Stadium völliger Undifferenziertheit, in welchem das Kind bloß kritzelt (zwischen zwei Jahren sechs Monaten und zwei Jahren elf Monaten), beginnt es, das Quadrat einfach in einer geschlossenen Kurve wiederzugeben, der es manchmal einige feine Striche hinzufügt, welche die Ecken darstellen sollen. Aber im allgemeinen ist das Quadrat weder unterschieden vom Rechteck — was begreiflich ist — noch vom Dreieck, was schon weniger begreiflich ist, noch sogar vom Kreis und der Ellipse, was zweifellos sehr überrascht. Alles vollzieht sich also so, als ob das Kind nur fähig wäre, die *topologischen* Eigenschaften der Figuren aufzufassen, d. h. die offenen Kurven (das Kreuz zum Beispiel) von den geschlossenen Kurven zu unterscheiden, ohne noch weiter die geraden von den krummen Linien abzuheben oder die Seitenverhältnisse und Winkelgrößen zu beachten. Das durchschnittliche Alter dieses Stadiums liegt bei 3;6 bis 4 Jahren. In der Folge beginnt das Kind die krummlinigen Figuren von den gradlinigen zu trennen. Das Quadrat wird unterschieden vom Kreis und der Ellipse, aber seine Darstellung unterscheidet sich noch kaum von der des Dreiecks und erst recht nicht von der des Rechtecks. Das Kind (4 bis 5 Jahre) zählt die Winkel noch nicht und vernachlässigt die Dimensionen. Erst im Verlauf des nächsten Stadiums vollzieht sich diese letzte Unterscheidung: Das Quadrat wird nun sowohl vom Dreieck (das endlich drei Ecken bekommt) als auch vom Rechteck unterschieden, von dem es sich durch die Seitengleichheit abhebt.[80]

Nun noch ein zweites Beispiel: die Geschichte der Messung einer Länge im Hinblick auf ihre Rekonstruktion. Die Aufgabe, welche die Experimentatoren dem Kinde stellten, bestand darin, einen Turm zu bauen von der gleichen Höhe wie die eines Modells, aber auf einem höheren Tisch, der vom Modell durch einen Schirm abgedeckt war, so daß direkte visuelle Vergleiche unmöglich waren. Allen Prüflingen stellte man reichlich Bauklötze zum Bau eines dritten Turmes zur Verfügung, dazu Stäbe und Papierstreifen von geringerer, gleicher und größerer Länge als die des Modellturmes.

Folgende Stadien wurden beobachtet: Während eines *ersten* Stadiums (bis zu etwa 4 oder 4;6 Jahren) beschränkt sich das Kind darauf, „*visuelle Übertragungen*" vorzunehmen, d. h. die Nachbildung nur auf das innere Modell zu gründen, das ihm die optische Wahrnehmung des fertigen Turmes lieferte. Beim Beginn des zweiten Stadiums trägt das Kind das Modell zu seiner eigenen Konstruktion hinüber: es trägt die beiden Türme aufeinander ab. Das nennt Jean Piaget „*manuelle Übertragung*" (4;6 bis 6 Jahre). Auf einem höheren Niveau des gleichen Stadiums begegnet man erstmals einem einfachsten Maß, das aber erst eine Nachahmung des Modells ist:

„Das Kind benützt seinen eigenen Körper, es bedient sich seiner gespreizten Finger, der ausgebreiteten Arme oder manchmal sogar irgendwelcher körperlicher Fixpunkte (der Schulter u. ä.), um die Länge des einen Turmes auf den anderen zu übertragen" (*„körperliche Übertragung"* oder *„Nachahmung des Objekts"*, 6 bis 7 Jahre).[81]

An der Schwelle des dritten Stadiums (von 7 Jahren an) baut das Kind entweder einen dritten Turm, den es nacheinander dem Modellturm und seinem eigenen annähert, oder es versteht jetzt, sich eines Stabes oder eines Streifens zu bedienen, der gleich groß ist wie der Modellturm. Ein Stab, der länger oder kürzer als der Turm ist, wird als unbrauchbar zurückgewiesen, da das Kind noch nicht auf den Gedanken kommt, die Länge des Modells auf einem längeren Papierstreifen zu markieren oder mehrere Male ein Maß abzutragen, das kleiner ist als die herzustellende Größe. Diese beiden letzten Operationen entwickeln sich im Laufe des dritten Stadiums (7 bis 8 Jahre) allmählich und schließen die Entwicklung der Meßoperation ab, die jetzt die Übertragbarkeit und die wiederholte Anlegung einer Maßeinheit umfaßt.[82]

Diese beiden Beispiele zeigen mit unübertrefflicher Klarheit, was man unter dem stetigen Aufbau eines Begriffes oder einer Operation zu verstehen hat. Denn in jedem der beiden Beispiele sieht man, wie ein neues Verhalten die früheren Schemata einschließt, die lediglich weiter differenziert und neu angeordnet wurden. Nun vollzieht sich dieser Entwicklungsprozeß im Verlauf des kindlichen Forschens und Suchens; denn die Ausgangsdaten beim Forschen sind nichts anderes als die Denkelemente, auf denen sich eine neue Operation aufbaut, und es ist das Suchen und Forschen des Kindes, das der Differenzierung und Integration Raum gibt, welche den Fortschritt des Denkens charakterisieren.*

2. Die Ausrichtung des suchenden Forschens durch das Problem

Wodurch wird nun aber das Suchen ausgelöst, und wie wird es auf das gesteckte Ziel ausgerichtet? Viele Pädagogen (Claparède, Dewey z. B.) haben die Tatsache hervorgehoben, daß alles Suchen seinen Ausgangspunkt in einer Frage, einer Aufgabe hat. In welcher Beziehung stehen also Frage, Aufgabe und Operation zueinander? In seinem Buch über die Psychologie der Intelligenz [83] untersucht Jean Piaget folgende konkrete Fragen: „Was ist es? Ist es mehr oder weniger (groß, schwer,

---

* Es ist jedoch zu beachten, daß die Bildung eines neuen geistigen Aktes immer voraussetzt, daß die körperlich-seelische Entwicklung des Kindes entsprechend weit fortgeschritten ist. Das Stadium der inneren Reife eines Kindes bestimmt in jedem Augenblick seiner Entwicklung eine obere Grenze der Komplexität, die von Begriffen und Operationen nicht überschritten werden kann.

weit ...)? Wo? Wann? Aus welchem Grunde? Zu welchem Zweck? Wieviel?" Er kommt zu folgendem Ergebnis: „Jede dieser Fragen ist notwendigerweise Funktion einer vorhandenen Gruppierung oder Gruppe." [84] Da ich nicht die Einzelheiten der *Gruppierungstheorie* besprechen kann, will ich diesen Ausdruck mit „Operationen" übersetzen. Dabei sind wir uns immer im klaren, daß die Gruppierungen und Gruppen nichts anderes sind als die Gesamtsysteme, in denen sich alle Operationen des Denkens organisieren. Demnach können wir nun sagen: „Jede dieser Fragen ist notwendig Funktion einer Operation." Wie soll man diesen Satz verstehen? — „Was ist das?" verlangt, das fragliche Objekt oder das Phänomen zu klassifizieren. „Ist es mehr oder weniger?" verlangt einen Vergleich mit dem Ziel, Unterschiede und Gleichheiten sichtbar zu machen. — „Wo?" und „Wann?" verlangen, daß eine Sache oder ein Ereignis in Raum und Zeit *lokalisiert* werde. — „Aus welchem Grunde?" verlangt eine *Erklärung*; „Zu welchem Zweck?" ein *Abwägen* der Ziele und Mittel, „Wieviel?" die Operation des *Zählens* ... [85] So ist eine Frage oder ein Problem nichts anderes als der Entwurf einer Handlung oder Operation, welche das Subjekt auf ein neues Objekt anwenden wird, das noch nicht klassifiziert, im Raum geordnet oder gezählt ist. Nun begreift man auch, wieso man sagen konnte, eine Frage oder ein Problem enthalte ein „vorwegnehmendes Schema"; tatsächlich nehmen Fragen und Probleme die auszuführende Operation in mehr oder weniger schematischer Form vorweg. Es empfiehlt sich, das „mehr oder weniger" zu unterstreichen, denn es gibt zwei Grenzfälle, zwischen die sich eine ganze Reihe von Zwischenfällen einschalten läßt. Einerseits kann die durch die Frage schematisch vorweggenommene Operation ohne weiteres auf die neue Größe angewendet werden, d. h. die Operation ist an einem Punkt ihrer Entwicklung angelangt, wo sie nicht mehr abgeändert zu werden braucht, um auch die neue Größe zu erfassen. Ein besonders klares Beispiel dafür ist die Operation des Zählens, die — einmal entwickelt — sich unterschiedslos auf jede Menge von Objekten anwenden läßt. Andererseits gibt es Fälle, wo das vorwegnehmende Schema nur einen sehr allgemeinen und skizzenhaften Plan der auszuführenden Operation darstellt und das Subjekt noch nicht weiß, wie es die beabsichtigte Operation im einzelnen durchführen soll. Um ein Beispiel aus der Schulpraxis zu nehmen: Wenn es sich darum handelt, die Flächenberechnung einzuführen, wird man zum Beispiel die Aufgabe stellen, die Grasnutzung von zwei Wiesen verschiedener Fläche zu vergleichen. In diesem Fall wird das vorwegnehmende Schema des Vergleichens notwendig sehr allgemein sein, da das Kind noch nicht weiß, wie man Flächen mißt. Es wird womöglich die schlecht bestimmte Vorstellung von einer auszuführenden Übertragung haben. Der Schüler wird auch noch nicht wissen, ob man einfach die Seiten der Flächen aufeinander abtragen, den Umfang der beiden Figuren vergleichen oder versuchen soll, sie einander tatsächlich zu nähern, oder ob man ein Mittelglied suchen soll, das als gemeinsames Maß dienen kann. Das Kind beginnt also zu suchen und zu forschen, noch ohne zu wissen, wie es sein Handeln einrichten soll, und erst im Verlauf seiner tastenden Versuche — und indem es an den Objekten arbeitet — wird das vage vorwegnehmende Schema eine Struktur annehmen und sich zu einer neuen Operation differenzieren.

Zusammenfassend kann man sagen, daß alle Fragen und Probleme mehr oder weniger schematische Entwürfe von Handlungen oder Operationen sind, die auf eine bestimmte Gegebenheit angewendet werden sollen. Das Suchen und Forschen, das zur Lösung der Aufgabe nötig ist, ist nichts anderes als die Verwirklichung des Operationsentwurfs. Die Operation kann ihrem Gegenstand von Anfang an angemessen sein und ihn erfassen, ohne die eigene Struktur zu ändern. In anderen Fällen ist das vorwegnehmende Schema nur ein sehr allgemeiner Entwurf der auszuführenden Operation, und diese muß sich erst im Laufe des Suchens und Forschens differenzieren und strukturieren. So erzeugt das Forschen den Fortschritt des Denkens, d. h. die Bildung neuer Begriffe, neuer Operationen oder neuer Gesetze, deren Struktur die früheren Schemata überschreitet.

KAPITEL VI

Die Assimilation (Aneignung)

1. Das Problem des Kenntniserwerbs und die sensu-motorische Assimilation

Die vorausgehenden Seiten haben uns darüber Aufschluß gegeben, daß die geistigen Bildungsprozesse verwickelter sind, als es die psychologischen Theorien der passiven Aufnahme von Abbildern der Wirklichkeit wahrhaben wollten. Aber es ist unwiderlegbar, daß wir die Kenntnis von den uns umgebenden Gegenständen *erwerben* und daß es eine „Lektüre der Erfahrung" gibt. Die Aufgabe besteht darin, zu erfahren, wie dieser Erwerb oder diese „Lektüre" vor sich geht. Nach allem, was ich gesagt habe, ist offenbar, daß es sich *nicht* um den rezeptiven Prozeß handelt, dessen Existenz die Psychologie des 19. Jahrhunderts angenommen hat. Ich werde in diesem Kapitel meinen Abriß der Psychologie Jean Piagets abschließen, indem ich das Problem der Kontaktaufnahme zwischen Subjekt und Objekt behandle. Gleichzeitig werde ich versuchen, einen Gesamtüberblick über die Lehre unseres Autors zu geben.

Geht man an diese Aufgabe heran, so ist es vorteilhaft, die Dinge genetisch zu betrachten und die allererste Kontaktnahme zwischen Subjekt und Objekt ins Auge zu fassen, nämlich beim Kleinkind, das die Gegenstände „studiert", die man ihm in die Hände gibt. Ich führe zu diesem Zweck eine der zahlreichen eindrucksvollen Beobachtungen an, die Jean Piaget an drei kleinen Kindern während ihrer ersten zwei Lebensjahre gemacht hat.

Im Alter von 9 Monaten und 21 Tagen untersucht Lorenz einen großen Farbstift:

„Er berührt mit Interesse die Spitze und dreht sie viele Male um. Dann ergreift er den Stift, reibt ihn, schüttelt ihn, kratzt ihn usw. Im Alter von 9 Monaten und 26 Tagen geht er ebenso mit einem Badethermometer um. Er betrachtet es, kratzt es, schüttelt sich vor ihm, dann schüttelt er es selbst, dreht es um, betastet seinen Stiel, den er schließlich mit seiner Hand umgibt, saugt am Ende dieses Stieles (ohne den Wunsch zu saugen, vielmehr ‚um zu sehen'), nimmt ihn aus dem Mund, folgt mit der linken Handfläche dem Thermometer selbst, schüttelt sich abermals, richtet den Gegenstand wieder auf, bewegt ihn hin und her, reibt ihn am Rande der Wiege, prüft den Glasteil, berührt und kratzt ihm, betrachtet die Schnur und betastet sie usw." [86]

In seinem Kommentar zu dieser Beobachtung macht Jean Piaget deutlich, daß es sich um einen besonders bedeutsamen Fall handelt, der erkennen läßt, wie das Kind von 10 Monaten die Beschaffenheit eines neuen Gegenstandes, dem es begegnet, zu „begreifen" sucht. Da es noch nicht über geeignete begriffliche Kategorien verfügt, beschränkt es sich darauf, am Gegenstand alle Handlungen zu vollziehen, die es beherrscht: Schlagen, Reiben, Schütteln, Kratzen, Hin- und Herbewegen, Saugen usw. Um den Gegenstand kennenzulernen, unterwirft ihn so das Kind den ihm bekannten Verhaltensweisen, es *inkorporiert* ihn gewissermaßen diesen Verhaltensschemata. Diesen Prozeß kann man mit der physiologischen Assimilation vergleichen; denn auch da bemächtigt sich das Lebewesen eines Gegenstandes (der Nahrung) und verleibt ihn seinem Organismus ein. Während aber der physikalisch-chemische Prozeß eine materielle Angleichung des Gegenstandes an den Körper einschließt, so besteht der psychologische Prozeß einfach darin, den Gegenstand in bestimmte Handlungen des Subjekts einzubeziehen (funktionelle Aneignung). „Die geistige Assimilation ist also die Eingliederung des Gegenstandes in die Schemata des Verhaltens ..."[87] Die vorausgehende Zusammenfassung legt nur die grundlegende Beziehung dar, welche den Begriff „Assimilation" bestimmt, nämlich das Verhältnis zwischen dem assimilierenden Subjekt und dem assimilierten Objekt. Jean Piaget hat in seinen Schriften den Begriff „Assimilation" bedeutend erweitert, indem er im besonderen aufzeigt, daß die Anwendung der vorhandenen Verhaltensweisen auf neue Gegenstände in der Mehrzahl der Fälle ihre Veränderung im Sinne einer Differenzierung nach sich zieht und daß diese Anpassung („accommodation") an neue Gegenstände die Entwicklung immer komplexerer Reaktionen nach sich zieht.[88] Eine didaktische Psychologie wird jedoch hauptsächlich auf dem grundlegenden Verhältnis der Aneignung zwischen Subjekt und Objekt bestehen müssen. Deshalb will ich die Beschreibung der anderen Gesichtspunkte der Assimilation nicht weiter verfolgen und meine Übersicht auf die Entwicklung dieses Prozesses beschränken.

Jean Piaget hat beweisen können, daß die Assimilation nicht nur eine untergeordnete Form der Kontaktaufnahme zwischen Subjekt und Objekt ist, sondern daß sie sich auf allen geistigen Entwicklungsstufen wiederfindet, bis zur mathematischen Analyse der Erscheinungen und der Dinge.

2. Die Entwicklung der Assimilation

Die Assimilation der Dinge durch die sensu-motorischen Verhaltensweisen des Kindes entwickelt sich in dem Maße, wie sich sein Verhalten differenziert. Um diese Entwicklung zu untersuchen, fragen wir uns zunächst, welcher Art die Erkenntnis ist, die aus der sensu-motorischen Assimilation hervorgeht. „Als was" erkennt der Säugling einen Gegenstand, den er den Schemata unterworfen hat, die wir kennenlernten? Er begreift ihn als ein Ding „zum Saugen", „zum Schaukeln", „zum Reiben an der Wiegenwand" usw., d. h. insofern es sich zu den Behandlungsweisen eignet, die ihm vertraut sind. Man erkennt schon jetzt die enge Verwandtschaft zwischen dieser primitiven Kenntnis und den praktischen Kenntnissen, welche die Schüler in den manuellen, schulischen und anderen Arbeiten erwerben: Sie lernen die Pappe als Stoff, „den man mit dem Messer schneidet", kennen, im Gegensatz zum Papier, das „mit der Schere zu schneiden" ist, und das Tannenholz als Holz, „das man nagelt", im Gegensatz zum Eichenholz, „das man schraubt" (weil es beim Nageln springt) usw.

Reicht aber nicht die Kenntnis, welche das Subjekt so erwirbt, nur bis zu den „Verwendungseigenschaften" eines Objekts? Wird beispielsweise die Form eines Gegenstandes nicht ganz anders erfaßt als durch Assimilation? Die Antwort auf diese Frage ist schon durch das, was ich über den Begriff „Wahrnehmungsaktivität" gesagt habe, vorbereitet. Die Wahrnehmung einer Form ist kein rezeptiver Abbildprozeß, sondern sie schließt eine Tätigkeit ein, welche die wahrgenommene Form exploriert. Das Subjekt muß den Umrissen folgen, Anhaltspunkte auswählen, Beziehungen herstellen, Übertragungen vornehmen usw. Die wahrnehmende Aktivität stellt somit eine sehr wichtige Form der Aneignung dar; denn wir verdanken ihr unsere ganze Kenntnis des bildhaften Aspekts der Dinge.

Im Laufe der Entwicklung wird die Wahrnehmung systematischer, und die Schule trägt zur Bildung genauer Schemata bei, mit denen die Formen der räumlichen Figuren erfaßt werden können: Das Kind erwirbt die Begriffe „Winkel", „Gleichheit des Abstandes" (die Möglichkeit, einen Abstand mit einem anderen zur Deckung zu bringen), „Parallelität" (Möglichkeit der Verschiebung bei gleichbleibender Richtung der Geraden), „Teilung" und „Zusammensetzung" von Längen, Flächen und Raumgrößen usw. Alle diese Operationen, die eine so wichtige Rolle in der Geometrie spielen, bilden somit Assimilationsschemata, mit deren Hilfe wir die geometrischen Bestimmungen der uns umgebenden Objekte erfassen können.

In dieser Hinsicht haben die Forschungen Jean Piagets und Bärbel Inhelders wichtige Bestätigungen für die Lehre von der Assimilation geliefert. Ich habe den Fall der ungefähr vierjährigen Kinder angeführt, die das Quadrat nur als eine *geschlossene* Linie sehen und die geradlinigen und gleichen Seiten, die rechten Winkel usw. nicht erfassen. Kann man diese rudimentäre Auffassung einer Figur einfacher erklären als durch den Hinweis auf die Mangelhaftigkeit der Assimilationsschemata? Diese Kinder sind nur fähig, innerlich dem Umriß des Quadrats zu folgen und festzustellen, daß sie zum Ausgangspunkt ihrer Bewegung zurückkommen. Aber sie verfügen über keine Assimilationsschemata, die andere Eigenschaften des Quadrats erfassen.

Ein anderer Versuch, von denselben Autoren beschrieben, hat noch viel interessantere Reaktionen bei den kleinen Kindern enthüllt. Als sie die Entwicklung des Begriffs der Horizontalität untersuchten, zeigten diese Psychologen Kindern zwischen vier und zwölf Jahren Gefäße, die ungefähr zu einem Viertel gefärbtes Wasser enthielten, und beauftragten sie, 1. die Lage der Wasseroberfläche in dem *geneigten* Gefäß vorauszusehen (durch Zeichnung oder durch Angabe auf einem leeren Gefäß) und 2. die Wasseroberfläche zu zeichnen, während sie das Gefäß tatsächlich in der neuen Lage beobachten konnten. Hierbei haben die Experimentatoren bei den Kindern von ungefähr fünfeinhalb Jahren die folgende überraschende Reaktion festgestellt: Diese Kinder waren nicht nur unfähig, die Lage der Wasseroberfläche vorherzusehen, sondern sie stellten auch weiterhin die Wasseroberfläche durch einen zum Gefäßboden parallel laufenden, geneigten Strich an, nachdem man ihnen das geneigte Gefäß gezeigt hatte. Die Kinder unter sechs Jahren haben also die Erfahrung nicht gemacht, die sich bei jedem Anlaß zu ergeben scheint, wenn wir irgendeine Flüssigkeit trinken. Sie sind außerdem unfähig, das sichtbare Ergebnis abzulesen und festzustellen, daß das Wasser in dem geneigten Gefäß horizontal bleibt. Was bedeutet diese Beobachtung für die Assimilationspsychologie? Jean Piaget sagt in seinem Kommentar dazu:

„Dieser Versuch zeigt evident, wie schlecht die Tatsachen, die man täglich beobachten kann, durch den Geist erfaßt werden, wenn er nicht die für die Aufnahme notwendigen Assimilationsschemata besitzt ..." [89]

Aber welcher Assimilationsakt ist es, dessen Fehlen die Kinder daran hindert, die Horizontallage der Wasseroberfläche zu sehen?

„... um die permanente Horizontallage der Wasseroberfläche zu erkennen ... wie groß auch die Neigung des Gefäßes sein mag, muß man ... diese Ebene in Beziehung setzen ... zu einer Gesamtheit von Gegenständen außerhalb des Gefäßes; denn ohne dies gibt es nichts, das dem Kind bewiese, daß sich die Richtung des Wasserspiegels nicht veränderte: Dieser könnte die Neigung des Gefäßes ja auch mitmachen." [90]

Diese äußeren Bezugsrichtungen sind offensichtlich die Tischfläche, der Fußboden usw., deren Parallellage zum Wasserspiegel das Kind erkennen muß. Die assimilierende Handlung, die zur Wahrnehmung der Horizontalen nötig ist, besteht also darin, die Wasseroberfläche mit einem Bezugssystem *außerhalb* des Gefäßes in Verbindung zu bringen. Beim Fehlen dieses Assimilationsschemas ist das Kind gegenüber dieser einfachen Erfahrung völlig blind.

Die vorstehenden Analysen haben gezeigt, daß zwei große Eigenschaftskategorien durch aktive Assimilation erfaßt werden: die der „Gebrauchseigenschaften" und die der räumlichen Eigenschaften der Dinge. Wie verhält es sich mit ihren Mengen? Beginnen wir mit dem grundlegenden Begriff dieses Gebietes, nämlich mit der Zahl: Jean Piaget hat in zwei aufeinander bezogenen Werken [91], von denen das eine die psychologische, das andere die logische Seite des Problems behandelt, dargelegt, daß die Zahlen aus der Vereinigung zweier Gruppierungen von Operationen entstehen: Aus derjenigen, die Glieder einer Menge zu reihen, und derjenigen, sie in Klassen einzuordnen. Handelt es sich um vornumerische, bloß logische Operationen, so tritt ihr Charakter als Assimilationsschemata um so besser hervor. Es sind wirklich Handlungen, die das Kind an den Mengen vollzieht: es ordnet ihre Glieder oder durchläuft die bereits aufgestellte Reihe, vereinigt sie in Klassen usw. Demzufolge bildet die Operation des Zählens offensichtlich auch ein Assimilationsschema. Es besteht darin, die abzuschätzende Menge durchzugehen und jedem Glied eine Ziffer zuzuordnen. Addition und Subtraktion gehen aus der Operation der Vereinigung und Trennung zweier Mengen hervor; Multiplikation und Division sind höhere Formen von Addition und Subtraktion. Es ist also nicht übertrieben, wenn man sagt, daß die Mathematik nur ein einziges, großes Assimilationssystem darstellt, mit dessen Hilfe der Geist die quantitativen Züge der Wirklichkeit erfaßt.

3. Allgemeine Definition des Assimilationsprozesses

Der Begriff der Assimilation schließt eine völlig neue Auffassung der Erfahrung ein, auf Grund dessen die ganze Psychologie umgeschrieben werden müßte. Nun ist dieses Unternehmen noch nicht verwirklicht, und wäre es der Fall, so ginge seine Darlegung über den Rahmen dieser Einführung in eine Didaktik hinaus. Ich will somit dieses Kapitel abschließen, indem ich die allgemeinen Grundzüge des Assimilationsprozesses herausstelle.

Jede Assimilation — so haben wir gesehen — setzt zwei Glieder voraus: einerseits ein Subjekt und andererseits ein Objekt, das vom Subjekt den Aktivitätsschemata unterworfen (assimiliert) wird, über die es verfügt. Solche Schemata sind: ergreifen, schneiden (sensu-motorische Intelligenz), explorieren, übertragen (wahrnehmende Aktivität), reihen, klassieren (logische Operationen), zählen, addieren, Wurzeln ziehen (numerische Operationen), Längen und Winkel aufeinander übertragen, herunterklappen, abwickeln und teilen (räumliche oder geometrische Operationen), Erscheinungen in Beziehung setzen (ursächliche Erklärungen) usw. Alle diese Schemata können wirklich oder in verinnerlichter Form angewendet werden. Aber ihre Anwendung auf die Objekte ist nötig, damit das Subjekt sie erkennen lernt. Das Fehlen der Assimilationsschemata macht das Subjekt geistig blind für die entsprechenden Eigenschaften der Dinge. Infolgedessen hängt der Reichtum an Erfahrungen, die ein Einzelwesen machen kann, direkt ab von dem Umfang und der Qualität der von ihm erworbenen Assimilationsschemata. Die Assimilationsschemata (des Zählens, Messens, der chemischen, der sprachlichen Analyse usw.) stellen an sich keine bestimmten Kenntnisse dar (obgleich sich diese Schemata bei der Assimilation von bestimmten Gegenständen und Tatsachen entwickelt haben). Da sie gewissermaßen inhaltsleer sind, stellen sie eine Art potentieller Erkenntnis dar. Ihr Besitz befruchtet das geistige Leben, weil sie dem Menschen in jeder Situation zur Verfügung stehen, sei diese vertraut oder neu, und weil sie sich auf eine unbegrenzte Zahl von Objekten anwenden lassen.

Was die Psychologie Jean Piagets von der Abbildtheorie so sehr unterscheidet, ist vor allem, daß sie den wesentlichen Beitrag des Subjekts bei der Bildung der Erfahrung augenscheinlich macht. Um die Dinge und die Erscheinungen zu begreifen, darf das Subjekt sich nicht darauf beschränken, Eindrücke auf seinen Geist einwirken zu lassen. Das Subjekt muß sie selbst ergreifen, indem es seine Assimilationsschemata anwendet und bestimmte Gesichtspunkte einnimmt. Die Entwicklung des kindlichen Denkens ist somit die Entwicklung seiner Assimilationsschemata und der Kenntnisse, die aus ihrer Anwendung auf die Dinge resultieren. Von der einfachen Eingliederung der Gegenstände in die sensu-motorischen Schemata ausgehend, erfaßt das Kind die Wirklichkeit mit Hilfe von immer vielfältigeren Begriffen und Operationen. Diese vermitteln dem erwachsenen Menschen eine philosophische und wissenschaftliche Sicht der Welt.

DIDAKTISCHER TEIL

KAPITEL VII

Die Bildung der Operationen durch das Suchen und Forschen des Schülers

1. Der Unterricht muß die Bildung der Operationen durch den Schüler anstreben

Die Anwendung der Psychologie Jean Piagets auf die Didaktik muß von der grundlegenden These ausgehen, daß das Denken eines Menschen nicht die Summe statisch verstandener Elemente ist, auch keine Sammlung von „Bewußtseinsinhalten", von Bildern, Begriffen und dergleichen, sondern ein Spiel lebendiger Operationen. *Denken bedeutet operieren* — egal, ob sich das Kind die Gegebenheiten der Umwelt aneignet, indem es sie den Schemata geistiger Aktivität unterwirft, oder aber neue Operationen durch ein scheinbar „abstraktes" Nachdenken aufbaut, d. h. innerlich mit vorgestellten Objekten operiert. Das Bild ist nicht das grundlegende Element des Denkens; es ist vielmehr eine Stütze, zweifellos oft nützlich, aber nicht unentbehrlich. Überdies ist das Bild selbst, seiner inneren Natur nach, ein wirklicher Akt und nicht ein Rückstand der Empfindung. Es gibt die Hauptzüge jener wahrnehmenden Exploration wieder, die sich bei der Erfassung des Modells vollzog. Aus dieser These kann der Didaktiker die intellektuellen Ziele klar ableiten, die der Unterricht erreichen muß. Der Schüler muß gewisse gedankliche Gehalte erwerben, das heißt, er muß lernen, gewisse Operationen auszuführen. Überall sind es die Operationen, welche die Begriffe definieren, und der Unterricht muß daher den Schüler dazu bringen, diese Operationen zu vollziehen, zuerst tatsächlich und dann in „verinnerlichter" oder stellvertretender Form.

Bevor der Lehrer also die Aufgabe der praktischen Verwirklichung einer Unterrichtseinheit beginnt, muß er sich darüber klar werden, welche Operationen den Begriffen zugrunde liegen, die er die Schüler erwerben lassen will. Nehmen wir an, er will ihnen den Begriff „Winkel" faßbar machen. Somit wird er sich fragen: Welche Operation definiert diesen Begriff? Er findet, daß ein Winkel entweder eine Teildrehung eines Strahles um seinen Ursprung ist oder durch ein gewisses Verhältnis (ursprünglich durch die Operation des *Abtragens* festgestellt) zwischen zwei Seiten eines Dreiecks (nach der Übereinkunft der Mathematiker eines rechtwinkligen) bestimmt wird. Oder nehmen wir an, daß die Schüler die Zahl π kennenlernen sollen: Die Operation, die diesem Begriff zugrunde liegt, besteht darin, 3,14...mal den Kreisdurchmesser auf den Umfang abzutragen. Nehmen wir schließlich an, im Geographieunterricht müsse man die Niveaukurven behandeln. Wir lassen sie entstehen, indem wir einen Berg in Schichten gleicher Dicke zerschneiden.

Sind auf diese Weise die Unterrichtsstoffe durch Operationsbegriffe gedeutet, so wird sich der Lehrer fragen müssen, wie sich die Aneignung durch den Schüler bewerkstelligen läßt. Ich habe gezeigt, daß es sich nicht, wie die herkömmliche Didaktik angenommen hatte, um einen Abbildungsvorgang handeln kann. Ein fundamentaler Satz der Psychologie Jean Piagets gibt die Grundlage zur Lösung dieses Problems: *Jeder geistige Akt baut sich progressiv auf, ausgehend von früheren und einfacheren Reaktionen.* Jede Operation hat ihre Geschichte. Bei der Entwicklung des kindlichen Denkens kann man beobachten, wie sich die Operationen, ausgehend von einfachen Handlungsschemata, mehr und mehr differenzieren, um immer komplexere und beweglichere Systeme herauszubilden, die schließlich fähig sind, das ganze Universum zu deuten. Die Aufgabe des Lehrers besteht folglich darin, für das Kind psychologische Situationen zu schaffen, in denen es die Operationen aufbauen kann, die es sich aneignen soll. Der Lehrer muß die früheren Schemata aufgreifen, über die das Kind bereits verfügt, und von diesen aus die neue Operation entwickeln. Er muß das dieser geistigen Aktivität angepaßte Material liefern und darüber wachen, daß die neue Operation in der erstrebten Richtung gesucht wird.

Wir beschäftigen uns nun mit der Entwicklung dieser didaktischen Maßnahmen. Bevor wir aber an die Prüfung im einzelnen herangehen, bemerken wir noch, wie wichtig es ist, daß der Lehrer sich das bestimmte Ziel steckt, die Schüler dazu zu bringen, daß sie die neuen Operationen selbständig entwickeln.

2. Die anschauliche Darbietung im traditionellen Unterricht

Zum Grundsatz, daß die Operation durch das Kind aufgebaut werden soll, nimmt die herkömmliche Didaktik keine klare Stellung. Einerseits haben außerpsychologische Gründe (Opposition gegen die dogmatische

Pädagogik der Kirche) die Didaktiker des 18. und 19. Jahrhunderts veranlaßt, den Grundsatz aufzustellen, das Kind müsse selber die Begriffe entdecken und erarbeiten. Andererseits war die Psychologie, auf der diese Methodik gründete, nicht imstande, diesen Grundsatz zu rechtfertigen und seine richtige Anwendung in der Praxis zu zeigen; denn die empiristische Psychologie ist ja gerade dadurch gekennzeichnet, daß sie ein passives Subjekt annimmt, welches Eindrücken unterliegt, die von außen eindringen. Die Unterrichtsform, welche dieser Psychologie am besten entspricht, ist die *anschauliche Darbietung* durch den Lehrer. Man zeigt der Klasse Bilder, denn diese werden als eigentliche Grundlage der Erkenntnis angesehen. Da das aber nicht genügt, um bei den Schülern den gewünschten Vorgang der Aneignung in Gang zu setzen, begleitet der Lehrer die dargebotenen Gegenstände und Bilder mit seinen Erläuterungen. So entsteht eine anschauliche Darbietung. Man nimmt an, daß sich die Darbietung (Erklärung, Analyse, Beweisführung u. ä.) samt dem Bild dem Geist des Schülers einprägt. In Wirklichkeit aber läuft dieser Prozeß keineswegs ab, denn das seelische Leben kennt die passive Aneignung eines neuen Gehaltes nicht. Wenn der Schüler dennoch einen Begriff oder eine Operation erwirbt, dann nur, weil es ihm geglückt ist, sie aufzubauen, auch wenn man sich vorgenommen hatte, sie seinem Geist einfach einzuprägen. Da die traditionelle Didaktik den Aufbau der Operationen durch die Schüler nicht bewußt anstrebt, vollzieht sich dieser Prozeß oft unter ungünstigen psychologischen Umständen.

Kennzeichnend für den Aufbau der Operationen im herkömmlichen Unterricht ist, daß er straff gelenkt wird. Im Extremfall wird der neue Begriff durch ein Referat einfach „gegeben". Der Lehrer wiederholt kurz frühere, dem Schüler bekannte Begriffe. Dann entwickelt er den neuen Begriff, wobei er der logischen Struktur des Stoffes Rechnung trägt. Um den Schülern die Vorstellung der fraglichen Operation zu erleichtern, zeichnet er an der Wandtafel Skizzen oder zeigt fertige Schulwandbilder. Die Schüler müssen dieser Darbietung folgen. Gelingt ihnen das, so läuft der Aufbauprozeß ab, und die Klasse begreift die Lektion. Wir wollen die Voraussetzungen für diesen Erfolg einmal näher betrachten. Zunächst stellt sich die Frage nach der Kontrolle. Wie können wir erfahren, ob der Schüler der Darbietung wirklich folgt? Die Versuchung ist oft groß für ihn, seinen eigenen Gedanken nachzuhängen statt aufzupassen. Eine Erklärung anzuhören ist weniger interessant, als sie selber zu finden, und es sind oft gerade die begabten Schüler, die den Vorträgen *ex cathedra* nur schlecht folgen, denn sie erhalten dabei nicht genug Gelegenheit, aktiv zu sein. Aber nehmen wir an, die Schüler seien bereit, der Darbietung des Lehrers zu folgen. Befaßt er sich lange genug mit den grundlegenden Begriffen? Sind diese den Schülern vertraut, oder beruht die Darbietung auf Daten, die sich einige von ihnen nur mangelhaft angeeignet haben? Ist der Rhythmus im Aufbau der neuen Operation den geistigen Fähigkeiten der Schüler angepaßt? Liegt der Nachdruck auf den Punkten, wo das Kind die meisten Schwierigkeiten hat, und waren die Gliederungen, die für das Verstehen entscheidend sind, ganz klar? Im psychologischen Teil dieser Arbeit haben wir gesehen, daß die Bilder nur Ausschnitte aus den Operationen sind. Falls der Lehrer sich damit begnügt, die Operationen durch fertige Bilder zu illustrieren, werden sich die Schüler dann die Operation vorstellen können? Und wenn man die Operation selbst der Klasse zeigt, wird der Schüler fähig sein, innerlich zu folgen? In gewissen Lektionen können alle diese Bedingungen erfüllt sein, und die Schüler werden dann wahrscheinlich den gewünschten Begriff erfassen. Damit der Lehrer seine Darstellung so dem kindlichen Denken anpassen kann, muß ihm dieses vertraut sein. Ruft er die Schüler nicht zur aktiven Mitarbeit auf, so nimmt er sich selbst die Möglichkeit, ihre Denkweise kennenzulernen, und dann ist die Versuchung für ihn groß, das kindliche Denken analog seinem eigenen Denken aufzufassen, das erwachsen und ausgereift ist. Unter diesen Umständen bleibt es dem Lehrer immer versagt, seinen Unterricht der Schülermentalität anzupassen. Selbst bei gutem Einfühlungsvermögen kann er nicht immer voraussehen, wie seine Schüler auf ein neues Problem reagieren werden. Um ihnen mit Erfolg helfen zu können, muß er beobachtet haben, wie sie selbst an der Lösung arbeiten.

3. Die traditionelle Mäeutik und das eigene Forschen und Suchen des Schülers

Der Versuch, die Begriffsbildung beim Kinde ständig straff zu leiten, kann nicht zu befriedigenden Ergebnissen führen. Wir müssen dem Kind eine größere Freiheit zur Entwicklung seines Denkens lassen. Diese Forderung ist dann erfüllt, wenn der Schüler dazu gebracht wird, daß er durch eigenes Forschen und Suchen seine Begriffe und Operationen selbst aufbaut. Das Forschen ist in der Tat jene geistige Aktivität, die eine neue Reaktion zu entwickeln sucht. Das erste didaktische Problem, das wir zu lösen haben, wird sein, genau zu bestimmen, wie das eigene Forschen des Kindes erst angeregt, sodann auf das gewünschte Ziel hin ausgerichtet werden kann.

Aber kennt nicht schon die herkömmliche Didaktik die Forderung, das Kind müsse persönlich forschen und suchen? Das trifft wirklich zu. Während des 18. und 19. Jahrhunderts haben mehrere große Didaktiker den Grundsatz formuliert, das Kind müsse sich seine neuen Erkenntnisse selbst erarbeiten. Jedoch kann uns die praktische Anwendung, die dieser Grundsatz in der traditionellen Schule fand, heute nicht mehr befriedigen. Durch die *mäeutische Methode* (das „sokratische", „dialogische", „heuristische" Lehrverfahren) wollte man das eigene Forschen des Kindes anregen. Es ist charakteristisch für diese Unterrichtsform, daß sie den zu vermittelnden Stoff in viele Elemente zerlegt, die der Schüler als Antwort auf geschickt gestellte Fragen des Lehrers finden muß. Daraus entsteht ein Gespräch zwischen dem Lehrer und der Klasse, bei dem regelmäßig die Frage des Lehrers und die Antworten der Schüler wechseln. Durch eine Art kollektiven Nachdenkens führt der Lehrer die Klasse zu dem Ergebnis, das er erreichen wollte. Da die Schüler die Antwort auf jedes Teilproblem finden, glaubte man sagen zu dürfen, sie seien es auch, die jeweils den Ideenkomplex in seiner Gesamtheit entdeckten.

Die Ergebnisse der mäeutischen Methode geben zu gewissen Beobachtungen Anlaß. Obgleich die Schüler unter der Leitung des Lehrers jeden einzelnen Schritt in der Überlegung selbst tun, kommt es oft vor, daß sie den Aufbau des Ganzen nicht erfassen. Nehmen wir an, es handle sich um eine mathematische Ableitung, die zu einer Formel führt. Die Schüler vollziehen jede Teiloperation. Wenn man sie aber beauftragt, die gesamte Beweisführung selbständig zu wiederholen, so sind sie dazu nicht imstande. Das läßt vermuten, daß der Lehrer, indem er das Suchen und Forschen der Schüler leitet, selbst ein Element des Operationskomplexes liefert, das nicht notwendigerweise auch von den Schülern erfaßt wird: den Gesamtaufbau des Gedankenkomplexes im Gegensatz zur Summe aller seiner Elemente.

Diese Beobachtung findet ihre Bestätigung in einer grundlegenden psychologischen Tatsache, die durch sehr viele zeitgenössische psychologische Schulen herausgestellt wurde, die Tatsache nämlich, daß die Gesamtstruktur einer seelischen Reaktion mehr ist als die Summe ihrer Elemente. Die Vertreter der „Gestaltpsychologie" vor allem haben gezeigt, daß eine Wahrnehmung sich immer in einer „Gestalt" organisiert, die mehr ist als die Summe der Teilempfindungen. Und am anderen Ende der Reihe der psychologischen Reaktionen können die Operationen nur begriffen werden als integrierende Glieder größerer operatorischer Systeme, als Glieder von Gruppierungen und Gruppen. Wenn wir uns also vornehmen, das Kind nicht nur alle Teilelemente, sondern auch die Gesamtstruktur eines operatorischen Komplexes erfassen zu lassen, so genügt es nicht, jeden einzelnen Schritt der Überlegung durch den Schüler vollziehen zu lassen. Er muß dazu geführt werden, die Grundbeziehungen herzustellen, welche einen Operationskomplex kennzeichnen, und erst dann die Teiloperationen einzuordnen. Man muß also dem Forschen des Kindes einen Rahmen geben, der von allem Anfang an die Gesamtorganisation ausrichtet und allen Schritten, die im Verlauf des Suchens getan werden, Bedeutung verleiht. Nun kann diese Kraft, die das Forschen leitet, durch nichts anderes gebildet werden als durch ein im Denken des Schülers lebendiges *Problem*. Die Psychologie Jean Piagets lehrt uns in der Tat, daß ein Problem ein „vorwegnehmendes Schema" darstellt, d. h. eine schematische Skizze einer noch zu findenden Operation, die einem Gesamtsystem von Operationen angehört. Diese Operation strukturiert sich im Laufe des Suchens und Forschens und ist schließlich klar gegliedert. Wenn es so gelingt, das Kind dazu zu bringen, daß es eine Operation aufbaut, indem es von einem klar erkannten Problem ausgeht, so darf man annehmen, daß es nicht nur alle Elemente des neuen geistigen Aktes begriffen hat, sondern auch dessen Gesamtstruktur.

Ein Beispiel soll diesen Unterschied zwischen der herkömmlichen mäeutischen Methode und dem eigenen Forschen des Schülers verdeutlichen. Nehmen wir an, es handle sich darum, die Operation einzuführen, mit der man aus der Oberfläche eines Rechtecks und der Länge einer seiner Seiten auf die Länge der anderen schließt. Nach der mäeutischen Methode läßt der Lehrer die Lösung dieser Aufgabe auf folgende Weise finden: Nachdem er zum Beispiel die Fläche eines Rechtecks mit 36 dm² und seine Höhe mit 4 dm angegeben hat, sagt er: „*Ich zeichne das Rechteck, als ob wir schon alle seine Maße kennen würden.*" Die Zeichnung wird gemacht, und der Lehrer beginnt seine Fragen zu stellen: „*Wie groß ist also die Fläche dieses Rechtecks?*" „Die Fläche dieses Rechtecks ist 36 Quadratdezimeter." — „*Und wie groß ist seine Höhe?*" „Die Höhe ist 4 Dezimeter." — „*Gut! Wie viele Quadratdezimeter liegen also an dieser Höhe?*" „4 Quadratdezimeter liegen an der Höhe." (Der Lehrer zeichnet sie.) „*Was bilden diese 4 Quadratdezimeter?*" „Sie bilden einen Streifen." „*Gut! Wie viele Streifen sind im ganzen Rechteck enthalten?*" (Wenn die Schüler nicht zu antworten wissen, vereinfacht der Lehrer die Frage und sagt:) „*Wie viele Streifen von 4 dm² sind im Rechteck von 36 dm² enthalten?*" „9 Streifen von 4 dm² sind im Rechteck enthalten." — (Da einige Schüler dies nicht ohne weiteres begreifen, stellt der Lehrer noch die folgenden Fragen:) „*Wie groß ist die Breite eines Streifens?*" „Die Breite eines Streifens

ist 1 dm!" — „*Wenn das Rechteck sich aus solchen Streifen zusammensetzt, wie groß ist dann seine Grundlinie?*" „Seine Grundlinie mißt 9 dm."
In der Folge wird die Operation der Teilung des Flächeninhalts, welche die Schüler soeben ausgeführt haben, noch einmal herausgehoben, und andere Aufgaben dieser Art werden gelöst. — Man sieht, was wir meinen, wenn wir sagen, daß der Lehrer, der die mäeutische Methode anwendet, die Überlegung der Schüler straff lenkt, daß er es ist, der die Gesamtorganisation des Suchens und Forschens bestimmt, und daß die Schüler, obwohl sie jede einzelne Frage beantworten, darum noch nicht den Gesamtaufbau der Überlegung sicher erfaßt haben. Entsprechende Beispiele für irgendwelche anderen Unterrichtsgebiete kann man sich leicht ausdenken.

Wenn man aber eine Aufgabe stellen will, die den ganzen Ablauf des Forschens schematisch vorwegnimmt und dem Kinde ermöglicht, selbst die Operation zu finden, so kann man zum Beispiel folgendermaßen vorgehen: Wir geben Gruppen von zwei bis vier Schülern 36 Quadrate von je 1 dm² aus Karton. Durch wirkliches Handeln finden sie dann die Grundlinie des Rechtecks von 4 dm Höhe, das sich aus 36 dm² zusammensetzt. Alle Teilschritte der Operation, die der Lehrer der oben beschriebenen Lektion geben mußte, werden nun auf ganz natürliche Weise von den Schülern gefunden, wenn sie das in der Aufgabe enthaltene Vorhaben verwirklichen. Um ein Rechteck von 4 dm Höhe herzustellen, fangen sie an, einen Streifen von 4 dm² zusammenzusetzen. Dann fahren sie fort, Streifen anzuschließen, bis die 36 dm² verbraucht sind. Sie sehen nun, daß sie neun Streifen gelegt haben. Da sie das konkrete Ergebnis der Operation vor sich haben, erkennen sie auch, daß die Rechtecksgrundlinie 9 dm lang ist. So wird die (nur auf Symbolen beruhende) vorstellungsmäßige Lösung auf die denkbar beste Weise vorbereitet.

Wenn man sich also vornimmt, die Schüler dazu zu bringen, daß sie durch persönliches Suchen und Forschen das Ganze eines Operationssystems und nicht nur die Teiloperationen dieses Systems entdecken, so muß man die Aktivität ausrichten, indem man die Aufgabe sorgfältig stellt.

Es kann sein, daß der Lehrer im Laufe des Nachforschens noch eingreifen muß, aber sein Eingreifen, das äußerlich der traditionellen mäeutischen Methode gleichen mag, hat hier eine ganz andere psychologische Bedeutung. Der Lehrer führt die Überlegung der Schüler nicht in einer nur ihm bekannten Richtung, sondern er hilft ihnen, ein in ihrem Geist lebendiges Problem zu lösen und ein Vorhaben zu verwirklichen, das sie zwar begreifen, dessen Verwirklichung aber noch auf

Schwierigkeiten stößt, weil sie ihnen aus eigener Kraft noch nicht gewachsen sind.

Die Aufgabe, die dem freien Forschen des Schülers zugrunde liegt, muß eine solche Weite haben, daß sie eine sinnvolle Operation vorwegnimmt und nicht nur ein Teilakt des Denkens ist, dessen Funktion innerhalb der gesamten Überlegung nur der Lehrer kennt — während der Schüler auf gut Glück vorweg antwortet, in der Hoffnung, es werde schon etwas Sinnvolles dabei herauskommen. Andererseits ist klar, daß man die Eignung des Kindes zum freien Forschen nicht überschätzen darf. Das Kind ist kein Wissenschaftler mit der Fähigkeit, den Blick auf ein fernes Ziel zu richten, auf dessen Verwirklichung er eine Vielzahl von Teiloperationen ausrichtet. Sobald der Abstand zwischen den bekannten alten Denkschemata und einer neuen Operation eine gewisse Grenze überschreitet, verliert sich die Klasse im Laufe des Forschens. Daher die Regel für Aufgaben, welche vom Schüler eigenes Suchen und Forschen verlangen: *Die Problemweite so einzugrenzen, daß die Klasse selbst die Lösung finden kann, ohne jedoch die Grenze der sinnvollen Aufgaben zu überschreiten.* Wenn wir die Flächenberechnung einführen, so wollen wir nicht in einer einzigen Aufgabe verlangen, daß die Flächeneinheit gefunden, das Rechteck in Streifen und Quadrate zerlegt und die Grundlinie mit der Höhe multipliziert werde. Eine erste, sicherlich bedeutsame Erkenntnis ist es, daß man Flächen messen kann, indem man sie mit Maßquadraten überdeckt und diese zählt. Anschließend läßt man dann auf diese Weise eine große Anzahl von Rechtecken ausmessen. Man wird sehen, daß die Kinder selbst vorschlagen, das Vorgehen zu vereinfachen und daß sie auf die Multiplikation von Grundlinie und Höhe kommen.

Eine Aufgabe klar und lebendig zu stellen ist also die unabdingbare Voraussetzung für das eigene Suchen und Forschen des Schülers. Wird diese Bedingung nicht erfüllt, so ist es immer der Lehrer, der zur Aktivität anspornen und ihr Fortschreiten lenken muß, sei es durch eine starre Mäeutik, sei es, indem er selbst die Beweise, Analysen u. ä. gibt. Hingegen wirkt das von der Klasse richtig erfaßte Problem als Selbstregler des Forschens. Indem das Problem in allgemeiner Form die Operation vorwegnimmt, die sich am Ende ergeben soll, erlaubt es der Klasse, selbst abzuschätzen, ob die Vermutungen und Vorschläge geeignet sind, zum angestrebten Ziel zu führen. Die in jedem Problem enthaltene schematische Vorwegnahme der Lösung hat auch die Tendenz, die zur Lösung notwendigen Handlungen einzuleiten.

Wer „Bildung des *Denkens*" sagt, meint „Bildung von *Operationen*", und wer „*Bildung* von Operationen" sagt, meint „*Aufbau* von Operationen". Der *Aufbau von Operationen* vollzieht sich im Laufe des *Suchens und Forschens*, und alles Suchen und Forschen geht aus einem *Problem* hervor. Alle diese Prozesse sind im Grunde ein und derselbe Komplex psychologischer Phänomene, ein Komplex, von dem wir analysierend einige Aspekte herausgehoben haben.

KAPITEL VIII

Das Problem als Handlungsvorhaben

1. Das Problem als Plan einer effektiven Handlung

Wer den Grundsatz anwenden will, daß die Schüler selber suchen und forschen, muß sich bewußt sein, daß diese Methode weitaus die schwierigste der bekannten Unterrichtsformen ist. Die Gründe dafür sind leicht zu begreifen, wenn man bedenkt, in welchem Maße die gute Ordnung der Arbeit bei den verschiedenen Unterrichtsformen vom Schüler abhängt.

Nehmen wir an, eine Lektion nach der alten Methode des ex-cathedra-Vortrags sei dem Denken der jungen Zuhörer nicht angepaßt. Der Lehrer kann das nicht sogleich erkennen. Er kann seine Darlegungen abschließen und sein im Lehrplan vorgesehenes Ziel erreichen. Die tüchtigen Schüler begreifen trotzdem, und das spätere Scheitern der schwächeren und mittleren Schüler wird durch ihre mangelnde Eignung für das fragliche Fach erklärt. Auch die Mäeutik kann die Schwierigkeiten umgehen. Ist der Stoff für die Klasse zu schwierig, so hat der Lehrer immer die Möglichkeit, die Fragen so weit zu vereinfachen, daß der Schüler sie beantworten kann, ohne die Gesamtheit der mitspielenden Beziehungen begriffen zu haben. Die Lektion kommt so zu ihrem Ende, auch wenn sie die Schüler nur mangelhaft verstehen.

Anders verhält es sich, wenn diese aufgefordert werden, selbst den neuen Begriff oder die neue Operation zu finden. Knüpft man hier bei der Problemstellung nicht an Begriffe und Vorstellungen an, über die der Schüler mit Leichtigkeit verfügt, genügen die Ausgangsdaten nicht, so führt das Suchen und Forschen nicht zu den erhofften Ergebnissen; man verliert Zeit, und einige Schüler verzichten auf jede Anstrengung.

Deshalb ist es wichtig, die äußeren Umstände des Forschens und die Formen der Aktivität, die es fordert, soweit als möglich zu vereinfachen. Wie kann man aber die Aufgabe für den Schüler erleichtern? Die Psychologie Jean Piagets gibt uns die zur Lösung dieser Aufgabe notwendigen Angaben:

Wir haben erkannt, daß das Denken aus Operationen besteht, die sich im Laufe der Entwicklung des Kindes durch Verinnerlichung *tatsächlicher Handlungen* fortschreitend bilden. Daraus ergibt sich eine für die Erforschung der Operationen wichtige Folgerung: Soweit als möglich muß man dem Schüler der tastend nach der Lösung sucht, Gelegenheit geben, die *Operationen effektiv auszuführen.*

Ich habe als Beispiel die Einführung in die Flächenberechnung erwähnt. Hierbei gibt man dem Schüler die Möglichkeit, die Operationen des Übertragens, Zusammensetzens, Zerlegens und Umformens tatsächlich auszuführen. M. Béguin, Inspektor an den Primarschulen in Genf, gibt in den gedruckten Aufgabenkarten, die er für die Bruchrechnung angelegt hat, Zeichnungen von Flächen und Gegenständen und stellt den Schülern die Aufgabe, durch wirkliches Abtragen die Bruchteile zu bestimmen, die den bezeichneten Teilflächen und Teilgegenständen entsprechen (vgl. Educateur, Montreux, No. 18, 1946). Bei der Aufgabe, Körperoberflächen abzuwickeln, kann man einfach so vorgehen, daß man einen Papierwürfel herstellen läßt. Ich brauche nicht darauf hinzuweisen, wie zahlreich die Gelegenheiten zu wirklichem Tun im elementaren Rechenunterricht sind. Dieses Prinzip ist ebenso wertvoll für die höhere Schule, wo die Aufgaben der darstellenden Geometrie am leichtesten gelöst werden können, wenn man mit konkreten Ebenen, mit Stäben, die Geraden darstellen, u. ä. arbeitet.

Ich werde auf die Frage der fortschreitenden Verinnerlichung der Operationen zurückkommen. Wichtig ist schon jetzt die Feststellung, daß sich die psychologische Deutung des Problems im Lichte der Theorie der Verinnerlichung noch verschärft. Ein Problem, welches die Auslösung oder die Entdeckung einer Operation zum Gegenstand hat, ist stets ein Handlungsschema, das verwirklicht werden kann, sei es durch Manipulieren an konkreten Gegenständen oder sei es mit Hilfe von Zeichnungen, an denen die Schüler arbeiten, indem sie umformen, teilen, übertragen usw.

2. Das Problem als Plan praktischen Handelns

Ist ein Problem ein Handlungsplan, so wird es immer in *praktischer* Form gestellt werden können, d. h. so, daß es sich auf die Befriedigung menschlicher Bedürfnisse bezieht. Bei meinem Experiment über die Flächenberechnung, über das ich im experimentellen Teil berichten werde, habe ich der Klasse z. B. nicht die Aufgabe gestellt, „die Fläche des Rechtecks A mit der des Rechtecks B zu vergleichen", sondern „den Grasertrag des Feldes A mit dem des Feldes B zu vergleichen". Um die Schüler den Wert π entdecken zu lassen, gebe ich ihnen auf, die Länge des Eisenbandes abzuschätzen, das man braucht, um ein Rad von einem angegebenen Durchmesser zu bereifen. — Welchen Vorteil bringt es, die Aufgabe in praktischer Form zu stellen? Das Beispiel, bei dem der „Grasertrag" zweier Felder verglichen wird, gestattet eine erste Feststellung. Oft muß der Lehrer, um sich überhaupt verständlich zu machen, die Aufgabe in dieser Form stellen. Da das Kind den neuen Begriff noch nicht gebildet hat, versteht es die abstrakte Formulierung der Aufgabe „Flächen zu vergleichen" einfach nicht. Aber selbst, wenn der bisherige Unterricht die notwendigen Begriffe bereits erarbeitet hat, so daß der Schüler eine in die allgemeine Form gebrachte Aufgabe versteht, ist es doch von Vorteil, wenn man die Aufgabe praktisch stellt. Damit gibt man auch all den Schülern eine Chance, die sich die früheren schulischen Begriffe schlecht angeeignet haben und unfähig sind, der neuen Entwicklung zu folgen, wenn man nur an allgemeine Ausdrücke appelliert.

Weiter verhindert die praktische Problemstellung, daß man schon am Anfang einer Unterrichtseinheit ein spezielles Zeichensystem verwenden muß. Das erste Flächenmaß ist nicht das „Quadratmeter", sondern einfach eine kleine Wiese, die man auf der zu vergleichenden Fläche (auf einem Plan) abträgt. Der Umfang ist ein Gartenzaun oder der Rahmen eines Gemäldes u. ä. Nach und nach wird erst der wissenschaftliche Spezialausdruck die von den Schülern selbst gefundenen konkreten Bezeichnungen ersetzen.

Schließlich schafft die Problemstellung in Form praktischer Handlungsschemata von vornherein Beziehungen zwischen der neuen Operation und ihren Verwendungsgebieten im täglichen Leben. So erkennt das Kind die Möglichkeiten praktischer Anwendung, und das Interesse, das die Dinge des praktischen Lebens in ihm erwecken, überträgt sich auf das Schulproblem. Ich brauche nicht zu betonen, welche Rolle das Interesse des Kindes in der Entwicklung seines Denkens spielt.

3. Die reale und die fiktive Handlung

Nachdem ich so das Forschen und Suchen des Schülers beschrieben habe, soweit es ein Vorhaben praktischer Tätigkeit ist, muß ich noch eine letzte Unterscheidung einführen. Die Arbeitsschule kennt in der Tat zwei Formen praktischer Tätigkeit, die ich „real" und „fiktiv" zu nennen vorschlage. Man kann von „realer" Tätigkeit sprechen, wenn die Schüler Gartenarbeiten, Schreinerarbeiten (Knaben), Näharbeiten (Mädchen) usw. ausführen. Die höchste Kunst des Lehrers besteht dann darin, in diesem Zusammenhang realer Handlungen Aufgaben zu stellen, die zum Erwerb theoretischer Begriffe und Operationen zwingen. Leider ist es aber nicht immer möglich, dieses Ideal realer, praktischer Arbeit zu verwirklichen, und der Unterricht muß sich oft damit begnügen, praktische Probleme fiktiv zu stellen, wobei die Schüler freilich das Material erhalten, das ihnen ermöglicht, sie durch effektives Manipulieren zu lösen. Da wir bei unserem Flächenexperiment nicht die Flächen wirklicher Felder miteinander vergleichen konnten, mußte ich mich damit begnügen, meinen Schülern den Plan einer Anzahl von Feldern zu geben und ihnen eine fiktive praktische Aufgabe zu stellen; sie verlangte, daß Flächen gemessen und verglichen würden.

Will man erreichen, daß die Schule arithmetische, biologische, physikalische Aufgaben im Zusammenhang mit praktisch-realem Handeln stellt, so ist es unbedingt notwendig, daß die Ausbildung der Lehrer, der Bau und die Ausstattung von Schulgebäuden ganz neu durchdacht wird. In Zukunft muß der in den Lehrplänen vorgeschriebene Unterrichtsstoff abgebaut und dem Lehrer eine große Freiheit eingeräumt werden, was die Reihenfolge der Darbietung betrifft. Die Schülerzahl einer Klasse ist so weit herabzusetzen, als es für die Geldmittel der betreffenden Gemeinden und des Staates tragbar ist. Sind diese Bedingungen erfüllt, dann kann der Unterricht die realen praktischen Tätigkeiten und die theoretischen Zweige aufeinander abstimmen. Man darf aber nicht aus den Augen verlieren, daß der Unterricht niemals ausschließlich auf praktische Tätigkeiten gegründet werden kann; vor allem deshalb nicht, weil Unterrichtsstoffe und praktische Tätigkeiten, je komplexer sie werden, desto mehr ihren eigenen Aufbaugesetzen folgen. Daher ist es oft schwierig, wenn nicht gar unmöglich, die einen mit den andern zu koordinieren. Ich habe jedoch die Erfahrung gemacht, daß selbst fiktive praktische Aufgaben ein lebhaftes Interesse beim Kinde wecken, vorausgesetzt, daß es ihm die didaktische Organisation ermöglicht, die Lösung durch effektives Handeln zu finden. Das Kind ist nicht so auf den praktischen Nutzen eingestellt, wie es manche Pädagogen wahrhaben wollen; was es vor allem verlangt, ist die Möglichkeit, sich sinnvoll zu betätigen und das Ergebnis seiner Arbeit zu sehen.

4. Der Ablauf einer didaktischen Einheit mit persönlichem Suchen und Forschen des Schülers

Wie gestaltet sich eine didaktische Einheit in der Schulpraxis, wenn der Schüler persönlich forscht und sucht? Sie geht, wie wir gesehen haben, von einem Problem aus, das sich im Laufe praktischer Tätigkeit stellt, entweder bei realer Arbeit in Schulgarten, Werkstätte u. ä. oder bei den üblichen schulischen Arbeiten (fiktives Problem der praktischen Handlung). Die Aufgabe wird gemeinsam besprochen, bis sie im Geist der Schüler klar und lebendig ist. Diese beginnen dann selbst nach der Lösung zu suchen. Das kann, organisatorisch gesehen, folgende Formen annehmen: 1. Gemeinsame Diskussion, 2. Gruppenarbeit, 3. Einzelarbeit. Die gemeinsame Diskussion kann ein freies Gespräch sein, bei dem der Lehrer so wenig als möglich eingreift. Das ist dann der Fall, wenn der Begriff, der erarbeitet werden muß, nicht völlig neu ist und wenn den Schülern die Anwendung der ihnen bekannten Operationen keine nennenswerten Schwierigkeiten macht. Kommen dagegen die Schüler nicht von selbst zum gewünschten Ergebnis, so unterstützt sie der Lehrer bei der Lösung des Problems. Ich habe bereits gesagt, worin sich sein Eingreifen, das äußerlich dem mäeutischen Fragen gleicht, von der herkömmlichen Methode unterscheidet: Ist das Problem vom Kinde richtig erfaßt und der Rahmen für das Forschen klar gegeben, so versteht der Schüler den Beitrag des Lehrers als eine Hilfe zur Lösung der Aufgabe. Hier ist die Frage des Lehrers kein Beförderungsmittel, welches das Denken des Schülers auf ein nur dem Lehrer bekanntes Ziel hinlenkt, wie man dies der traditionellen Mäeutik vorwerfen konnte.

Gruppen- und Einzelarbeit setzen offensichtlich voraus, daß die Aufgabe noch viel sorgfältiger gestellt wird, denn der Lehrer kann in den Lauf des Suchens und Forschens kaum mehr eingreifen. Die Gruppen oder die für sich arbeitenden Schüler bekommen gewisse schriftliche Hinweise; doch soll das nicht zum Grundsatz gemacht werden, wie es der „Daltonplan" tut. Ginge man so vor, so liefe man wirklich Gefahr, sich der traditionellen Mäeutik von neuem zu nähern; es bliebe einzig der Unterschied, daß die Fragen gedruckt statt vom Lehrer ausgesprochen würden.

Nach Ablauf des freien Suchens müssen die Gruppen oder die einzeln arbeitenden Schüler stets über die Ergebnisse berichten, und nun hat der Lehrer Gelegenheit sich einzuschalten, indem er die gefundenen Daten berichtigt und ergänzt. Diese Berichte, welche der Lehrer überprüft, sind von großer Wichtigkeit, weil die schwachen oder an der Arbeit wenig interessierten Schüler im Laufe des freien Suchens oft nicht zum gewünschten Ergebnis kommen. Die Referate ihrer Kameraden und die Ergänzungen des Lehrers helfen ihnen dann, wieder nachzukommen.

KAPITEL IX

Einige Bemerkungen über das Forschen des Schülers im Unterricht der Naturwissenschaften, der Erdkunde, der Geschichte und der Muttersprache

1. Die Untersuchung der „Prozesse" in den exakten Naturwissenschaften

Auf den vorhergehenden Seiten habe ich meist Beispiele aus der Mathematik gewählt, weil auf diesem Gebiet des Denkens die Rolle der Operationen am besten zu erkennen ist. Aber Jean Piagets Psychologie der Operation läßt sich nicht nur auf das mathematische Denken anwenden. „Denken bedeutet Operieren" gilt ganz allgemein. Die didaktischen Grundsätze, die ich bisher dargelegt habe, gelten nicht nur für die Mathematik; mutatis mutandis sind sie auf alle Unterrichtsgebiete anwendbar.

Auf den folgenden Seiten möchte ich nun einige der möglichen Anwendungen der Operationspsychologie auf Gebiete außerhalb der Mathematik zeigen. Es versteht sich, daß diese Betrachtungen nicht vollständig sein können; sie wollen nur einige möglichen Richtungen für weitere didaktische Untersuchungen skizzieren. Ich beginne mit Wissenschaften, die der Mathematik eng verwandt sind, gehe dann zu weniger „exakten" Wissenschaften über und bespreche schließlich ein Problem, das sich im Unterricht der Muttersprache stellt.

Fragen wir uns zunächst, ob im naturwissenschaftlichen Denken ein Element steckt, das die gleiche zentrale Rolle spielt wie die Operation in der Mathematik. Sind es etwa die Vorstellungsbilder, die anschaulichen Abbilder der Objekte und ihrer Zustände? Die Psychologie Jean Piagets hat uns gelehrt, daß das nicht der Fall ist. Auch hier müssen es dynamische Elemente sein, von denen die statischen Bilder nur „Augenblickszustände" wiedergeben, die durch das Denken künstlich isoliert wurden. Die dynamischen Elemente können sehr allgemein als „Kausalprozesse" definiert werden, die den „Zuständen" erst ihre Bedeutung verleihen. Einen Prozeß erfassen, heißt das objektive Phäno-

100

men mit einem Denkschema wiedergeben, das sich seinerseits, wie wir gesehen haben, aus dem Tun ableitet. Feststellen, daß eine Flüssigkeit, die von einem breiten und niedrigen Behälter in einen engen und hohen umgefüllt wurde, ihre Lage im Raum verändert hat, heißt die Breitenverkleinerung dem Schema „Zusammendrücken" und die Höhenvergrößerung dem Schema „Verlängern" assimilieren, als wenn man selbst die Umformung bewirkt hätte. Dies wird übrigens tatsächlich getan, z. B. bei der Verlängerung einer Wurst aus Ton.[92]

Eine Erscheinung *erklären* bedeutet einfach, sie in ein Denkschema übersetzen, das komplexer ist, als wenn man sich damit begnügt hätte, sie zu beschreiben. Die Erscheinung wird dann einem operatorischen System einverleibt; das heißt, daß man den Prozessen Operationen zuordnet, wie man sie selber ausführt. Man stellt z. B. eine Entsprechung zwischen zwei gleichzeitigen Änderungen her, wenn man etwa die Ausdehnung eines Körpers durch Erhöhung seiner Temperatur erklärt. Man deutet die Umformung eines Gegenstandes als eine Veränderung in der Anordnung seiner Elemente, indem man z. B. die Ausdehnung des Körpers durch Vergrößerung der molekularen Zwischenräume begründet; oder es wird jede der beiden Erklärungsweisen durch eine mathematische Gleichung (also durch Operationen) ausgedrückt. Das Gesetz von Gay-Lussac stellt so die quantitative Beziehung zwischen der Volumvergrößerung eines idealen Gases und der Erhöhung der Temperatur dar.

Psychologisch gesprochen sind also die Objekte des Forschens in den Naturwissenschaften Prozesse der belebten und unbelebten Natur. Da diese Beschreibung und Erklärung in enger Beziehung zum Handeln des Subjekts stehen — das erklärende Schema ist eine geistige Operation und wird entdeckt durch wirkliches Experimentieren —, so muß man fordern, daß in den Naturwissenschaften die Schüler ihre Entdeckungen, wenn immer möglich, durch persönliches Experimentieren machen. Wir kennen die Schwierigkeiten, die sich diesem Unterrichtsverfahren entgegenstellen. Sie hängen vor allem damit zusammen, daß viele Experimente zu ihrer Ausführung die Meisterung gewisser Manipulationen verlangen, die man nur im Laufe einer längeren Versuchserfahrung erwirbt. Außerdem liefern viele Experimente keine so genauen Ergebnisse, daß es ohne weiteres möglich wäre, ein Gesetz aufzustellen. Deshalb kann man nicht von Schülern fordern, alle Entdeckungen durch persönliches Experimentieren zu gewinnen. Doch gibt es Versuche, die von den Schülern selbst durchgeführt werden können. Wir denken z. B. an das Hebelgesetz oder an das Reflexionsgesetz für Lichtstrahlen in Physik oder an einfache Experimente in Chemie und Biologie.

Wenn aber das experimentierende Forschen und Suchen zu einem befriedigenden Ergebnis führen soll, so muß es durch ein klar gestelltes Problem ausgerichtet werden. Dies gilt für die Naturwissenschaften wie für die Mathematik. Daraus ergibt sich, daß jede Schülerübungsstunde mit der gemeinsamen Erörterung der Aufgabe beginnen muß, wobei vielleicht schon gewisse Lösungswege erwogen werden. Es folgt weiter, daß alle Übungsgruppen einer Klasse die gleichen Versuche durchführen. Diese Organisation empfiehlt sich auch deswegen, weil die von den Schülern im Laufe ihrer freien Versuche gefundenen Ergebnisse dargestellt und gemeinsam erörtert werden müssen.

Daher noch eine dritte Folgerung: Die Schule muß das Material besitzen, das allen Gruppen in der Klasse ermöglicht, sich dem gleichen Experiment zu widmen. Finanzielle Gründe verlangen also eine überlegte Auswahl der Experimente. (Die einfachen Anwendungen der kollektiv erarbeiteten Lehrsätze können dagegen so eingerichtet werden, daß die einzelnen Gruppen verschiedene Experimente durchführen. Die Anweisungen für diese Versuche können schriftlich gegeben werden, und ihr Ergebnis verlangt keine gemeinsame Diskussion unmittelbar nach dem Experiment.)

Die Naturwissenschaften bieten dem Lehrer gute Gelegenheiten, die Schüler zu veranlassen, sich gewisse Aufgaben selbst zu stellen. Wie muß man dabei vorgehen? Wenn der Prozeß der eigentliche Gegenstand des Forschens ist, so muß man die Klasse mit Tatsachen konfrontieren, zu deren Erklärung die Erforschung des fraglichen Prozesses nötig ist. Um das Hebelgesetz einzuführen, zeigt der Lehrer, daß man an einem zweiarmigen Hebel ein und dasselbe Gewicht durch zwei völlig verschiedene Gewichte ausbalancieren kann, je nach der Stelle, wo diese angebracht werden. Die Schüler stellen sich nun selbst die Aufgabe, zu erfahren, welches Gesetz dieser Erscheinung zugrunde liegt, und in eigenen Versuchen können sie schließlich das Gesetz von der Konstanz der Drehmomente bei einem ins Gleichgewicht gebrachten Hebel ableiten. Wenn die Kinder beobachten können, daß zwei Pflanzen, von denen eine in gute Erde, die andere in mageren Sand eingesetzt wurde, verschieden wachsen, so werden sie sich unaufgefordert die Frage nach den Gründen dieser Erscheinung stellen, was naturgemäß zum Studium des Ernährungsprozesses und der biologischen Assimilation führt.*

---

* Zum Thema des naturwissenschaftlichen Unterrichts verweise ich den Leser auf das Werk „*L'initiation aux sciences naturelles à l'école primaire*", veröffentlicht 1949 vom Bureau International d'Education in Genf, ein Werk, das einen Artikel von Jean Piaget enthält: „Remarques psychologiques sur l'enseignement des sciences naturelles."

2. Das Suchen und Forschen im Geschichts- und Erdkundeunterricht

Kommen wir nun zu den noch weniger „exakten" Wissenschaften wie Geographie und Geschichte, so sehen wir, daß die Möglichkeiten zum eigenen Forschen der Schüler in dem Maße begrenzter werden, wie die komplexe Natur der Erscheinungen die Ableitung eines Zustandes aus dem anderen schwieriger macht. Warum hat Napoleon den russischen Feldzug verloren? Warum haben die kleinen Kantone der Innerschweiz alle Versuche des Hauses Habsburg, sie wieder in das Deutsche Reich einzugliedern, abwehren können? Das sind Probleme, welche die Schüler nicht durch freies Forschen lösen können. Die Darbietung des Lehrers sowie das Lesen und das eingehende Studium von Originaltexten spielen dabei eine wichtige Rolle. Aber auch wenn das Forschen und Suchen meist kollektiv geschieht und vom Lehrer geleitet wird, so ist doch die Art der Problemstellung nicht weniger wichtig. Auch hier wird sich der Lehrer bemühen, die Schüler zur eigenen Fragestellung zu veranlassen. Dies gelingt ihm, wenn er die Tatsache beachtet, daß in diesem wie in jedem anderen Denkbereich dynamische Prozesse und Aktionen die Schüler mehr fesseln als die Beschreibung statischer Zustände. Besonders was die *Geographie* betrifft, tut der Lehrer gut daran, sich an diese grundlegende Einsicht zu erinnern. Was die Schüler vor allem anspricht, sind die Tätigkeiten der Menschen, ihre Art zu leben und zu arbeiten. Die Geographie wird also etwa aufzeigen, wie in verschiedenen Ländern die Menschen ihre Siedlungen angelegt haben und welchen geophysikalischen Gegebenheiten sie sich dabei anpassen mußten. Auch das Studium der unbelebten geographischen Objekte wird vor allem deren dynamische Seite betrachten, die Funktionen, die sie ausüben, die Veränderungen, die sie hervorrufen. Um die Schüler anzuregen, daß sie sich selbst die Probleme stellen, wird man ihnen zum Beispiel zwei extreme, durch ihren Gegensatz eindrucksvolle Zustände des zu untersuchenden Vorganges darstellen. Beim Vergleichen der beiden Bilder wird das Bedürfnis entstehen, den Prozeß zu suchen, der von einem Zustand zum andern geführt hat. Nehmen wir zum Beispiel an, wir hätten die Stadt *Chicago* zu behandeln. Dieser anscheinend statische Stoff belebt sich, sobald wir uns mit der außergewöhnlichen geschichtlichen Entwicklung dieses Ortes befassen. Wie kann man aber daraus eine Aufgabe für die Schüler machen? Wir werden ihnen zwei Bilder zeigen, von denen das eine das bescheidene Dorf Chicago vom Jahre 1830 mit zwölf Holzhäusern zeigt, das andere aber einige Wolkenkratzer der heutigen riesigen Stadt Chicago erkennen läßt. Der Gegensatz wird die Klasse sicher beeindrucken, und das Suchen nach den Gründen für diese ungewöhnliche Entwicklung wird rasch in Gang kommen.

Ein andermal werden wir über Gletscher zu sprechen haben. Der Prozeß, der diesem Objekt Bedeutung verleiht, ist das ständige Vorrücken des Eisstromes und das gleichzeitige Abschmelzen am unteren Rand — zwei Vorgänge, die sich im allgemeinen das Gleichgewicht halten. Wenn wir aber dem Schüler zwei Bilder eines Gletschers vorlegen, der im Laufe der letzten Jahrzehnte vorgerückt oder zurückgewichen ist, z. B. einen Stich des Rhone-Gletschers in der Mitte des letzten Jahrhunderts, als die Eismassen einen Großteil der Ebene von Gletsch füllten, und dann eine moderne Fotografie, die den Gletscher in seinem gegenwärtigen Zustand des Zurückweichens zeigt, so werden sich die Kinder von selbst die Frage nach dem Warum und Wie dieser Änderung stellen, eine Frage, die für das gesamte Studium der Gletscher als Rahmen dienen kann.

Abschließend ist zu sagen, daß das Forschen des Schülers am fruchtbarsten ist, wenn es sich um dynamische Prozesse und ihre Erklärung gruppiert; denn dabei ermöglicht man dem Schüler, die aktiven Schemata seines Denkens anzuwenden.

3. Der Gegensatz als didaktisches Hilfsmittel im Unterricht der Muttersprache

Zuletzt noch ein Wort über gewisse didaktische Probleme, die beim Unterricht in der Muttersprache auftreten.

Aus verschiedenen Gründen läßt der Lehrer Texte, Gedichte, Gemälde, Persönlichkeiten beschreiben oder analysieren, gleich ob nun der Gegenstand der Studie an sich interessant oder ob die Beschreibung einfach eine Ausdrucksübung ist. Nun zeigt die Erfahrung, daß die Schüler solchen Aufgaben gegenüber oft sehr wenig Interesse zeigen. Arbeitet man gemeinsam mündlich, so sind die Beiträge wenig zahlreich, und der Gehalt der Arbeit ist bescheiden. Wird die Arbeit schriftlich verlangt, so fällt sie mager und wenig lebendig aus. Welche psychologischen Gründe gibt es dafür, und wie kann dem abgeholfen werden? Untersuchen wir die Situation! Wir zeigen der Klasse irgendwelche Gegenstände, beispielsweise ein Porträt Luthers, das wir beschreiben lassen möchten (hier in der Fächerverbindung Geschichte — muttersprachlicher Unterricht). Die Schüler werden aufgefordert, die Eigentümlichkeiten des zu untersuchenden Bildes zu beschreiben, z. B. die Charakterzüge, die sich auf dem Gesicht des deutschen Reformators so ausgeprägt offenbaren. Allgemeiner gesprochen: die Schüler sollen gewisse Eigenschaften eines Gegenstandes feststellen. Diese Aufgabe bereitet manchen Schülern erhebliche Schwierigkeiten. Die Psychologie Jean Piagets nennt die Gründe dafür: Wenn das Bild wirklich nur insoweit Bedeutung hat, als es Element einer Operation ist, von der es einen Ausschnitt festhält, wenn allgemein isolierte und statische Zustände nur dann vollkommen verstanden werden können, falls sie in Prozesse oder Handlungen eingereiht sind, kann man dann nicht annehmen, daß die isolierte Qualität, wie sie auf einem Bild erscheint, einem größeren psychologischen Ganzen eingegliedert werden muß, das erst den isolierten Qualitäten Bedeutung verleihen kann? Das in der Tat hat Jean Piaget für die Logik gezeigt, und zwar am Beispiel der „logischen Klassen":

„... eine ‚Klasse' kann nicht für sich allein existieren, auch abgesehen von der Tatsache, daß ihre Definition auf andere Begriffe zurückgreift. Soweit sie Instrument des realen Denkens ist ..., hat sie nur Realität als Funktion aller Elemente, denen sie sich entgegensetzt oder in die sie eingebettet ist ..." [93]

Was von den isolierten logischen Klassen gesagt wird, läßt sich unmittelbar auf die isolierten Eigenschaften übertragen. Psychologisch existieren sie nicht für sich selbst, sondern nur als Gegensatz zu den Eigenschaften, von denen sie sich abheben, oder in bezug auf die ganze Reihe ihrer Ausprägungsgrade.

Wendet man diese psychologische Tatsache auf die Didaktik an, so kann man didaktisch folgendermaßen vorgehen: Statt eines einzelnen Objekts zeige man den Schülern gleichzeitig ein zweites, das mit dem ersten kontrastiert. Wenn wir das Porträt Luthers beschreiben lassen, so stellen wir ihm etwa das von Calvin gegenüber. Der Kontrast der beiden Physiognomien — die eine massiv, bäuerlich, vital, die andere gebrechlich, vergeistigt und leidend — befruchtet überraschend die Beobachtung der Schüler. Beim Vergleich der beiden Physiognomien erkennen die Schüler Eigenschaften, die sie andernfalls nicht bemerkt hätten, und alle Charakterzüge prägen sich tiefer ein. Die Folge ist, daß sich die Klasse am mündlichen Unterricht lebhafter beteiligt und bessere schriftliche Arbeiten liefert.

KAPITEL X

Die Zusammenarbeit der Schüler und die „operatorische Übung"

1. Die gemeinsame Diskussion und die Gruppenarbeit

In den vorhergehenden Kapiteln habe ich gezeigt, wie das persönliche Forschen und Suchen des Schülers zum Aufbau der Operationen führt. Wir haben im besonderen gefunden, daß das Problem als Rahmen des Suchens (als „vorwegnehmendes Schema") den Schülern erlaubt, die Lösungen der Probleme verhältnismäßig selbständig zu finden. Soll das Problem zu einer Einsicht führen, so muß der Lehrer darüber wachen, daß die erworbenen Kenntnisse nicht die Form starrer geistiger Gewohnheiten annehmen, sondern die das lebendige Denken kennzeichnende operatorische Beweglichkeit behalten, welche allein Verallgemeinerungen, vielseitige Anwendungen und neue Entwicklungen möglich macht. — Im ersten Abschnitt dieses Kapitels werden wir die Rolle prüfen, welche die Zusammenarbeit der Schüler bei der Verwirklichung dieser Absicht spielen kann.

Ich habe bereits die psychologischen Beziehungen zwischen der intellektuellen Bildung und der Zusammenarbeit untersucht. Lediglich ein operativ gestaltetes Denken befähigt das Kind, in der Gruppe zu arbeiten. Wenn sein Denken nur starre Automatismen und egozentrische Anschauungen umfaßt, so ist es unfähig, Gesichtspunkte zu verstehen, die von den seinigen verschieden sind. Dies macht es unfähig zur Zusammenarbeit. Beginnt sich aber erst einmal die operatorische Intelligenz beim Kinde zu bilden, so bewirken gemeinsame Diskussionen, die von jedem Teilnehmer Anpassung an die Standpunkte anderer verlangen, daß das Denken des Kindes immer beweglicher und logischer wird.

Wie die Schule diese psychologischen Einsichten anwenden muß, ist klar. Soweit als möglich muß sie der Aktivität der Schüler eine gemeinschaftliche Form geben. Diese Forderung ist erfüllt im *Unterrichtsgespräch* und der *Gruppenarbeit*. Man spricht von Unterrichtsgespräch, wenn die ganze Klasse ihre Beobachtungen und Gedanken über einen Text, ein Bild oder einen vor ihren Augen stehenden Gegenstand austauscht. Bei der *Gruppenarbeit* ist die Klasse in eine Anzahl von Gruppen aufgeteilt, in denen die Schüler selbständig arbeiten. Sie experimentieren, zeichnen, bauen Modelle, fassen Berichte ab. Es handelt sich dabei meist um Tätigkeiten, bei denen alle möglichen Werkzeuge und Materialien benötigt werden. Was aber auch die Gruppenarbeit zu einer Form gemeinschaftlichen Handelns macht, ist der Umstand, daß sie die Diskussion und den Austausch von Gesichtspunkten unter den Gruppenmitgliedern einschließt.

Unter welchen Umständen wird man die eine oder die andere der beiden Formen gemeinsamer Tätigkeit verwenden? Viele Faktoren bestimmen die Auswahl. Zum Teil sind sie ganz praktischer Art. Wünscht man z. B., daß die Schüler selbst gewisse Versuche machen, so bietet sich die Gruppenarbeit an, während dagegen die Betrachtung eines Schulwandbildes eine gemeinsame Diskussion verlangt. Ein anderes Kriterium für die Wahl der Arbeitsweise ist die Art der zu lösenden Aufgabe. Unter den Aufgaben, die sich für die Gemeinschaftsarbeit eignen, sind zwei extreme Fälle zu unterscheiden. Einerseits gibt es Aufgaben, die vom Schüler verlangen, einen Begriff oder eine Operation aufzubauen, seine bisherigen Vorstellungen auf neue Weise zu differenzieren und zu koordinieren. Andererseits gibt es Aufgaben, deren Lösung nicht die Schaffung neuer Begriffe voraussetzt, sondern die einfache Anwendung bekannter Operationen auf neue Situationen. Es stimmt zwar, daß in der psychologischen Wirklichkeit die meisten Aufgaben irgendwo zwischen den genannten Extremfällen liegen; denn die Anwendung früherer Schemata auf neue Daten zieht im allgemeinen ihre Differenzierung nach sich. Hat man diese Unterscheidung einmal getroffen, so kann man sagen, daß ein Problem, das vor allem zum Aufbau neuer intellektueller Strukturen führen soll, besser für die gemeinsame Diskussion geeignet ist, wogegen ein Problem, das sich in erster Linie mit der Anwendung schon erworbener Strukturen beschäftigt, eher für die Gruppenarbeit in Frage kommt.

Die Psychologie Jean Piagets hat uns auf den günstigen Einfluß hingewiesen, den gemeinsame Diskussionen auf die Bildung von Begriffen und Operationen haben. Viele Schüler neigen dazu, eine gegebene Aufgabe nur von ihrem eigenen Gesichtspunkt aus zu betrachten. Die Lösungen, die sich so ergeben, drohen zu stereotypen geistigen Gewohnheiten zu erstarren. Im Verlauf der Diskussion merkt jedoch jeder Schüler, daß seine Kameraden den Gegenstand der Betrachtung unter einem anderen Blickwinkel betrachten als er und demzufolge Lösungen vorschlagen, die sich von der seinigen unterscheiden. So werden sie gezwungen, die Beziehungen zwischen den verschiedenen Gesichtspunkten zu suchen und Gesamtsysteme aufzubauen, die die verschiedenen möglichen Perspektiven vereinigen. — Wenn aber die gemeinsame Diskussion in der Versöhnung der auseinanderstrebenden

Sichten zu einer gemeinsamen Auffassung führen kann, so macht doch deren Fehlen im Anfangsstadium der Unterhaltung die Diskussion schwierig. Das erste Ergebnis der Gegenüberstellung der verschiedenen Gesichtspunkte kann sehr wohl Verwirrung sein. Die oberflächliche Prüfung ihrer Vielfältigkeit vermag die Schüler zu einer relativistischen Haltung zu führen: „Man kann nicht wissen ..." In diesem Stadium erweist sich die gemeinsame Diskussion geeigneter für die Einführung neuer Begriffe als die Gruppenarbeit. Da die ganze Klasse in einer einzigen Diskussionsgruppe vereinigt ist, kann der Lehrer durch sein Eingreifen zum Ausgleich der verschiedenen Gesichtspunkte beitragen. Auf Grund der Kenntnis des Gesamtplanes, den die Schüler noch nicht durchschauen, kann er ihre Aufmerksamkeit auf einen bestimmten Aspekt des Problems, auf einen bestimmten Punkt ihrer Vorschläge lenken, kann ihnen eine Bemerkung, die ein Kamerad machte, in Erinnerung bringen — kurz: er kann die entscheidenden Beziehungen knüpfen, die es den Schülern dann ermöglichen, ihre auseinanderstrebenden Ansichten selbst aufeinander abzustimmen. Je besser dann die individuellen Standpunkte zueinander in Beziehung gesetzt worden sind, desto freier kann sich die Diskussion entfalten. Da die Schüler nun eine Gesamtschau der untersuchten Tatsachen gewonnen haben, werden sie fähig, den Gang der Diskussion selbst zu bestimmen.

Wir haben gesehen, daß es Aufgaben gibt, für deren Lösung der Schüler bereits die notwendigen Begriffe und Operationen mitbringt. Solche Aufgaben kommen hauptsächlich im Rechnen, in der Geometrie, in der Grammatik (Satzanalyse) und in den „exakten" Naturwissenschaften vor. Es handelt sich um „Anwendungsaufgaben" im Gegensatz zu den „Einführungsaufgaben" (durch die neue Operationen aufgebaut werden). Auch in der Geographie, der Botanik, der Zoologie und im Unterricht der Muttersprache kann man gewisse Begriffe an einem ersten Fall herausarbeiten und ihre freie Anwendung in einem entsprechenden Fall verlangen. Man sucht zum Beispiel gemeinsam die charakteristischen Züge eines bestimmten Industriezentrums und gibt dann ein weiteres Beispiel eines Industrieortes den Schülern zum freien Studium; gemeinsam wird die Verbreitung einer bestimmten Pflanze erörtert, und die Schüler verwenden die erarbeiteten Begriffe selbständig beim Studium einer anderen Pflanze u. ä. Der Schüler muß also nicht neue Begriffe, Operationen oder Arbeitsmethoden aufbauen, sondern herausfinden, welche man anwenden und wie man sie anwenden soll.

Bei der Lösung solcher Aufgaben empfiehlt sich die Gruppenarbeit. Denn da die Schüler bereits über die nötigen geistigen Werkzeuge verfügen, sind die Voraussetzungen für die Zusammenarbeit von allem Anfang an gegeben, und das Eingreifen des Lehrers ist weniger notwendig. Man kann die Klasse in Gruppen aufteilen und diese unabhängig voneinander arbeiten lassen. Daß nur wenige Schüler in einer Gruppe sind — drei hat sich als günstigste Zahl erwiesen —, erleichtert die gegenseitige Anpassung. Haben mehrere Gruppen an der Lösung der gleichen Aufgabe gearbeitet, so können sie nachher vereinigt werden, um die verschiedenen Lösungsverfahren zu vergleichen und zu besprechen. Abermals wird die Vielheit der Gesichtspunkte und Arbeitsmethoden der verschiedenen Schüler und Gruppen verhindern, daß sich falsche und beziehungslose Ansichten und starre Denkgewohnheiten einstellen.

Abschließend wollen wir noch bemerken, daß es oft vorteilhaft ist, die gemeinsame Diskussion und die Gruppenarbeit zu verbinden. Tatsächlich kann man in vielen Fällen eine Aufgabe in gemeinsamer Diskussion definieren und sie dann durch Arbeitsgruppen lösen lassen. Denn oft ist die Definition einer Aufgabe gleichbedeutend mit der Bildung eines neuen Begriffes oder einer neuen Operation, während deren Lösung eher eine Anwendung der im Problem vorweggenommenen Schemata ist.

2. Die didaktische Funktion der „operatorischen Übung"

In den vorausgegangenen Abschnitten haben wir die Bedeutung des persönlichen Forschens der Schüler und die Möglichkeiten der Gemeinschaftsarbeit bei dieser Tätigkeit untersucht. Wenn man nun nach Abschluß gemeinsamen Suchens und Forschens sagt, „die Klasse" habe einen neuen Begriff oder eine neue Operation erworben, so hat das nur statistische Bedeutung. Nur die Mehrheit der Schüler hat sie erworben, während für einen mehr oder weniger großen Teil der psychologische Aneignungsprozeß nicht zum gewünschten Ergebnis geführt hat. Der Grund dafür ist, daß wir keine Möglichkeit haben, beim Kind unmittelbar und unfehlbar eine Erkenntnis zu entwickeln. Wir können dem Kind Bilder zeigen: damit es sie assimilieren kann, muß es sie wahrnehmend erforschen. Wir können ihm etwas demonstrieren: um den Vorgang zu verstehen, muß es ihm innerlich folgen. Wir können ihm schließlich Aufgaben stellen: um die Lösung zu finden, muß es sie suchen. Mangelnde Gelegenheit zur Mitarbeit braucht nicht der einzige Grund zu sein, weshalb ein Schüler den vom Lehrer angestrebten neuen Begriff nicht erwirbt. Es genügt, wenn er versucht hat, sich durch die geringstmögliche Anstrengung aus der Affäre zu ziehen. Leitet man z. B. eine mathematische Formel ab, so bemüht er sich nicht, allen Operationen zu folgen, die zu ihr führen, sondern er übernimmt einfach die Schlußformel, wenn die andern sie gefunden haben, und wendet sie mechanisch an, in der Meinung, er könne so den Lehrer zufriedenstellen. Allgemein kann man sagen, daß die Möglichkeit, die Aufgaben durch ein mechanisches Verfahren zu lösen (durch einen „Automatismus der Handhabung von Symbolen") für gewisse Schüler immer eine Versuchung ist. Jene Schüler übrigens, die wirkliche Schwierigkeiten haben, eignen sich im Laufe der ersten einführenden Stunde oft nicht einmal das neue Verfahren an.

Aus all diesen Tatsachen ergibt sich die unbedingte Notwendigkeit, dem gemeinsamen Forschen oder der Erarbeitung eines neuen Begriffes oder Verfahrens Lektionen folgen zu lassen, in deren Verlauf der neu eingeführte geistige Akt wieder durchdacht wird, und zwar in einer Form, die es keinem Schüler erlaubt, sich durch mechanisches Vorgehen von der Aufgabe zu drücken. Außerdem muß diese wiederholende Anwendung der Operationen so vor sich gehen, daß sie den starren Rahmen einer Gewohnheit bricht, die sich dem Schüler unbewußt etwa gebildet haben könnte. So muß die Operation präzisiert und beweglich gemacht werden. Ich schlage vor, diese Präzision der Operation *„operatorische Übung"* zu nennen.*

Aus der psychologischen Analyse der Operation kann man die Form ableiten, welche die „operatorische Übung" annehmen muß. Zunächst hat jeder Schüler die Operationen effektiv auszuführen; ist das nicht möglich, so wird sich die Ausführung auf anschauliche Gegebenheiten stützen können (Modelle, bewegliche Einrichtungen, Skizzen an der Wandtafel). Zur Verdeutlichung führe ich ein Beispiel an, dessen Einzelheiten man im Bericht über den Versuch zur Flächenberechnung (4. Teil) nachlesen kann. Nachdem die Kinder entdeckt hatten, daß sich die Anzahl der in einem Rechteck enthaltenen Quadrate dadurch bestimmen läßt, daß man die Zahl der in einem Streifen enthaltenen Quadrate mit der Anzahl der Streifen multipliziert, übten wir diese Operation ein, indem wir Rechtecke verschiedener Größe zusammensetzten und zerlegten und gleichzeitig die entsprechenden Berechnungen ausführten. Zu diesem Zweck verfügte jeder Schüler über ein Gitter von Quadratzentimetern, gezeichnet auf ein kariertes Papierblatt, und über einen Winkel, der aus zwei rechtwinklig zueinander stehenden

---

* In den „Grundformen des Lehrens" (Klett, 1961) spreche ich vom „Durcharbeiten der Operation".

Streifen aus steifem Papier hergestellt war. Indem die Schüler verschiedene Teile des Gitters mit dem Winkelmaß abdeckten und aufdeckten, konnten sie Rechtecke aller gewünschten Größen zeigen und berechnen (vergleiche Figur 3, Seite 137).

Offensichtlich ermöglicht das wirkliche Ausführen der Rechenhandlung jenen Schülern, bei denen das Suchen und Forschen nicht zur Bildung der gewünschten Operation geführt hat, ihren Rückstand aufzuholen; denn alle diese Operationen sind noch konkret und bedeutsam — im Gegensatz zu späteren Operationen, die sich nur noch auf Symbole stützen werden. Da wirkliches Ausführen zu konkreten Ergebnissen führt, kann der Schüler das Ergebnis seiner Tätigkeit selbst beurteilen, und der Lehrer kann es leicht nachprüfen. Schließlich stellt man leicht fest, daß diese Arbeitsform, die zu konkreten Ergebnissen führt, den Schüler mehr interessiert als eine rein verbale Tätigkeit.

3. Die operatorische Übung schließt ein, daß die direkte Operation in Beziehung zur inversen Operation gesetzt wird

Wenn die Nacharbeit an den Operationen zum Ziel hat, die Bildung starrer Denkgewohnheiten zu verhindern, die Struktur der Operationen und Begriffe von zufälligen Elementen zu reinigen und sie beweglich zu machen, so ist es wichtig, genau festzulegen, in welchen Formen die Operationen durchgeführt werden sollen.

Eine materielle Handlung, sagt uns Jean Piaget, ist noch keine Operation, und es gibt starre Gewohnheitshandlungen ebensowohl wie eine stereotype Handhabung von Symbolen. Es ist also wichtig, daß wir den charakteristischen Eigenschaften der Operationen Rechnung tragen. Zwei dieser Eigenschaften spielen in der Unterrichtspraxis eine besonders wichtige Rolle: Reversibilität (Umkehrbarkeit) und Assoziativität (variable Gruppierbarkeit). Wenn das Verständnis einer Operation einschließt, daß sie sowohl direkt als auch umgekehrt ausgeführt werden kann, so muß sich die operatorische Übung auf beide Ausführungen erstrecken. Bei manchen Schülern führt das Forschen ohne weiteres zur Bildung von beweglichen, umkehrbaren Operationen. Für andere aber bedeutet die Umkehrung einer Operation noch einmal eine gewisse Anstrengung. Aus dieser Tatsache erkennt man, daß die bei der ersten Erarbeitung erworbene Handlung noch an gewisse zufällige Bedingungen gebunden gewesen ist, die ihre Beweglichkeit beeinträchtigten. Das Gelingen der Umkehrung der Operation bringt diese Schüler einen Schritt weiter: Sie werden sich der Umkehrbarkeit bewußt. Im

Laufe der „operatorischen Übung", die ich oben anführte, habe ich deshalb bei der Flächenberechnung nicht nur Multiplikationsaufgaben verlangt („Zeigt 4 Streifen mit je 7 cm²! Wie viele cm²?"), sondern sogleich auch Divisionsaufgaben („Zeigt 32 cm² mit Hilfe von 4 Streifen! Wieviel cm² je Streifen?") (vgl. Seite 139).

In ähnlicher Weise müßte der Rechenunterricht viel häufiger die direkte und die inverse Operation zueinander in Beziehung setzen. In allen Klassen, in denen ich unterrichtete, habe ich folgende erstaunliche Beobachtung gemacht: Wenn man in einer Folge von Kopfrechnungen multiplizieren und unmittelbar anschließend durch einen der Multiplikationsfaktoren dividieren läßt (z. B. $15.24 \ldots : 15 = ?$), beginnen fast alle Schüler, die Division auszuführen, als wäre es eine ganz neue Operation, ohne zu bemerken, daß es sich einfach um die Umkehrung der ersten Operation handelt. Diese Tatsache beweist, daß der Unterricht in den Operationen oft nur Reflexe schafft und den umkehrbaren Mechanismus der operatorischen Systeme keineswegs klar macht. Auch in der Geometrie muß man den Schülern auftragen, die Konstruktionen mit Vertauschung der gegebenen und gesuchten Faktoren auszuführen. Wenn es auch leicht ist, die Diagonalen einer gegebenen Raute zu konstruieren, so erfordert es ein gewisses Nachdenken, die Raute zu zeichnen, falls man nur die Länge ihrer beiden Diagonalen kennt. Es ist indessen zu bemerken, daß die Umkehrung der Operation bei geometrischen Konstruktionen oft sehr schwierig ist; denn sie verlangt mehr Kenntnisse als die Ausführung der Ausgangskonstruktion. Selbst in dem Beispiel, das ich eben angeführt habe, muß man, um die umgekehrte Konstruktion zu finden, immerhin wissen, daß die Diagonalen der Raute senkrecht aufeinander stehen; für die direkte Operation brauchte man das nicht zu wissen. Aber gerade deshalb hat die Umkehrung der Operationen für den Schüler einen besonders bildenden Wert.

Man wird mir entgegnen, auch die traditionelle Schule habe die Umkehrung der Operationen behandelt. Das ist zweifellos richtig; aber sie hat es im allgemeinen in einem eigenen Kapitel getan, und zwar nachdem das Kapitel der direkten Operationen abgeschlossen war. Und erst bei den Wiederholungsaufgaben mischte man gelegentlich direkte und umgekehrte Operationen. Was ich vorschlage, ist, sie unmittelbar in Beziehung zu setzen, sie sogar — unter gewissen Bedingungen — gleichzeitig einzuführen. Wenn man z. B. die Berechnung der Rechtecksfläche einführt und jeder Schüler mit dem oben angegebenen Material die Vierecke konkret bilden kann, so darf man sehr wohl direkte und inverse Operationen gleichzeitig verlangen. Die Schüler werden dadurch den Aufbau der Fläche (x Streifen von y cm²) klarer durchschauen lernen. Die bequemen Schüler können sich nicht darauf beschränken, einfach die beiden Zahlen, die man ihnen gibt, zu multiplizieren. Sie sind bei jedem neuen Beispiel zum Überlegen gezwungen. Geht dann hingegen der Unterricht zur symbolischen Formulierung der Operationen über, legt er gewisse „Normalverfahren" fest, gewisse Weisen, mit den Ziffern umzugehen u. ä., so ist es nicht mehr möglich, sich gleichzeitig mit direkter und inverser Operation zu befassen, denn die Automatismen — die jetzt als Abkürzungen eingeführt werden — verlangen eine gesonderte Einübung der geschriebenen Operation oder ihrer Wortformel. Sind aber einmal diese symbolischen Ausdrücke gefunden und die Lösungsverfahren teilweise automatisiert, so muß man von neuem direkte und inverse Operation bewußt gegenüberstellen. Das klärt noch einmal ihre gegenseitige Beziehung und beugt Verwechslungen vor.

Wenden wir nun das Prinzip der Umkehrbarkeit von Operationen auf Gebiete an, wo die Operationssysteme nicht so eng zusammenhängen wie in der Mathematik, so erkennen wir, daß die *kausalen Prozesse* gewisse Anwendungsmöglichkeiten bieten. Verlangen wir von den Schülern, gewisse Folgen von Ereignissen zu untersuchen, so ist es immer vorteilhaft, ihnen vorzuschlagen, die Tatsachen auch einmal in umgekehrter Reihenfolge zu durchlaufen. Nehmen wir ein Beispiel aus der Geographie. Im Laufe des 18. Jahrhunderts spielte sich in einem großen Tal der Schweizer Alpen (im Kanton Glarus) folgender Prozeß ab: An den steilen Hängen beider Talseiten wurden viele Bäume gefällt. Wo nun die Baumwurzeln die Erde nicht mehr zusammenhielten, begannen die Seitenflüsse des Talstroms stärker zu erodieren. Die abgeschwemmten Erdmassen wurden vom Talstrom bis in die Ebene am Talausgang hinabbefördert und sammelten sich dort im Flußbett an. Jedes Jahr trat das Wasser über die Ufer und verursachte große Überschwemmungen. Die Ebene verwandelte sich allmählich in ein Sumpfland, und die Malaria trat auf, worunter die Bevölkerung viel zu leiden hatte. Eine lange Kette von Ursachen und Wirkungen also! Sollen die Schüler sie richtig begreifen, so wird man ihnen mit Gewinn die Aufgabe stellen, sie im umgekehrten Sinn durchzudenken, d. h. bei den letzten Folgen des Vorgangs zu beginnen und bis zu seinen ersten Anfängen zurückzugehen. Eine solche Umkehrung der Überlegung fördert ohne Zweifel das Verständnis für die Kausalbeziehungen und verhindert, daß der Schüler sich darauf beschränkt, halb begriffene Formeln mechanisch zu wiederholen. Für das Gebiet der Geschichte lassen sich leicht entsprechende Beispiele finden.

4. Die operatorische Übung schließt ein, daß die assoziativen Operationen zueinander in Beziehung gesetzt werden

Die Didaktik muß einer zweiten Eigentümlichkeit der Operation Rechnung tragen: ihrer Assoziativität. Wie wir im psychologischen Teil des Buches gesehen haben, bedeutet dies, daß man auf verschiedenen Wegen zu einem bestimmten Ergebnis gelangen kann. Diese Möglichkeit liegt im Wesen der Operation und steht im Gegensatz zur Stereotypie der Gewohnheiten. Falls wir also der Bildung starrer Denkgewohnheiten vorbeugen wollen, so werden wir gut daran tun, die Assoziativität der Operationen auszunützen, indem wir die Wege ihrer Ausführung variieren. Wird eine Gesamtoperation eingeführt, die mehrere Teiloperationen einschließt, so ist es falsch, geradewegs auf eine Normalform der Lösung hinzusteuern. Wenn es sich zum Beispiel um die Bestimmung des Rechtecksumfangs handelt, so ist es falsch, sofort eine Formel wie $U = 2\,(l + b)$ festzulegen und sie auswendig lernen zu lassen. Vorteilhafter ist es, die Schüler alle möglichen Arten der Umfangsbestimmung finden zu lassen, wobei man ihre Aufmerksamkeit schließlich darauf lenkt, daß sie alle zum gleichen Ergebnis führen ($U = 2\,(l + b) = 2\,b + 2\,l = l + b + l + b = l + l + b + b$). In diesem Sinn schreibt auch Prof. Honegger im methodologischen Kommentar zu seinen ausgezeichneten Lehrbüchern der Arithmetik:

„Eine wichtige methodische Maßnahme zur Klärung und Vertiefung der Zahlbeziehungen ist ... die *Variation des Lösungsweges*. Mit der dauernden Forderung, verschiedene Lösungswege zu suchen, wird die geistige Inanspruchnahme des Schülers gesteigert, der formale Bildungswert des mündlichen Rechnens betont." [94]

So können alle Additionen und Multiplikationen auf verschiedenen Wegen ausgeführt werden, z. B.: $8 \cdot 275 = 8 \cdot (200 + 70 + 5) = 8 \cdot (300 - 25) = 8 \cdot 11 \cdot 25 = 4 \cdot 550 = 2 \cdot 1100$.

Auch in der Geometrie wird man die Assoziativität der operatorischen Systeme berücksichtigen und die Konstruktionsmethoden abwandeln; denn auch hier muß man darauf achten, daß die Verfahren keine starren Gewohnheiten werden, deren Bedeutung die Schüler nicht mehr kennen und die sie zu absurden Fehlern führen können. Wir denken z. B. an die elementaren Konstruktionen mit Hilfe von Zirkel und Lineal (Senkrechte, Halbierungslinien u. ä.), sowie an die Operationen der darstellenden Geometrie.

5. Herstellung der Beziehung zwischen den zu unterscheidenden Operationen und Begriffen

Wo die traditionelle Didaktik im Denken des Schülers Abbilder zu schaffen suchte — ein Prozeß, den sie fördern wollte, indem sie die Unterrichtsgegenstände in einer einzigen, ein für allemal gegebenen Form präsentierte —, verbindet die operatorische Übung die verwandten Operationen und unterscheidet sie zugleich. Nun läßt dieses Prinzip eine Verallgemeinerung zu, die über den Rahmen der Operationen ein und desselben Systems (Gruppierung oder Gruppe) hinausreicht. Dies gilt für alle Begriffe und Operationen, die untereinander gewisse Beziehungen haben. Nehmen wir z. B. den Umfang und die Fläche von geometrischen Figuren. Den Lehrern der Grundschule ist es eine bekannte Tatsache, daß diese beiden Begriffe (die beide in gewissem Sinn die Größe der Figur wiedergeben) von einigen Schülern ständig verwechselt werden. Oder betrachten wir das Adjektiv und das Adverb, den Wen- und Wemfall oder die verschiedenen Zeitformen des Verbs. Überall gibt es zahlreiche Verwechslungen verwandter Begriffe. Eine Didaktik, die sich auf die Abbildtheorie stützt, muß versuchen, diesen Fehlern dadurch vorzubeugen, daß sie die zu unterscheidenden Begriffe und Operationen sorgfältig getrennt darbietet. Indem sie so einen Eindruck nach dem anderen schafft, glaubt sie, die Überlagerung und Vermengung der beiden Gedächtnisspuren verhindern zu können und damit eine klare Reproduktion zu sichern. Man beginnt z. B. mit der Behandlung des Rechteckumfanges, und erst wenn dieses Kapitel abgeschlossen ist, geht man zur Flächenberechnung über. Zum Schluß wird dann noch die umgekehrte Operation eingeführt. Entsprechend steht bei der Satzanalyse die Lektion über den Satzgegenstand am Anfang, und man geht dann über zum Prädikat, zu den Ergänzungen usw. Nun lehrt aber die Erfahrung, daß dieses Vorgehen beim Schüler die Verwechslungen keineswegs ausschließt. Sicher gibt es Schüler, die zu Unterscheidungen fähig sind, auch wenn keine besondere Aufmerksamkeit darauf verwandt wurde, die Begriffe in Beziehung zueinander zu setzen; aber es gibt verhältnismäßig sehr viele Schüler, bei denen die „getrennte Einprägung der Bilder" Verwechslungen nicht verhindert. Handelt es sich hier um unfähige Schüler? Richtig ist, daß die tüchtigeren Schüler trotz falscher Unterrichtsmethoden begreifen. Aber von denen, die unter solchen Methoden versagen, wäre eine gewisse Zahl fähig, die angestrebte Unterscheidung zu verstehen, wenn nicht die Methode der wahren Natur des Lernprozesses zuwiderliefe. Heute wissen wir, daß die Abbildtheorie für die Aneignung der Operationen keinesfalls taugt. Diese differenzieren und gliedern sich progressiv zu Gesamtsystemen, kommen also nicht zustande durch Anreihung isolierter Eindrücke. Nicht indem man sie künstlich trennt, gelangt man wirklich zur Unterscheidung der Begriffe; man erreicht dieses Ziel, indem man sie bewußt zueinander in Beziehung setzt. (Es ist richtig, daß die Bildung eines bedingten Reflexes oder einer Gewohnheit die wiederholte Ausübung ein und derselben Aktion fordert; man schafft dann aber einen Automatismus, keine sinnvolle Operation.)

Wenn also der Unterricht zwei verwandte Begriffe vermitteln muß, die von den Schülern gern verwechselt werden, so kann er es auf zweierlei Art tun. In manchen Fällen läßt sich der einfachere der beiden Begriffe einführen, ohne daß man den anderen erwähnen muß. (Der Begriff „Umfang" kann erarbeitet werden, ohne daß man ihn von allem Anfang an mit der Fläche vergleicht.) Die Aneignung des zweiten Begriffes vollzieht sich dann aber durch unmittelbaren Vergleich mit dem früheren Begriff, von dem er sich abheben muß. Dieses Inbeziehungsetzen beleuchtet die Bedeutung des neuen Begriffes und präzisiert den vorhergehenden. Wird es nicht vollzogen, so heben sich die Begriffe nicht deutlich voneinander ab; das zeigt sich in dem Augenblick, wo einer der beiden in einer neuen Situation angewendet werden muß. Fordert man z. B. vom Schüler anzugeben, „wieviel" bei einer Wand von gegebener Größe „auszumalen ist", so weiß er plötzlich nicht mehr, ob er nun die Fläche oder den Umfang berechnen muß.

In anderen Fällen ist es unmöglich, einen Begriff verständlich einzuführen, ohne ihn von Anfang an einem anderen Begriff gegenüberzustellen. So muß der Satzgegenstand der Satzaussage und den Ergänzungen gegenübergestellt werden. Andernfalls begreift der Schüler die Bedeutung dieses Satzteiles überhaupt nicht und beschränkt sich darauf, die Definitionen, die für ihn leere Worte sind, zu wiederholen und auswendig zu lernen.

Der Grundsatz, bei Begriffen und Operationen Beziehungen herzustellen, kennt noch eine weitere Anwendung, an die man vielleicht nicht sofort denkt. Die *falschen Lösungen* einer Aufgabe müssen mit der Klasse zusammen sorgfältig geprüft werden, damit die Schüler die Gründe verstehen, weshalb ein bestimmtes Vorgehen nicht richtig ist, und damit sie die Unterschiede und die Beziehungen zwischen dem richtigen Vorgehen und dem Fehler begreifen. So ist es z. B. bei der Einführung der schriftlichen Operationen immer sehr wertvoll, wenn man mit den Schülern die Fehler prüft, die sich bei der Ausführung dieser Operationen einschleichen könnten. Die Schüler werden daraufhin weniger Fehler machen und überdies die richtige Lösung besser verstehen.

6. Bemerkungen zur Assimilation von Raumformen und zum Zeichenunterricht

Das Wesentliche der didaktischen Maßnahmen, die in den vorhergehenden Abschnitten beschrieben wurden, liegt darin, von geeigneten Aufgaben aus die effektive und vielfach abgewandelte Ausführung derjenigen Operationen zu entwickeln, welche der jeweiligen Erkenntnis zugrunde liegen. Einige Bemerkungen sollen nun noch die Aufmerksamkeit des Lesers auf gewisse didaktische Fragen lenken, die im Rahmen dieser Untersuchung nicht erschöpfend behandelt werden können und die ich deshalb nur kurz skizzieren will. Es handelt sich um die *Assimilation der Raumformen*, wie sie in einigen Zweigen der Naturwissenschaften (z. B. Biologie und Geographie) und vor allem im Zeichenunterricht vorkommt.

Unter „Assimilation der Raumformen" verstehe ich einfach die Tätigkeit des Menschen, durch die er eine Form erfaßt und sich eine Vorstellung von ihr erwirbt, habe er eine Blume, einen Knochen, einen Berg, den Umriß einer Insel oder irgendeinen Gegenstand zu untersuchen oder zu zeichnen. Wenn es einen psychologischen Prozeß gibt, bei dem der Anteil der Aktivität des Subjekts verkannt wurde, so ist es sicherlich dieser. Der traditionelle Unterricht hat mit Recht mehr Anschauung für den Unterricht gefordert, und seitdem hat man die Handbücher immer reicher illustriert, hat die Sammlungen von Schulwandbildern, Geographiekarten und Reliefs erweitert, die Schulen mit Projektionsapparaten ausgestattet usw. Während nun alles Notwendige getan worden ist, damit der Schüler die Objekte genau kennenlernen kann, ist es merkwürdig zu sehen, wie wenig sich die traditionelle Schule um die Erfassung dieser Gegebenheiten und um die Prüfung der Ergebnisse kümmert. Der Grund dafür ist offenbar der, daß die allgemein anerkannte Theorie einen einfachen Abbildungsvorgang dieser anschaulichen Daten annimmt, einen Prozeß, bei dem es der einzige Beitrag des Schülers wäre, „aufzumerken" (ohne daß man übrigens jemals hätte sagen können, worin diese Aufmerksamkeit eigentlich besteht). Wenn sich in der Mehrzahl der Fälle die Schüler unfähig zeigen, auch nur die Hauptmerkmale der wahrgenommenen Formen und Konfigurationen wiederzugeben, so schiebt man diese Tatsache auf das mangelnde Zeichentalent, auf das Fehlen des visuellen Gedächtnisses und auf weitere Gründe. Daß es in jeder Klasse einige Schüler gibt, die fähig sind, die beobachteten Formen genau wiederzugeben oder zu beschreiben, betrachtet man als Beweis für diese Auffassung. Die Psychologie Jean Piagets legt uns nahe, solche Erscheinungen anders zu erklären. Wenn die Wahrnehmungsaktivität eine Bedingung für die Assimilation der Raumformen ist, so können die unbefriedigenden Ergebnisse bei der Darstellung von Bildern, Gegenständen u. ä. nur davon herrühren, daß der Schüler noch nicht versteht, Raumformen zu untersuchen oder aber daß der Unterricht ihn nicht mit geeigneten didaktischen Maßnahmen dazu angeleitet hat. Soll sich zum Beispiel beim Studium der Geographie eines Landes das Bild seiner wichtigsten Formen und Größenverhältnisse dem Geist des Schülers einprägen, so genügt es nicht, Städte, Flüsse und Bergketten auf der Landkarte zu suchen. Um dies zu beweisen, braucht man nach einer solchen Lektion den Schülern nur aufzugeben, eine vereinfachte Skizze des betreffenden Landes zu zeichnen. Dann bemerkt man, daß sie überraschend viele wesentliche Beziehungen beim Studium der Karte übersehen haben. Der Grund dafür ist einfach der, daß sie die Operationen wahrnehmender Erkundung, die zur Assimilation der Form notwendig sind, nicht ausgeführt haben. (So erklärt sich übrigens auch die Tatsache, daß fast niemand imstande ist, die Ziffern auf dem Zifferblatt seiner eigenen Armbanduhr, die er täglich so oft betrachtet, genau zu zeichnen oder zu beschreiben.) Verhält es sich aber so, dann muß die Assimilation der Raumformen beträchtlich verbessert werden können, wenn die Schüler dazu angeleitet werden. Diese Verbesserung tritt auch wirklich ein. Man erarbeitet z. B. mit den Schülern die vereinfachte Skizze eines Landes gemeinsam an der Wandtafel, indem jeder ein Stück einträgt, das er seinem eigenen Atlas entnommen hat, und fordert die Klasse auf, die Genauigkeit der entstehenden Zeichnung ständig zu kontrollieren. So erzeugt man eine sehr intensive Wahrnehmungstätigkeit. Wenn man dann die Aufmerksamkeit der Schüler auf die grundlegenden Verhältnisse lenkt und ihnen hilft, sie so zu vereinfachen, daß die Assimilation der gegebenen Form erleichtert wird, so erreicht man ohne Mühe, daß jeder Schüler die fragliche Figur befriedigend wiedergibt. Natürlich bleiben Unterschiede in der Fähigkeit zur Reproduktion bestehen, sie sind aber keinesfalls so groß, als wenn die Wahrnehmungstätigkeit überhaupt nicht geleitet worden ist.

Alles, was ich soeben über die Assimilation der Raumformen in den Naturwissenschaften gesagt habe, gilt gleicherweise für das Zeichnen. Allzuoft läßt man Gegenstände zeichnen (Früchte, Blätter, Blumen, Geräte u. ä.), wobei man die Schüler völlig sich selbst überläßt. Man rechtfertigt dieses Vorgehen damit, daß man sagt, jedes Kind sehe die Dinge auf seine Art, und man müsse es seine eigene Zeichnung machen lassen. Die erste dieser Behauptungen ist zweifellos richtig; aber sie verbietet nicht, daß die Wahrnehmungstätigkeit angeleitet wird, indem man auf das Wesentliche und Besondere einer Figur hinweist. Das soll natürlich nicht heißen, daß man dem Kind ein Schema aufzwingt, das es nicht versteht, sondern einfach, daß man es sehen lernt, was ihm entgangen wäre. Aus dem gleichen Grund besuchen wir Erwachsenen Gemäldeausstellungen in Begleitung eines Führers. Unsere Wahrnehmungstätigkeit wird angeregt, und wir sehen Dinge, die wir allein gar nicht bemerkt hätten. In der Schulpraxis wird man das zu zeichnende Objekt gemeinsam prüfen, wird zuerst die Hauptbeziehungen beobachten und danach auf wichtige Einzelheiten und Gliederungen eingehen, und man wird die Schüler, nach jeder Etappe der gemeinsamen Prüfung, die beobachteten Elemente zeichnen lassen. Übrigens lieben die Schüler dieses Vorgehen sehr. Zum Beweis dafür sei mir der Hinweis erlaubt, daß einige meiner Schüler mich fünf Jahre nach Verlassen der Schule an derartige Zeichenstunden erinnert haben. Selbstverständlich sind die auf diese Weise entstandenen Zeichnungen jenen andern weit überlegen, die entstehen, wenn die Schüler ganz sich selbst überlassen bleiben.

7. Die schrittweise Verinnerlichung der Operationen

Der Ausdruck „Verinnerlichung" bezeichnet den Übergang von der effektiven („materiellen", „konkreten") Ausführung einer Handlung zu ihrer *innerlichen* Ausführung. Die verinnerlichten Verhaltensweisen schließen keine sichtbaren Bewegungen oder realen Veränderungen an Gegenständen mehr ein. Die *Handlung* hat sich umgewandelt in die *Vorstellung*. Vorstellungen sind: die Operationen des Denkens, die inneren Bilder, die innere Wiederholung oder Vorwegnahme praktischer Handlungen usw. Im Unterricht spielt die Verinnerlichung eine große Rolle; denn wenn er auch von konkreten Erfahrungen ausgeht, so führt er doch im allgemeinen zu Begriffen und Operationen des Denkens. Diese Meinung vertritt auch die traditionelle Didaktik, indem sie sagt, die Lernprozesse müßten zu *„abstrakten"* Kenntnissen führen. Das soll heißen, daß die Denkprozesse von anschaulichen Einzelheiten unabhängig und fähig werden müssen, auf der Ebene der bloßen Vorstellung abzulaufen. Dieser sogenannte „Abstraktionsprozeß" ist in Wirklichkeit ein Vorgang der Verinnerlichung.

Das Besondere der Didaktik, die ich hier vorschlage, liegt darin, die grundlegenden Operationen auf der Ebene des effektiven Handelns einzuführen und nur schrittweise zu ihrer Verinnerlichung überzugehen. Prüfen wir kurz, wie sich dieser Übergang vollziehen soll, und nehmen wir an, die handelnde Erarbeitung einer neuen Operation sei so weit gediehen, daß wir nun aufhören können, die Operation tatsächlich auszuführen, da sie die Schüler begriffen haben. Auf einer ersten Stufe zur Verinnerlichung der Operation werden sie diese nun in einer Zeichnung darstellen, die sie selbst anfertigen. Man könnte diesen Schritt die *graphische Darstellung der Operation* nennen. Betrachten wir einige Beispiele. Um die Operation des Messens zu lernen, werden die Kinder das Abtragen des Maßes auf der zu messenden Größe tatsächlich ausführen (Abtragen eines Schnurstückes auf einem längeren Gegenstand, Messen des Inhaltes eines großen Hohlmaßes mit Hilfe eines kleineren u. a.).

Die Schüler stellen diese Operationen graphisch dar, indem sie den Vorgang in einer entsprechenden Skizze symbolisieren. In der gleichen Weise werden sie die Teilung des Ganzen bei der Erarbeitung der Brüche wiedergeben. Weitere Beispiele sind die Operationen der Addition, Subtraktion, Multiplikation und Division: Die Schüler der ersten Schuljahre werden sie anfangs wirklich ausführen und nachher durch Zeichnungen wiedergeben, wobei sie die Einheiten durch Striche, Kreise oder irgendwelche einfachen Gegenstände (Kirschen, Blumen u. a.) markieren. Man erkennt die für die graphische Darstellung der Operationen kennzeichnenden Merkmale: Die fertigen Zeichnungen halten nur einzelne, ausgewählte Zustände der Operationen fest; der Schüler muß sich die Veränderungen — mindestens teilweise — vorstellen. Häufig wird zwar noch die Abfolge der Teilschritte in der Operation bei der Ausführung der Zeichnung wiedergegeben. Das ist z. B. der Fall, wenn der Schüler eine Größe wiederholt auf einer anderen abträgt (Messen).

Nach der tatsächlichen Ausführung und der graphischen Darstellung der Operationen muß der Unterricht zur verinnerlichten Ausführung der Operation übergehen. Dies kann in drei Formen von wachsender Schwierigkeit geschehen. Die beiden ersten stützen sich noch in mehr oder weniger hohem Grade auf anschauliche Einzelheiten, während die letzte von diesen gänzlich unabhängig ist. Die Operation ist dann zur reinen Vorstellung geworden.

Nehmen wir an, die Schüler hätten soeben eine Operation wirklich ausgeführt oder graphisch dargestellt, z. B. die Addition $^1/_4 + {}^1/_3$ mit Verwandlung der beiden Brüche in Zwölftel, und sie hätten das Ergebnis der Operation, nämlich $^7/_{12}$, vor sich. Daraufhin tragen wir ihnen auf, die gleiche Operation erneut zu durchdenken. Drei Züge kennzeichnen die Reaktion, die wir dabei von den Schülern verlangen. Zunächst ist klar, daß sie sich die Operation vorstellen, d. h. sie in verinnerlichter Form ausführen müssen. Das fällt ihnen aber nicht allzu schwer, da sie die schon ausgeführte Operation nur rekonstruieren müssen und ihr konkretes Ergebnis ja noch vor sich haben. Allgemein gesprochen: Die innere Rekonstruktion einer Operation, die sich auf die *Wahrnehmung ihres konkreten Ergebnisses* stützt, ist also eine dritte Etappe in der fortschreitenden Verinnerlichung der Operationen.

Nehmen wir jetzt an, die Schüler hätten die Fähigkeit erlangt, gewisse Operationen nach ihrer tatsächlichen Ausführung leicht zu wiederholen. Nun stellen wir ihnen die Aufgabe, die Operationen in Gedanken *vorauszusehen.* Wenn sie ein Drittel und ein Fünftel gezeichnet oder aus Karton ausgeschnitten vor sich haben, so werden sie die Operationen des Austauschens in Fünfzehntel und der Vereinigung dieser kleineren Teile vorausnehmend beschreiben und so schon die Summe ($^8/_{15}$) finden. Auch hier erleichtert ihnen noch eine anschauliche Größe die Vorstellung der Operation. Aber sie gibt nur die Ausgangslage; das zwingt die Schüler, durch innere Überlegung alle Schritte der Problemlösung zu suchen.

Ist schließlich eine Operation gefestigt, so werden die Schüler ohne jede anschauliche Stütze, d. h. auf der Ebene der bloßen Vorstellung arbeiten. Die Verinnerlichung der Operation ist damit abgeschlossen und diese ist zu einem rein geistigen Akt geworden. Alle Rechnungen in der Form ihrer gewöhnlichen Ausführung stellen solche innerliche Reaktionen dar. Es ist richtig, daß die Verwendung der Zeichen die Lösung der Aufgaben in gewissem Maß noch erleichtern kann, sei es, daß man sie mündlich oder schriftlich stellt oder die schriftliche Fixierung aller Rechnungen oder nur der Zwischenergebnisse erlaubt. Diese Abstufungen der Übungsarbeit sind von den Didaktikern des Rechnens sehr sorgfältig beschrieben worden, so daß ich darauf nicht zurückzukommen brauche.

Ich habe den Prozeß der Verinnerlichung am Beispiel gewisser Rechenaufgaben dargestellt, weil er in diesem Unterrichtszweig am häufigsten zur Geltung kommt. Wenn man aber Kausalprozesse von einiger Komplexität untersucht, so lassen sich analoge didaktische Methoden sinnvoll anwenden. Untersucht man z. B. die Flußerosion, so wird man diesen Prozeß zuerst im Sandkasten konkret nachbilden. Wenn dann der Versuch abgeschlossen ist, werden die Schüler, gestützt auf das konkrete Ergebnis, den Versuch nochmals durchdenken. Schließlich werden sie ihn ohne irgendeine anschauliche Stütze erklären. Das Studium der Bildung der Alpen wird einen entsprechenden Weg durchlaufen. Außer dem Rechenunterricht ist es vor allem der Unterricht der Naturwissenschaften, der am häufigsten die beschriebenen Verfahren anwendet. Es versteht sich von selbst, daß in jedem Gebiet nur solche Verfahren zur Anwendung kommen, die sich für den zu behandelnden Stoff eignen, und daß sich die Unterrichtseinheiten über Zeitabschnitte verschiedener Länge erstrecken. Außerdem wird man die Phasen des Verinnerlichungsprozesses von Fall zu Fall ausbauen oder abändern (z. B. je nach der Organisation der Tätigkeiten, der Verwendung verschiedener Zeichen und Symbole u. a.). Aber grundsätzlich vollzieht sich der Ablauf des Verinnerlichungsprozesses immer in dem hier beschriebenen Sinne.

EXPERIMENTELLER TEIL

KAPITEL XI

Ein Unterrichtsversuch über die Berechnung von Umfang und Fläche des Rechtecks

I. Die im Versuch verwirklichten didaktischen Grundsätze

Der didaktische Versuch, den ich hier beschreiben will, bezieht sich auf die Berechnung von Umfang und Fläche des Rechtecks. In zwei Volksschulklassen des Kantons Zürich habe ich zwei verschiedene Methoden angewendet: die erste ist charakteristisch für die traditionelle Didaktik, die zweite geschah unter Verwendung der didaktischen Grundsätze, die mir aus der Psychologie Jean Piagets zu folgen schienen. Am Schluß der beiden Lektionsreihen habe ich die Unterrichtsergebnisse geprüft, indem ich in beiden Gruppen die gleiche Schlußprüfung veranstaltete. In dieser Einführung fasse ich die charakteristischen Merkmale kurz zusammen, welche die beiden angewandten Methoden unterscheiden.

Die Methode, die ich die traditionelle nenne, war rein anschaulich. Ich habe hauptsächlich Skizzen verwendet, die auf die Wandtafel gezeichnet wurden. Mit straffer Mäeutik leitete ich die Überlegung der Klasse. Zuerst führte ich den Rechtecksumfang ein, was zweifellos richtig war; beim Übergang zur Flächenmessung aber begann ich mit der Erklärung der Flächeneinheiten („1 cm² ist ein Quadrat mit der Seite I cm usw."), ohne tatsächlich Messungen auszuführen. Dieses Vorgehen kann für einen Erwachsenen logisch erscheinen, der sich sagt, daß die Flächenmessung die Kenntnis des Systems der Maßeinheiten voraussetzt. Aber für Kinder, die noch keine Messungen ausgeführt hatten, war dieses ganze System von Einheiten sinnlos; ihre Mitarbeit und ihr Verstehen waren deshalb auch ganz ungenügend. Schließlich haben wir Flächen gemessen und berechnet.

Bei der parallelen Gruppe, die einen auf die Psychologie Jean Piagets gegründeten Unterricht erhielt, habe ich versucht, einen *schrittweisen Aufbau der Operationen durch die Schüler zu bewirken*.

Ich versuchte, sie die neuen Operationen durch persönliches Forschen und Suchen entdecken zu lassen, sei es einzeln, in Gruppen oder kollektiv (gemeinsame Diskussion). Dieses Forschen war immer ausgerichtet auf ein *sinnvolles Problem;* ich selbst griff im Lösungsvorgang nur ein, wenn die Schüler nicht weiterkamen und natürlich nachher bei der Einübung der Operationen.

Im einzelnen sind wir folgendermaßen vorgegangen: Nachdem wir die Aufgabe, einen Rechtecksumfang (die Gesamtlänge eines Zaunes um einen rechteckigen Garten) zu berechnen, gelöst hatten, fragten wir uns, wie man erfahren könnte, welche von zwei Wiesen verschiedener Abmessung wohl den größeren Grasertrag liefere. Die Schüler suchten daraufhin nach einem Verfahren, mit dem man die Flächen der beiden Wiesen vergleichen könnte. Sie schnitten zuerst eine dritte Fläche (gleich einer der beiden gegebenen) aus und versuchten nun, damit die andere abzudecken. Da aber dieses Mittelglied eine genaue Messung nicht zuließ, weil es über die Fläche, auf die es gelegt werden mußte, teilweise hinausreichte, kamen die Schüler auf den Gedanken, es in eine Anzahl von Quadraten zu zerschneiden. Auf diese Weise entdeckten sie die Einheit der Flächenmessung. Nachdem so die Operation der Messung ausgeführt worden war, erarbeiteten wir die Berechnung der Rechtecksfläche, wobei diese Operation sowohl zur Operation der Umfangsberechnung als auch zur inversen Operation der Flächenberechnung (die Länge einer Seite zu bestimmen, wenn die andere Seite und die Rechtecksfläche bekannt sind) in Beziehung gesetzt wurde. — Außerdem war ich darauf bedacht, das Suchen und Forschen der Schüler immer durch klar gestellte Aufgaben zu lenken. In der Lektion, die der Umkehrung der Flächenberechnung gewidmet war, kommt dieser Grundsatz gut zum Ausdruck. Während diese Operation mit der „traditionellen Gruppe" streng mäeutisch entwickelt wurde, hat die „moderne Gruppe" die gleichen Entdeckungen gemacht, indem sie die Aufgabe löste, wie groß die Grundlinie eines Rechtecks von gegebener Höhe sei, wenn man es mit 36 Qudraten von je 1 dm² Fläche aufbaute.

Das eben genannte Beispiel illustriert ein anderes Charakteristikum der aktiven Methode. Die Aufgaben waren so gestellt, daß sie das Forschen des Kindes anregten und daß sie von ihm durch praktische Versuche und Manipulationen gelöst werden konnten. So schufen sie Handlungsvorhaben, die sich im Laufe des Forschens und Suchens zu Operationen strukturierten. Die Kinder bauten mit Hilfe der gegebenen 36 dm² die Rechtecke wirklich auf, und das Suchen nach einer Maßeinheit für die Flächen (Vergleich zweier Wiesen) vollzog sich ebenfalls im wirklichen Handeln. — Nachher führten wir die Operationen schrittweise in die vorstellungsmäßige Form über. Im Verlauf der

„operatorischen Übung", welche der Einführung der Operationen folgte, führten wir die Operationen noch wirklich aus; dann stellten wir sie graphisch dar, und erst zuletzt lösten die Schüler der „modernen Gruppe" Aufgaben auf der Ebene der reinen Vorstellung. — Die „traditionelle Gruppe" dagegen ging von der Demonstration der Operationen an der Wandtafel unvermittelt zu Aufgaben über, die nur noch in Zeichen ausgedrückt waren.

Da die traditionelle Didaktik glaubt, dem kindlichen Geist Bilder einprägen zu müssen, neigt sie dazu, von vornherein die Form festzusetzen, in der eine Operation oder eine Überlegung vollzogen werden muß, und in dieser unveränderlichen, stereotypen Form wird sie fortan ausgeführt. Auf diese Weise, so meint man, wird der Eindruck am besten und dauerhaftesten festgehalten. In der „traditionellen Gruppe" legte ich deshalb sogleich die Formel fest, nach welcher der Umfang allgemein berechnet wird: $U = 2 \ (l + b)$; die „moderne Gruppe" hingegen erarbeitete sämtliche Varianten, die bei einer Operation jeweils möglich waren. Für sie folgte der Suche nach den Operationen außerdem eine „operatorische Übung", in deren Verlauf die Operationen in allen denkbaren Formen immer neu durchdacht wurden.

Nicht nur bei der „operatorischen Übung", sondern während der ganzen Lektionen mit der „modernen Gruppe" achtete ich besonders darauf, die Operationen, welche die Schüler unterscheiden lernen mußten, in Beziehung zueinander zu setzen. So wurde der Umfang des Rechtecks sehr oft der Fläche gegenübergestellt, und in Situationen aller Art suchten wir herauszufinden, wem diese beiden Größen entsprachen (die Wiese und ihr Zaun, der Raum auf einer Heftseite und ihre Umrandung u. a.). Um „deutlich unterschiedene Eindrücke zu gewinnen", behandelte ich mit der „traditionellen Gruppe" die verschiedenen Begriffe getrennt. Wir begannen mit dem Umfang; als dieses Kapitel abgeschlossen war, gingen wir zur Fläche über, und zuletzt kamen wir zur inversen Operation. Erst in der letzten Lektion lösten wir Aufgaben aller drei Typen; aber auch da waren die drei Aufgabengruppen noch getrennt und wurden durch Untertitel angekündigt, welche auf die zu bestimmende Größe hinwiesen: „Berechnung des Umfangs", „Berechnung der Fläche", „Umgekehrte Operationen", wie das in fast allen mir bekannten Rechenbüchern üblich ist.

Dank den beschriebenen didaktischen Maßnahmen wurden die geometrischen und rechnerischen Operationen von den Schülern der modernen Gruppe so gut begriffen, daß ich es nicht für nötig hielt, der verbalen Formulierung der erarbeiteten Regeln besondere Aufmerksamkeit zu schenken oder sie gar auswendig lernen zu lassen. Die Kinder waren fähig, aus jeder konkreten Lage abzuleiten, welche Operation man ausführen mußte. Ich behaupte nicht, daß man systematisch darauf verzichten müsse, die gefundenen Operationen in Worten zu formulieren; denn die Erarbeitung sprachlicher oder algebraischer Formeln macht die Beziehungen übersichtlicher (was man von einer dem Schüler fertig gegebenen Formel natürlich nicht sagen kann). Aber ich legte großen Wert darauf, einmal zu zeigen, daß im Unterricht der Mathematik das Wort nicht die wichtige Rolle spielt, die ihm die traditionelle Schule zuschreibt, und daß man sogar in bestimmten Fällen auf ausdrückliche verbale Formulierung verzichten kann. — Der üblichen Praxis entsprechend, ließ ich in der „traditionellen Gruppe" Regeln und Definitionen formulieren und auswendig lernen. Sie wurden gemeinsam erarbeitet, von den Schülern notiert und dann auswendig gelernt. Die Ergebnisse der Schlußprüfung werden zeigen, daß diese ganze Arbeit vergeblich war, wenn sich die Schüler nicht die Operationen angeeignet hatten, die den verbalen Formulierungn ihren Sinn verleihen.

2. Der Unterrichtsstoff des Versuchs

Der Unterrichtsstoff dieses Experimentes war also die Berechnung des Umfangs und der Fläche des Rechtecks und die umgekehrte Operation, durch die man aus der Fläche des Rechtecks und der Länge einer Seite auf die Länge der anderen schließt. Wir verwendeten cm^2, dm^2 und m^2, aber noch keine größeren Einheiten. Das Experiment erstreckte sich auch nicht auf die Umwandlung der Flächeneinheiten (1 m^2 = 100 dm^2 usw.). Nach meiner Meinung braucht diese Aufgabe erst gelöst zu werden, nachdem die Berechnung der Rechtecks- und Quadratfläche eingeführt worden ist; denn sie ist zunächst nur ein Sonderfall der letzteren Operation. Ich habe den Versuch auf die Einführung der drei auf das Rechteck bezüglichen Operationen beschränkt, denn er eignete sich zur Darlegung aller didaktischen Grundsätze, die ich im theoretischen Teil dieses Buches entwickelt habe. Die weitere Ausdehnung des Versuches hätte den Nachteil gehabt, daß eine noch größere Anzahl Schüler, die dann und wann einen oder mehrere Tage fehlen und damit einen Teil des Versuchs verpassen, ausgefallen wäre, und daß es immer schwieriger geworden wäre, bei der abschließenden Prüfung Erfolge und Mißerfolge in Beziehung zu bestimmten Merkmalen der vorhergegangenen Lehrstunden zu bringen.

In den beiden Gruppen lösten wir ungefähr gleich viele Aufgaben, die sich auf praktische Situationen bezogen. Hinsichtlich der Anzahl schriftlich gelöster Aufgaben bestand sogar ein kleiner Unterschied zugunsten der „traditionellen Gruppe". Es ist wichtig, das zu vermerken, denn die Schüler mußten bei der Abschlußprüfung Aufgaben lösen, die jenen entsprachen, die in den vorausgegangenen Stunden gelöst worden waren.

3. Der allgemeine Aufbau des Experiments

Um den Wert der beiden Methoden vergleichen zu können, mußten zwei Schülergruppen nach dem einen oder dem anderen Unterrichtstyp geführt werden. Zuerst wurden alle Schüler, die an dem Experiment teilnahmen, durch den gleichen Anfangstest geprüft. Dann hielt ich selbst die Lektionsreihen dieses Versuchs in jeder der beiden Gruppen. Am Ende des Experiments unterzog ich alle Schüler dem gleichen Schlußtest, so daß ich die Ergebnisse der beiden Unterrichtsformen vergleichen konnte. Selbstverständlich habe ich nur die Ergebnisse derjenigen Schüler verglichen, die bei der Anfangsprüfung die gleiche Punktzahl erhalten hatten.

Es gibt zwei Möglichkeiten, die Experimentiergruppen zu bilden. Man kann — nach der Anfangsprüfung — eine Klasse in zwei Gruppen unterteilen. Dieses Verfahren hat den großen Vorteil, daß alle ins Experiment einbezogenen Schüler genau die gleiche schulische Vorbildung haben. Andererseits erhält man auf diese Weise sehr kleine Gruppen, was natürlich den statistischen Wert der Versuchsergebnisse mindert. Eine andere Methode besteht darin, aus zwei Klassen des gleichen Schuljahres eine „traditionelle" und eine „moderne Gruppe" zu bilden. Der Nachteil ist hier, daß die beiden Gruppen nicht die gleiche Vorbildung haben, weder intellektuell noch hinsichtlich der Schuldisziplin und Arbeitsgewohnheiten. Aber das Verfahren hat den Vorteil, mehr Schüler erfassen zu können; das erhöht den statistischen Wert des Experimentes und erlaubt gleichzeitig, bei der Feststellung der Durchschnittsbegabung alle Schüler auszuscheiden, die im Verlauf des Versuches irgendeine Anomalie (außergewöhnliche Langsamkeit u. ä.) zeigen.

Wenn auch der behandelte Stoff in beiden Gruppen der gleiche war, so war die dafür aufgewendete Zeit verschieden. Mit der „traditionellen Gruppe" habe ich fünf Lehrstunden lang gearbeitet, während es für die „moderne Gruppe" sieben geworden sind. Ich habe also die Bedingung des gleichen Zeitaufwandes für beide Gruppen nicht eingehalten.

Macht dieser Umstand die Versuchsergebnisse nicht völlig wertlos? Ich glaube nicht. Jedermann weiß — und die Vertreter der neuen Schule sind die ersten, es zu unterstreichen —, daß die Methoden der Arbeitsschule mehr Zeit brauchen als die der traditionellen Schule. Die von jedem einzelnen ausgeführte effektive Arbeit, das persönliche Suchen nach den neuen Operationen und schließlich das Herstellen und Durchdenken der vielfältigen Beziehungen verlangen mehr Zeit als die einfache Darbietung der Operation, die Erarbeitung unter straffer Führung des Lehrers, die streng gesonderte Behandlung der einzelnen Operationen. Will man also denselben Stoff nach den beiden Methoden behandeln, so muß man notwendig Unterschiede im Zeitaufwand in Kauf nehmen.

Man könnte mir entgegenhalten, auch der traditionelle Unterricht würde bessere Ergebnisse zeitigen, wenn er über mehr Zeit verfügte. Darauf müßte ich antworten: Der traditionelle Unterricht läßt kein Bedürfnis nach reichlicherer Zeit für die Bildung von Begriffen und Operationen sichtbar werden. Es scheint tatsächlich, daß die Schüler im traditionellen Unterricht rascher vorankommen. Dieser Anschein beruht aber allein auf der Tatsache, daß man den wahren Schwierigkeiten ausweicht, indem man die Aufgaben so stellt und anordnet, daß Verwechslungen zwischen den Operationen ausgeschlossen sind und der Schüler die Lösung rein mechanisch finden kann. So hat die „traditionelle Gruppe" in der fünften Stunde ohne irgendeine Verwechslung fünfzehn Aufgaben gelöst, die nach den drei Operationen unterteilt waren. Aus dieser Tatsache würde die traditionelle Schule das Recht ableiten, diese Unterrichtseinheit abzuschließen und zur folgenden überzugehen. Ich habe dann aber der „traditionellen Gruppe" in einer Schlußprüfung Aufgaben gestellt, die nicht nach den Operationen geordnet waren und bei denen die Bezeichnung der gesuchten Größe nicht in der gewohnten Form gegeben wurde. Der Leser wird die Ergebnisse dieser Prüfung sehen. — Die „moderne Gruppe" legte den gleichen Schlußtest ab, nachdem sie denselben Stoff im Verlauf von sieben Stunden durchgearbeitet hatte.

Zusammenfassend kann man sagen, daß in beiden Gruppen so lange unterrichtet wurde, bis — entsprechend den Kriterien einer jeden der beiden Methoden — die Operationen als angeeignet betrachtet werden konnten. Dann hielt ich die Abschlußprüfung ab, bei der sich herausstellte, daß der Unterricht der „traditionellen Gruppe" seine Aufgabe zu Unrecht als abgeschlossen betrachtet hatte; denn jetzt zeigten sich schwere Mißverständnisse.

4. Die schulischen Bedingungen in den beiden Versuchsgruppen

Unser Experiment wurde in den Monaten Juni und Juli 1949 mit zwei sechsten Klassen der Primarschule durchgeführt. Das Durchschnittsalter der Schüler in beiden Klassen war 12;2 Jahre bzw. 12;5 Jahre, wobei sich der Altersunterschied aus der größeren Anzahl der Sitzenbleiber in der modernen Gruppe erklärt. Die Klasse, die nach der neuen Methode unterrichtet wurde, befand sich in einem Vorort der Stadt Zürich. Die Kinder — dreißig an der Zahl, 15 Knaben und 15 Mädchen — kamen aus gemischtem Milieu von Handwerkern und Bauern.

Die traditionelle Gruppe war eine Klasse der Primarschule in Küsnacht, einer reichen Gemeinde von 8000 Einwohnern am Zürichsee. Die Schülerzahl betrug 36, und zwar 14 Knaben und 22 Mädchen. Im Laufe des Versuches bemerkte ich, daß die Einstellung der traditionellen Gruppe schulfreundlicher war, was natürlich meinen Versuch nicht begünstigte. Unter diesen Umständen sind die Ergebnisse um so interessanter.

5. Die Anfangsprüfung

Die Anfangsprüfung in einem didaktischen Versuch muß die Eignung der Schüler für den Typ der Aufgaben zeigen, die nachher Gegenstand des Unterrichts sein sollte. Deshalb habe ich die beiden Klassen keinem Intelligenztest unterzogen, sondern ihnen eine Reihe von Aufgaben gestellt, die sich auf Längen und Flächen bezogen und die bereits den Aufgaben glichen, die dann in den folgenden Lehrstunden behandelt wurden, ohne jedoch Schulkenntnisse vorauszusetzen. Da mir zwei Stunden zur Verfügung standen, begann ich damit, ungefähr 20 Minuten lang eine kleine Geometrielektion zu halten, bei der ich mit der Klasse einige Aufgaben löste. Diese kamen — in anderer Form — in der folgenden Prüfung wieder vor. Der Gedanke war also, diejenigen Schüler zu begünstigen, die fähig waren, aus dem Unterricht Nutzen zu ziehen. Während der verbleibenden hundert Minuten lösten die Schüler 30 Aufgaben, von denen ich drei Beispiele angebe:

(Beachte! Bei den drei folgenden Aufgaben handelt es sich um quadratische Steinplatten, deren sämtliche Seiten genau 1 m lang sind.)

21. Ein waagrechtes Dach ist gedeckt mit 8 Streifen von je 20 Steinplatten. Welche Länge und welche Breite hat das Dach?
22. Wieviel Platten brauchte man, um das Dach zu decken?
23. Wie lang ist das Geländer, welches das Dach umgibt?

Beim Korrigieren der Prüfungsaufgaben habe ich für jede richtig gelöste Aufgabe einen Punkt gegeben, so daß die Schüler höchstens 30 Punkte erreichen konnten.

Tabelle I. *Die Ergebnisse der Anfangsprüfung*

	Traditionelle Gruppe		*Moderne Gruppe*	
1. Schülerzahl der Klasse	36		30	
2. Zahl der abgegebenen Arbeiten	26		23	
3. Mittlere Punktzahl	22,3	Punkte	19,6	Punkte
4. Mittlere Variation *	4,75	„	6,14	„
5. Schlechtestes Ergebnis	8	„	8	„
6. Bestes Ergebnis (mögliche Punktzahl = 30)	30	„	30	„
7. Durchschnittswert	24	„	20	„

* Die „mittlere Variation" ist der Durchschnitt der Abweichungen der individuellen Ergebnisse vom Mittelwert der Gruppe. Sie ist ein Maß für die Streuung der Einzelwerte in einer Gruppe.

Tabelle I unterrichtet uns über die Ergebnisse der Anfangsprüfung. Die angegebenen Durchschnittswerte beziehen sich auf diejenigen Schüler, die am ganzen Experiment teilgenommen haben: bei der traditionellen Gruppe sind es 26 Schüler, während 10 im Verlauf des Experiments durch Abwesenheit ausfielen. In der modernen Gruppe konnten die Ergebnisse von 23 Schülern verwendet werden, während sieben Schüler ausfielen. In beiden Gruppen schwankten die Ergebnisse jeweils zwischen acht und 30 Punkten. (Ziffer 5 und 6; jeder Punkt bedeutet eine richtig gelöste Aufgabe.)

Das mittlere Ergebnis der traditionellen Gruppe beträgt 22,3 Punkte bei einer mittleren Variation von 4,75 Punkten; das der modernen Gruppe 19,6 Punkte bei auf 6,14 Punkte erhöhter mittleren Variation. Der Durchschnitt bei der traditionellen Gruppe ergab 24 Punkte, bei der modernen 20 Punkte. Man sieht, daß man die mittleren Ergebnisse der beiden Gruppen bei der Schlußprüfung nicht ohne weiteres vergleichen kann, da die traditionelle Gruppe zu Beginn des Experimentes stärker war. Bei der Besprechung der Endergebnisse werden wir sehen, daß es keinen Sinn hätte, einfach die Durchschnittswerte der beiden Gruppen zu vergleichen.

Die beträchtliche Streuung in den Ergebnissen der Anfangsprüfung hat mir erlaubt, die Schüler nach ihrer Fähigkeit zu trennen, und die Lehrer der beiden Klassen haben mir versichert, daß die relativen Rangstellungen der Schüler völlig mit denen übereinstimmen, die sie insgesamt bei den Schulprüfungen in Rechnen und Geometrie erhielten.

KAPITEL XII

Die nach den Grundsätzen einer aktiven Didaktik erteilten Stunden

(Die „moderne Gruppe")

Erste Unterrichtsstunde: Der Umfang des Rechtecks

(17. Juni 1949, 10.00–10.50 Uhr)

Ich händige jedem Schüler ein kariertes Blatt aus.

Lehrer: Wir wollen den Plan eines Gartens zeichnen! Seine Länge ist 7 m, seine Breite 4 m. Wir wählen den Maßstab 1 : 100.

Schüler: Wir müssen ein Rechteck zeichnen ... Die Länge beträgt 7 cm, die Breite 4 cm.

Lehrer: Macht es! – (Der Lehrer zeichnet das Rechteck an die Wandtafel. 4 dm . 7 dm.)

Lehrer: Ich möchte wissen, wie lang der Zaun ist ...

Das Verhalten der Schüler zeigt, daß sie diese Aufgabe mühelos lösen. Von sich aus schlagen sie alle möglichen Formen der Umfangsberechnung vor. Ihre Vorschläge sind folgende:

4 m + 7 m + 4 m + 7 m = 22 m

4 m + 4 m + 7 m + 7 m = 22 m

2 . 4 m = 8 m; 2 . 7 m = 14 m; 8 m + 14 m = 22 m

4 m + 7 m = 11 m; 2 . 11 m = 22m

Ich tue so, als wunderte ich mich, daß das Ergebnis immer das gleiche ist; aber die Schüler erklären mir, daß man einfach die Gesamtlänge des Zaunes in verschiedener Weise zusammengesetzt hat (Assoziativität der Operation!).

Lehrer: Vergrößern wir unseren Garten!

Wir fügen einen Streifen von 1 cm Breite (1 dm an der Wandtafel) an der Grundlinie des Rechtecks hinzu, wobei wir aber den alten Zaun unangetastet lassen. Wir erhalten so zwei Rechtecke — miteinander verbunden —, die zusammen ein Rechteck von 5 cm . 7 cm bilden (s. Figur 1). Zum besseren Verständnis müssen wir jetzt eine Vereinbarung über die Bezeichnungen treffen, die wir für die Seiten der Rechtecke verwenden wollen. Wir führen die Ausdrücke „Umfang", „Länge" und „Breite" ein.

Der Umfang des vergrößerten Rechtecks wird jetzt auf die verschie-

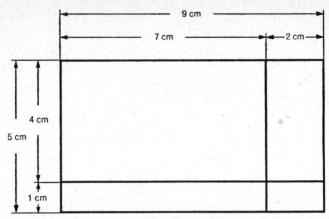

Abb. 1 Plan eines Gartens nach mehreren Vergrößerungen. Die neun in dieser Figur enthaltenen Rechtecke waren Gegenstand eines geometrischen Spiels (operatorische Übung).

denen bereits angegebenen Arten berechnet. Dann wird die Länge des ersten Rechtecks noch um 2 cm vergrößert (von 4 cm . 7 cm auf 4 cm . 9 cm) und die gleichen Rechnungen werden ausgeführt. Schließlich vervollständigen wir die bisher gezeichnete zusammengesetzte Figur zu einem großen Rechteck von 5 cm . 9 cm, in das jetzt Rechtecke von 4 cm . 7 cm und 4 cm . 9 cm und die ergänzenden Rechtecke eingeschaltet sind (Abb. 1).

Jetzt führen wir das folgende Spiel durch: Jeder Schüler denkt an eines der Rechtecke, das er eben gezeichnet hat. Seinen Kameraden gibt er nur die Rechnung, durch die man den Umfang erhält, z. B. 2 cm + 5 cm + 2 cm + 5 cm. Diese müssen dann in der zusammengesetzten Figur das Rechteck finden, dem diese Beschreibung entspricht. Sie zeigen es an der Wandtafel und berechnen gleichzeitig den Umfang. Die Schüler geben sich viel Mühe, um versteckte Rechtecke zu finden, und wenden alle vorher erarbeiteten Arten der Umfangsberechnung an. Folgende Beschreibung wird z. B. gegeben: „Für das Rechteck, das ich meine, muß man 2 . 2 cm rechnen; der Umfang ist 14 cm." Die schwierigste Beschreibung, welche die Schüler fanden, hieß: „Die Breite ist 2 cm und der Umfang ist 14 cm." Man sieht, diese Formel schließt schon die umgekehrte Operation ein, die darin besteht, die Länge einer Seite zu suchen, wenn man Umfang und Länge der anderen Seite kennt.

Schließlich berechnen wir noch einmal durch einfache Addition jeden der Umfänge, und dann löschen wir eine Seite nach der anderen aus, wobei wir jedesmal von der Summe des Umfangs den Wert der ausgelöschten Seite abziehen: z. B. 22 dm − 4 dm = 18 dm, − 7 dm = 11 dm, − 4 dm = 7 dm, − 7 dm = 0.

Da die Operation sehr gut erfaßt worden ist, brauchen wir keine Regel für die Berechnung des Umfangs aufzustellen oder irgendein besonderes Verfahren für die Berechnung vorzuschreiben. Von sich aus wählt die Mehrzahl der Schüler die Form: 2 l + 2 b.

Während der restlichen Zeit (ungefähr 10 Minuten) berechnen die Schüler, jeder für sich, den Umfang der folgenden Rechtecke:
26 m . 14 m; 21 m . 27 m; 47 m . 19 m; 68 m . 25 m.
Wer fertig ist, stellt sich selbst weitere Aufgaben.

Bemerkungen

Im Kanton Zürich führt man die Umfangsberechnung erst im sechsten Schuljahr der Primarschule ein. Für die zwölfjährigen Schüler ist diese Operation sehr leicht. Ich habe deshalb darauf verzichtet, sie durch einen noch konkreteren und anschaulicheren Unterricht einzuführen (z. B. ein Rechteck mit einem Bindfaden zu umgeben, ihn zu spannen und zu messen). Um der Bildung einer starren Rechengewohnheit zuvorzukommen, habe ich vielmehr darauf geachtet, daß diese Operation in allen Formen, die sie zuläßt, ausgeführt wurde. Bei der Besprechung der Endergebnisse des Experiments in der traditionellen Gruppe, in der ich sofort die Formel U = 2 (l + b) angegeben habe, werden wir sehen, daß mehrere Schüler mit der Zeit vergaßen, die Summe der Länge und Breite mit 2 zu multiplizieren. Bei diesen Schülern hatte der Unterricht eine Rechengewohnheit herausgebildet, die sicherlich eine gewisse Zeit lang verstanden wurde, die in der Folge aber zerfiel, weil sie ihnen das Nachdenken ersparte. In der modernen Gruppe hingegen habe ich die Schüler dazu gebracht, die Operation in allen Formen, die sie ermöglicht, immer wieder durchzudenken. Dies hat sie daran gehindert, einen stereotypen Reflex zu bilden, welcher das echte Verständnis ersetzt und damit schließlich zu Verwechslungen und zum Verfall der erarbeiteten Operationen geführt hätte.

Zweite Unterrichtsstunde:
Flächenvergleich mit Hilfe eines Maßquadrates („Effektives Messen")

(17. Juni 1949, 11.00–11.45 Uhr)

Arbeitsmaterial: Jeder Schüler erhält ein Blatt, auf dem der Plan der Felder eines Bauern eingezeichnet ist. Die Formen und Maße sind so gewählt worden, daß alle Felder und Wiesen ganze Quadrateinheiten enthalten (siehe Abb. 2).

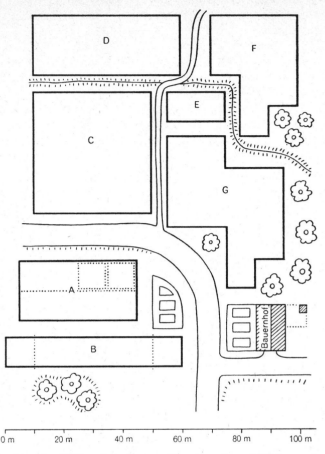

Abb. 2 Plan der Felder eines Bauern. Der von einem Mädchen gefundene
Vergleich der Felder A und B durch Übertragung von Band A auf B
ist durch punktierte Linien gekennzeichnet.

Auf der Wandtafel werden die Rechtecke A und B mit den Maßen
2 dm . 4 dm und 1 dm . 6 dm wiedergegeben.

Die Schüler betrachten das Blatt, das sie erhalten haben, und stellen
Fragen nach der Bedeutung der dargestellten Figuren.

Der Lehrer erklärt, daß die Figuren A und B die Wiesen darstellen,
die auf ihrer ganzen „Fläche" (er spricht das Wort ohne besonderen
Nachdruck aus) mit Gras bewachsen sind, und färbt die beiden Flächen
auf der Tafel grün. Dann lenkt er das Gespräch in eine bestimmte
Richtung, indem er die Aufgabe stellt:

134

„Von dem Feld A hat der Bauer vier Wagen Gras geerntet. Das Feld B gehört seinem Nachbarn. Dieser bietet ihm eines Tages das Feld B zum Tausch gegen das Feld A an. Aber unser Bauer ist keinesfalls sofort einverstanden. Er stellt sich zuerst eine Frage ..."

Schüler: Er fragt sich, ob er vom Feld B *auch* 4 Wagen Gras ernten wird.

Lehrer: Versucht, die Lösung für unseren Bauern zu finden! Ihr könnt eure Scheren und ein anderes Blatt Papier verwenden! Der Plan darf nicht zerschnitten werden.

Einige Minuten lang suchen die Schüler nach einem Mittel, die beiden Flächen zu vergleichen. Sie dürfen sich leise unterhalten. Dann nimmt der Lehrer die Leitung der Arbeit wieder auf. Einige Schüler glauben, das Feld B (1 cm . 6 cm) sei größer als das Feld A (2 cm . 4 cm). Sie haben den Umfang der beiden Rechtecke berechnet und für das Feld B 14 cm errechnet, während Feld A nur 12 cm ergab. Der Ertrag von Feld B müßte also größer sein. — Aber andere Schüler widersprechen ihnen: sie haben den Eindruck, das Feld A sei größer, ohne freilich — in der Mehrzahl — ihre Ansicht begründen zu können. Einige Schüler jedoch, darunter mehrere Mädchen, kamen auf den Gedanken, ein Rechteck so groß wie B (1 cm . 6 cm) zu zerschneiden und zu versuchen, damit das Feld A (2 cm . 4 cm) zu bedecken. Ein Mädchen schneidet zu diesem Zweck vom 6 cm großen Streifen links und rechts je 1 cm² ab. Der Streifen von 4 cm² bedeckt die Hälfte des Feldes A (2 cm . 4 cm), die beiden einzeln abgeschnittenen cm² bedecken die andere Hälfte von A zur Hälfte, so daß 2 cm² der ganzen Fläche A unbedeckt bleiben. Die Wiese B ist also kleiner als die Wiese A; sie liefert nur drei Wagen Gras. (Diese Operation ist in Figur 2 mit punktierten Linien gekennzeichnet.) Alle Schüler zerschneiden jetzt die Figur B und erbringen diesen Beweis. Auf die Frage des Lehrers schlagen die Schüler zwei Maßeinheiten vor: ein Rechteck 1 cm . 2 cm, d. h. ein Viertel der Fläche A, dessen Ertrag ein Wagen Gras beträgt, und ein Quadrat 1 cm . 1 cm, das die Schüler für praktischer halten, „weil man nicht jedesmal entscheiden muß, ob man es aufrecht oder waagrecht hinlegen soll". Der Lehrer erklärt, man messe tatsächlich die Größe der Felder mit Quadraten und die so gemessene Größe werde die „Fläche" der Felder oder allgemein der Figuren genannt.

„Wie groß ist also die Fläche von B?" — Die Schüler teilen das ausgeschnittene Rechteck von der gleichen Größe wie B in 6 dm²; die Fläche von B ist also „6 Maßquadrate". (Wir verwenden noch nicht die üblichen Bezeichnungen, sondern sprechen einfach von „Maßquadraten".)

Lehrer: „Wie groß ist das Feld *A*?"

Die Schüler legen die durch Zerschneiden von B erhaltenen Quadrate auf A. Alle lassen sich unterbringen und man sieht, daß noch zwei fehlen: die Fläche A beträgt also acht Maßquadrate.

Wir kommen noch einmal auf den ersten Vorschlag zurück, die Grasmenge nach dem Umfang der Figuren zu beurteilen. Die Schüler sehen jetzt den Unterschied zwischen den beiden Größen: Der Umfang von A beträgt 12 cm (120 m in Wirklichkeit), die Fläche acht Maßquadrate. Der Umfang von B ist 14 cm (in Wirklichkeit 140 m), die Fläche 6 Maßquadrate. Der Umfang gibt uns die Länge des Zaunes um die Wiese an; mit Hilfe der Fläche können wir den Ertrag des Feldes berechnen.

Zum Abschluß teilt der Lehrer folgende Daten mit, auf Grund deren sich die Schüler selbst Aufgaben stellen müssen, die sich auf die Felder A und B beziehen:

1. Um das Maßquadrat abzumähen, braucht der Bauer 10 Minuten ...
2. Um das Maßquadrat einzuzäunen, braucht der Bauer 40 m Eisendraht ...
3. Auf das Maßquadrat streut der Bauer 1 kg Kunstdünger aus ...
4. Um den Zaun zu streichen, der das Maßquadrat umgibt, braucht der Bauer 40 Minuten ...
5. Um das Maßquadrat zu harken, benötigt Klaus 5 Minuten ...

Bis zum Ende der Stunde teilen die Schüler alle Flächen des Planes in Maßquadrate, bestimmen deren Zahl und berechnen auch den Umfang. Die Ergebnisse werden in die Figuren des Planes selbst eingetragen.

Bemerkungen

Es ist nicht leicht, praktische Aufgaben zu finden, die sich für die Einführung der Messung von Flächen eignen. Um dieser Größe eine konkrete Bedeutung zu sichern, muß man zunächst das Problem auf eine andere, dem Kinde bekannte Größe übertragen, die eine direkte Funktion der Fläche ist. Diese „proportionalen Größen" sind nicht sehr zahlreich. Im wesentlichen sind es die folgenden: die *Zeit*, die man braucht, um eine Fläche zu bearbeiten (sie zu bemalen, zu pflügen, zu rechen u. ä.); das *Gewicht*, das *Volumen* oder jedes andere Maß, das geeignet ist, die *Stoffmenge* auszudrücken, die man für diese Arbeit braucht (Farbe, Saatgut u. ä.); die Größe des *Ertrages* einer Fläche (Gras, Getreide, Heu u. ä). Von diesen Größen läßt sich die Zeit kaum verwenden; denn das Kind kann sich diese nur sehr schwer vorstellen.

Auch die Materialmengen für eine Arbeit sind ihm wenig vertraut (zum Beispiel soundso viel Gramm Farbe, um eine gegebene Fläche zu streichen). Deshalb habe ich schließlich das Beispiel des Grasertrags gewählt. Wenn auch unter unseren Schülern wenig Bauernkinder waren, so hatten doch alle die Feldarbeit beobachtet, so daß mein Beispiel ihrer persönlichen Erfahrung sehr nahestand.

Man könnte mir vorwerfen, ich hätte die Operationen dieser Schulstunde (auf den Feldern, im Schulgarten) wirklich und nicht nur fiktiv ausführen lassen müssen. Aber man beachte die Vielfältigkeit der bei dieser Lektion ausgeführten Operationen und stelle sich die Schwierigkeiten vor, die ihre Ausführung in der Natur mit einer Klasse von 30 Kindern ausgelöst hätte — Schwierigkeiten, die bei den schwächeren Schülern womöglich das Verständnis behindert hätten. Wäre die Klasse meine eigene gewesen, so hätte ich dagegen die Aufgabe der Flächenmessung im Rahmen einer praktischen Arbeit stellen können, wobei die Operationen allerdings auch in diesem Fall so hätten erarbeitet werden müssen, wie es hier geschildert worden ist.

Dritte Unterrichtsstunde: Teilung des Rechtecks
in Streifen und Quadrate und Multiplikation der Anzahl der in jedem Streifen enthaltenen Quadrate mit der Anzahl der Streifen
(Entdeckung der Multiplikation, operatorische Übung)

(20. Juni 1949, 9.00–9.45 Uhr)

Arbeitsmaterial: Ein Blatt *kariertes* Papier, ein Streifen aus starkem Papier, 3 cm breit, in L-Form (rechter Winkel, dessen Schenkel 20 cm und 15 cm lang sind).

An der Wandtafel ist ein Rechteck von 4 dm . 7 dm vorbereitet, das eine Fensterscheibe darstellt, deren Fläche bestimmt werden soll.

Nach einer kurzen Wiederholung, bei der wir einige Aufgaben lösten, die den am Schluß der letzten Lektion gestellten Aufgaben entsprachen, zeigt der Lehrer das Rechteck auf der Wandtafel und erklärt, es handle sich um eine Fensterscheibe, deren Größe der Glaser kennen möchte, um ihren Preis zu berechnen.

Schüler: Wir wollen die Fensterscheibe mit einem Maßquadrat messen. Wir müssen ein Maßquadrat auf das Rechteck legen.
Lehrer: Ein wie großes Maßquadrat wollen wir wählen?

Nach einer kurzen Besprechung einigen sich die Schüler darauf, daß ein Quadrat von 1 dm Seitenlänge die beste Einheit ist.

Lehrer: Einverstanden! Ich zeichne ein Quadrat von dieser Größe hier an der Seite; wir wollen es „dm-Quadrat" nennen.

(Wir haben es noch nicht Quadratdezimeter genannt. Der Unterschied liegt darin, daß ein „Dezimeter-Quadrat" ein Quadrat von 1 dm Seitenlänge ist, während ein „Quadratdezimeter" eigentlich einen Dezimeter darstellt, der die Eigenschaft hat, ein Quadrat zu sein – ein Gebilde, das man sich nicht vorstellen kann.)

Schüler: Wir müssen ein solches Quadrat ausschneiden und es auf dem Glas abtragen.

Ich schneide es aus und rufe einen schwächeren Schüler auf, um die Abtragung ausführen zu lassen. Der Schüler beginnt mit siebenmaligem Abtrag längs der oberen Seite, dann folgt er der linken Seite nach unten und bedeckt anschließend die übriggebliebene Fläche. Während der 28 Abtragungen fangen schon einige Schüler an zu protestieren. Sie sagen, sie wüßten ein einfacheres Verfahren.

Schüler: Wir brauchen das Quadrat nicht auf der ganzen Fläche abzutragen. Folgen wir der Länge, so macht das einen Streifen aus, und es hat vier Streifen ...
Man kann rechnen: $4 \cdot 7 \, dm^2 = 28 \, dm^2$.

Ich lasse die Richtigkeit dieses Gedankens von mehreren Schülern nachweisen. Das Ergebnis wird in der folgenden kurzen Formel festgelegt:

$$4 \text{ Streifen zu } 7 \, dm^2$$
$$\underline{4 \cdot 7 \, dm^2 = 28 \, dm^2}$$
$$\text{Fläche} = 28 \, dm^2$$

Lehrer: Ich will dieses Rechteck zerlegen. Nennt die Zahl der Quadratdezimeter, die ich zeige!

Mit Hilfe des großen Maßstabs (Länge 1 m, Breite 12 cm) decke ich einen Streifen des Rechtecks nach dem andern ab. Die Schüler sagen: „Es sind drei Streifen, 21 dm^2, zwei Streifen, 14 dm^2, ein Streifen 7 dm^2."
Dann baut der Lehrer das Rechteck im umgekehrten Sinn wieder auf. Hierauf vergrößert er die Breite des Rechtecks um 2 dm.

Schüler: Sie haben zwei Streifen hinzugefügt ... $2 \cdot 7 \, dm^2$ ... es sind jetzt sechs Streifen ... 6 mal 7 dm^2 = 42 dm^2.

Das Rechteck wird um 2 dm vergrößert.

Schüler: Der Streifen hat zwei dm^2 mehr, neun im ganzen ... Die Fläche des Rechtecks ist um $6 \cdot 2 \, dm^2$ vergrößert ... Die Gesamtfläche setzt sich jetzt aus sechs Streifen zu je 9 dm^2, also aus 54 dm^2, zusammen.

Wie das erste Rechteck wird auch die neue Figur zerlegt und wieder aufgebaut.

Der Lehrer fordert jetzt die Schüler auf, das karierte Blatt vorzunehmen. Sie zeichnen darauf ein Gitter von Quadratzentimetern.

Jeder Schüler erhält einen Streifen aus kräftigem Papier in L-Form. Diese Winkel gestatten es, auf dem Gitter Rechtecke aller gewünschten Maße abzugrenzen und ihre Größen in beiden Richtungen beliebig zu verändern.

Lehrer: Zeigt ein Rechteck mit einer Länge von 8 cm und einer Breite von 3 cm (siehe Abb. 3)!

Schüler: Ich zeige drei Streifen von 8 cm², das macht 24 cm².

Der Lehrer leitet nun eine ganze Reihe von Übungen, indem er die Schüler auffordert, die Zahl der Streifen und der in den Streifen enthaltenen Quadratzentimeter zu vermehren und zu vermindern.

Außerdem verlangt er bereits die folgenden inversen Operationen:

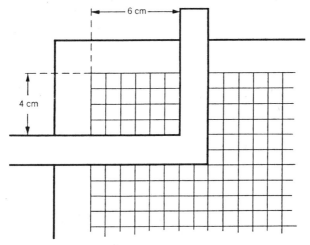

Abb. 3 Mit Hilfe eines Winkels aus festem Papier konnten die Schüler auf einem Netz von Quadratzentimetern Rechtecke in allen möglichen Größen zeigen.

„Zeigt, mit Hilfe von 4 Streifen, 8, 20, 12, 32 cm²!" usw. Und: „Zeigt mit Streifen von 8 cm², 32, 24, 48 cm²!" usw. Unter diese Divisionsaufgaben mischt er Multiplikationsaufgaben, was die Schüler daran hindert, automatisch vorzugehen. — Schließlich suchen wir alle möglichen Arten, eine Fläche von 12 cm² aufzubauen: 1 . 12 cm², 2 . 6 cm², 3 . 4 cm² 4 . 3 cm², 6 . 2 cm², 12 . 1 cm².

Der mündliche Teil der Stunde dauerte 35 Minuten; die Beteiligung der Schüler war sehr gut. In den restlichen 10 Minuten lösen die Schüler noch zwei Aufgaben. Sie sind in Form einer Zeichnung gestellt, die ein Rechteck von 6 cm . 14 cm darstellt, das bereits in Streifen aufgeteilt ist. Lösung:

6 Streifen von 14 cm²

$6 . 14 \text{ cm}^2 = 84 \text{ cm}^2$

_____

Fläche 84 cm²

$2 . 6 \text{ m} = 12 \text{ m}$

$2 . 14 \text{ cm} = 28 \text{ cm}$

_____

Umfang $= 40$ cm

Bemerkungen

Der erste Teil der Lehrstunde verläuft in einem Lehrgespräch. Es handelt sich darum, ausgehend von der einfachen Abzählung der in einem Rechteck enthaltenen Quadrate, die Operation der Multiplikation zu finden. Meiner Meinung nach ist es nicht nötig, das Abtragen der Einheit von allen Schülern einzeln ausführen zu lassen, wenn sie die Möglichkeit der Multiplikation entdecken sollen. Ist aber einmal der grundlegende Gedanke der Teilung des Rechteckes in Streifen gefunden, so halte ich es für notwendig, diese Operation einer „operativen Übung" zu unterwerfen.

Bei meinem ersten Versuch zur Flächenberechnung (der gegenwärtige ist der dritte) hatte ich durch die „moderne Gruppe" Rechtecke *wirklich in Streifen zerschneiden* lassen, in der Absicht, beim Schüler die lebendige Erfahrung dieser Teilung hervorzurufen. Aber dieses didaktische Vorgehen, wie auch eine ganze Reihe konkreter Handlungen (1 m² ausschneiden, ihn mit zehn Streifen von je 10 dm² bekleben usw.), lieferte bei der Schlußprüfung kein besseres Ergebnis als der traditionelle Unterricht in der parallelen Gruppe. Ich habe nachher die Gründe dieses Mißerfolges erkannt. Beim Zerschneiden der Rechtecke in Streifen konnten die Schüler die geometrische Operation, die sie ausführten, zweifellos bewußt vollziehen, aber sie konnten sie ebensogut nur als einfache praktische Handlung ausführen. Um die Aufgabe zu lösen, das Rechteck in Streifen zu teilen, genügte es, längs jeder zweiten Linie des karierten Papiers zu schneiden. Anders steht es mit den operatorischen Übungen dieser Lektion. Obwohl sie sich noch als konkrete Handlungen (Verschiebung der Schiene) vollziehen, zwingen sie den Schüler zu einer überlegten Ausführung der Operation, was wesentlich zu ihrem Verständnis und zu ihrer Festigung beiträgt.

Vierte Unterrichtsstunde: Berechnung der Rechtecksfläche
(graphische Darstellung der direkten Operation)

(23. Juni 1949, 8.00–8.50 Uhr)

Lehrer: Johanna will für ihre Mutter eine Bettvorlage anfertigen. Sie strickt Quadrate von 1 dm Länge, die sie dann zu einem Teppich zusammennäht. Schließlich will sie ihn mit einem schmalen Stoffstreifen einfassen. Der Teppich soll 12 dm lang und 7 dm breit werden. Johanna legt sich mehrere Fragen vor ...

Schüler: Sie muß wissen, wieviel Quadrate sie braucht. –
Sie muß wissen, wieviel Streifen sie braucht, um den Teppich einzufassen.

Lehrer: Machen wir eine Skizze!

Die folgenden Zeichnungen werden gleichzeitig auf der Wandtafel und von den Schülern ausgeführt, natürlich ohne daß es sich um eine einfache Kopierarbeit handelt. Die Überlegung geht der Zeichnung stets voraus.

Wir beginnen damit, den Umfang des Rechtecks rot zu zeichnen. Die Maße werden gleichfalls rot eingetragen (12 dm, 7 dm).

Schüler: Man braucht 38 dm, um den Teppich einzufassen.

Die Schüler zählen kurz die verschiedenen Möglichkeiten auf, diesen Wert zu errechnen.

An der Wandtafel wird der folgende Lösungsweg festgelegt:

$$2 \cdot 7 \text{ dm} = 14 \text{ dm}$$
$$2 \cdot 12 \text{ dm} = 24 \text{ dm}$$

Umfang $= 38$ dm (Teppichborte)

Schüler: Man braucht 84 Quadrate, um einen Teppich dieser Größe anzufertigen.

Die Schüler begründen die Berechnung. Der Lehrer unterstreicht besonders die beiden folgenden Gedanken:

1. Aus der Tatsache, daß die Länge 12 *dm* beträgt, *schließen* wir, daß wir 12 dm² entlang der Länge ansetzen können. Um diesen Gedanken festzuhalten, zeichnen wir jetzt mit weißer Kreide (die Schüler mit Bleistift) 12 dm², entlang der Länge des Rechtecks.
2. Die Breite von 7 dm macht es möglich, das Rechteck in sieben Streifen zu teilen. Sie werden auf der Skizze gekennzeichnet. So ist alles, was sich auf die Rechtecksfläche bezieht, mit *weißer* Kreide (mit Bleistift) gezeichnet und beschriftet, während der Umfang und die Maße

der Länge und Breite rot markiert sind. Neben die Berechnung des Umfangs stellen wir jetzt die der Fläche:

$$7 \text{ Streifen von } 12 \text{ dm}^2$$
$$7 \cdot 12 \text{ dm}^2 = 84 \text{ dm}^2$$

$$\text{Fläche} \quad = 84 \text{ dm}^2 \text{ (Teppichgewebe)}$$

Wie in den vorausgegangenen Lektionen schneiden wir von dem Rechteck eine veränderliche Zahl von Streifen ab und setzen sie dann wieder zusammen, wobei die Schüler jedesmal die Zahl der Streifen und der Quadratdezimeter angeben.
Dann gibt der Lehrer folgenden neuen Tatbestand an:

Ein Fliesenleger muß einen großen Fußboden auslegen. Die Quadrate, die er legt, haben die Seitenlänge von 1 dm ...
Nachdem er 10 Streifen mit 43 Quadraten belegt hat, muß er seine Arbeit unterbrechen. Vorübergehend umgibt er die gedeckte Fläche mit einer Latteneinfassung, um die Plättchen zusammenzuhalten ...
Schüler: Wir können die Gesamtlänge der notwendigen Latten ausrechnen.
Lehrer: Gut, fertigen wir wieder unsere Skizze an! Sie braucht jetzt nicht die genauen Maße zu haben. Sie soll uns nur helfen, uns die Sache vorzustellen.

Diesmal beginnen wir damit, einen Streifen von etwa 43 Quadraten zu zeichnen; wir fügen noch einige Streifen hinzu; in Wirklichkeit wären zehn nötig. Die Rechnung lautet: $10 \cdot 43 \text{ dm}^2 = 430 \text{ dm}^2$; der Fliesenleger hat 430 Quadrate gelegt. Dann kennzeichnen wir mit roter Farbe den Umfang des Rechteckes. Jetzt schließen wir aus der Anzahl von 43 *Quadraten*, die in einem Streifen enthalten sind, auf die Länge von 43 dm und aus der Anzahl von zehn Streifen auf die Breite von 10 dm. Der Umfang wird von allen Schülern mühelos errechnet.

Ein drittes Beispiel wird mit Hilfe einer gleichartigen Skizze, aber ohne Hilfe des Lehrers gelöst.
Die neuen Maße sind: $l = 30$ dm, $b = 11$ dm.

Bis zum Ende der Stunde lösen die Schüler folgende Aufgaben, die in Form von Skizzen gestellt werden:
Eine Wiese: $50 \text{ m} \cdot 17 \text{ m}$. Fläche? — Umfang?
Ein Gemälde: $40 \text{ cm} \cdot 23 \text{ cm}$. Fläche? — Umfang?
Die Rechnungen werden in der oben angegebenen Form durchgeführt, wobei der Schüler jedesmal in Klammern vermerkt, was die Fläche und der Umfang tatsächlich bedeuten (z. B. für die Wiese: Fläche = Gras, Umfang = Einzäunung oder Grenze).

Bemerkungen

Wir erinnern uns daran, daß in der zweiten Stunde einige Schüler vor-
schlugen, den Wiesenertrag nach dem Umfang der Wiese zu bewer-
ten. Das beweist, daß ursprünglich die Begriffe Fläche und Umfang im
Denken des Kindes nicht getrennt sind. Schon bei der Einführung der
Flächenmessung haben wir die Begriffe Umfang und Fläche einander
gegenübergestellt, und im Laufe dieser Lektion wurden sie weiter in
Beziehung zueinander gesetzt. Wir meiden die Situationen nicht, die
zur Verwechslung der beiden Operationen führen könnten, sondern
lassen beide Operationen in allen Aufgaben klar nebeneinander und in
Beziehung zueinander auftreten; denn nur so beginnen sich die beiden
Operationen voneinander abzuheben, um schließlich zueinander in eine
klare Beziehung zu treten.

Fünfte Unterrichtsstunde: Konkrete Vorbereitung
der zahlenmäßigen Lösungen der inversen Operationen
(Wirkliche Ausführung der inversen Operation)

(27. Juni 1949, 9.00–9.50 Uhr)

Arbeitsmaterial: Während dieser Stunde ist die Klasse in sechs Gruppen geteilt, von denen jede über 36 Quadrate von 1 dm Seitenlänge
verfügt, die aus 1,4 mm starkem Karton geschnitten worden sind. Vor
der Stunde hat sich jeder Schüler eine noch leere Tabelle angelegt, die
sechs Spalten mit den folgenden Überschriften enthält:

Die gewählte Seite	Wie viele dm² sind im ganzen gelegt worden?	Wie viele dm² enthält ein Streifen?	Wie viele Streifen?	Länge der anderen Seite?	Berechnung

Außerdem erhält jede Gruppe ein Blatt, auf dem Arbeitsanweisungen
stehen: „Ihr habt eine Anzahl Quadrate bekommen. Ihr müßt sie alle
verwenden, um auf dem Fußboden ein Rechteck zu legen. Die
eine der beiden Seiten soll 4 dm messen. Seid ihr damit fertig, so tragt
ihr die erhaltenen Zahlen in die Tabelle ein. Laßt die letzte Spalte
‚Berechnung‘ noch frei! Wählt euch dann selbst für eine der Rechtecks-
seiten eine neue Länge. Zeichnet mit Kreide diese Seite auf den Boden!
Bevor ihr das Rechteck legt, versucht ihr, zweierlei zu bestimmen:

1. Wie viele Streifen werdet ihr parallel zur ausgewählten Seite legen können?

2. Ihr kennt also die Gesamtzahl der Quadratdezimeter und die Länge einer Seite. Findet die Rechnung, welche die Anzahl Streifen ergibt, die ihr legen könnt! Tragt dann die Zahlen für diesen neuen Fall in die Tabelle ein. Legt nun das Rechteck und prüft, ob ihr die Anzahl der Streifen und die Länge der anderen Seite richtig vorausgesagt habt.

Wählt eine neue Länge für die erste Seite, zeichnet sie auf dem Fußboden, rechnet die Länge der anderen Seite aus, und legt das Rechteck.

In dieser Weise fahrt fort, bis ihr keine neuen Rechtecke mehr findet, die ihr legen könntet!"

Die Gruppen dürfen frei arbeiten. Ich selbst nehme die zehn Schüler zusammen, die bei der Anfangsprüfung am schlechtesten gearbeitet und in den vorausgegangenen Stunden Verständnisschwierigkeiten gezeigt haben. Mit ihnen stelle ich dieselben Aufgaben. Zur Lösung schlage ich jedoch eine Verteilung der Quadrate vor, die das Verständnis besonders erleichtert. Wir beginnen damit, die 36 Quadrate Seite an Seite nebeneinander zu legen, so daß sie einen langen Streifen von der Länge 3,60 m bilden. Dann zeichnen wir eine Seite von 4 dm Länge, nehmen nacheinander von dem langen Streifen Teilstreifen von 4 dm² weg und bilden auf diese Weise ein Rechteck (Figur 4 veranschaulicht einen entsprechenden Fall). Die Schüler legen sich dann von selbst die Frage vor, wie oft man 4 dm² von 36 dm² wegnehmen kann, was ohne weiteres zu der Messung 36 dm² : 4 dm² = 9mal führt. Daß man 4 dm² von 36 dm² 9mal wegnehmen kann, bedeutet also, daß man 9 Streifen erhalten wird. Daraus läßt sich die Folgerung ziehen, daß die Länge des Rechtecks 9 dm betragen wird (denn ein Streifen ist ja 1 dm breit).

Anschließend stellen wir wieder (durch Abbau des Rechtecks) den langen Streifen her, wobei wir jedesmal die sich verkleinernde Anzahl der im Rechteck verbleibenden Quadrate feststellen und die Anzahl der Quadrate, um die der Streifen länger wird.

Wir fragen uns, ob man mit Hilfe von 36 Quadraten ein anderes Rechteck legen könnte, und die Schüler schlagen vor, eine Seite von 3 dm, dann von 6 dm und von 2 dm Länge zu wählen.

Die zur Verfügung stehende Zeit gestattet mir nicht, in einer freien Unterhaltung mit den Gruppen, die selbständig gearbeitet haben, die Ergebnisse zu besprechen. Abschließend lösen wir gemeinsam die folgende an der Wandtafel dargestellte Aufgabe: Mit 72 Quadraten von je 1 dm Seitenlänge soll ein Rechteck von 6 dm Breite hergestellt werden. Wie lang wird es? Ich gebe die genaue graphische Lösung dieser Aufgabe bei der Beschreibung der nächsten Lehrstunde an.

Die Prüfung der Tabellen, welche die unbeaufsichtigt arbeitenden Gruppen anfertigten, hat folgende Ergebnisse gezeigt, die alle sehr zufriedenstellten:

Die erste Gruppe hat zehn Rechtecke gelegt, vier mit einer Fläche von je 36 dm², die übrigen mit verschiedenen Flächen, die kleiner als 36 dm² sind.

Die zweite Gruppe hat sieben Rechtecke gelegt mit den Flächen 36, 36, 24, 20, 6, 18, 2 dm².

Die dritte Gruppe hat drei Rechtecke von je 36 dm² und eines von 35 dm² aufgebaut.

Die vierte Gruppe hat drei Rechtecke von je 36 dm² und eines von 30 dm² gelegt.

Die fünfte Gruppe hat vier Rechtecke von je 36 dm² gelegt.

Die Disziplin war bei den unbeaufsichtigten Gruppen sehr gut; die Schüler arbeiteten intensiv und mit Freude.

Bemerkungen

Die Klasse, mit der ich dieses Experiment anstellte, war nicht an Gruppenarbeit gewöhnt. Man weiß ja, daß eine lange Einschulung nötig ist, bis eine Klasse in selbständigen Gruppen zu arbeiten vermag, denn die Zusammenarbeit setzt eine gegenseitige soziale und intellektuelle Anpassung der Gruppenmitglieder voraus. Es sind hauptsächlich die schwächeren Schüler, die in der Gruppenarbeit Schwierigkeiten haben. Damit sie aus dieser Form der Tätigkeit Nutzen ziehen, müssen die tüchtigen Schüler lernen, ihnen die notwendigen Erklärungen zu geben, und sie selbst müssen zuhören lernen. Sonst werden nur die Tüchtigen arbeiten, und die anderen werden sich darauf beschränken, die von diesen gefundenen Ergebnisse abzuschreiben.

Eine solche Vorbildung fehlte der Klasse, mit der ich diese Lektion hielt. Deshalb habe ich die zehn schwächsten Schüler in einer Gruppe, deren Arbeit ich selbst leitete, vereinigt, während die übrigen Schüler (15) der Klasse unabhängig arbeiteten.

Man sieht, daß ich den Gruppen ziemlich genaue Anweisungen für ihre Arbeit gegeben habe. Dieses Vorgehen wurde mir von der knapp bemessenen Zeit vorgeschrieben, über die wir verfügten. Andernfalls hätte ich die Aufgaben in einer gemeinsamen Diskussion gestellt, und dabei hätte ich den Schülern für ihre Arbeit mehr Freiheit lassen können. Ich hätte dann aber auch die Ergebnisse des Versuchs recht gründlich besprechen müssen, und es wäre wahrscheinlich nötig gewesen, gewisse Mißverständnisse zu beseitigen und lückenhaft Ergebnisse zu vervollständigen. All das hätte ungefähr die doppelte Zeit beansprucht, die ich diesem Thema widmen konnte. Darum mußte ich eine Methode wählen, die das Suchen und Forschen der Schüler in seinen wesentlichen Abschnitten ziemlich genau festlegte.

Sechste Unterrichtsstunde:
Die graphische Darstellung der inversen Operation

(29. Juni 1949, 9.00 – 9.50 Uhr)

Lehrer: Ich habe hier eine Anzahl Quadrate. Ich möchte sie benützen, um ein 3 dm breites Band herzustellen. Ich stelle mir eine Frage ...
Schüler: Wie lang wird das Band sein?
Zuerst muß man aber wissen, wie viele Quadrate wir haben.

Der Lehrer ruft einen Schüler auf, der die Quadrate zählt. Er stellt 15 fest. Er legt sie entlang dem Rande des vor der Klasse stehenden Tisches.

Schüler: Wir müssen immer drei Quadrate zusammennehmen. – Das gibt ein Rechteck von 5 dm Länge.

Der Lehrer fordert die Schüler auf, dieses Ergebnis zu erklären. Sie sagen, man könne 5mal je 3 Quadrate von dem langen Streifen von 15 Quadraten wegnehmen. Das ergibt 5 Streifen von je 3 dm², und da ein Streifen 1 dm breit ist, wird die Länge des Rechtecks 5 dm betragen.
Die eben ausgeführte Operation wird jetzt *arithmetisch* dargestellt. Es handelt sich um eine Messungsaufgabe. An der Wandtafel wird sie folgendermaßen festgehalten:

15 dm² : 3 dm² = 5mal

Das gibt 5 Streifen

Länge = 5 dm

Lehrer: Wie groß ist der Umfang dieses Rechtecks?

Ohne Schwierigkeit geben die Schüler das richtige Ergebnis an (16 dm). Der Lehrer zeichnet jetzt an der Wandtafel einen langen Streifen, der sich aus 15 Quadratdezimetern zusammensetzt. Die Schüler werden aufgefordert, mit ihm zugleich zu zeichnen.

Lehrer: Stellen wir in einer Zeichnung dar, was wir mit den Quadraten eben gemacht haben!

Parallel zum Streifen, auf der Höhe seines linken Randes, zeichnen wir die gegebene Rechteckseite (siehe Abb. 4). Wir schneiden von den 15 dm² die drei ersten dm² ab (der Schnitt wird durch einen Strich angedeutet), tragen in Gedanken die 3 dm² an die gegebene Seite hinunter und legen sie dort nieder. Der erste Streifen von 3 dm² Länge ist damit gezeichnet und an die gegebene Seite gelegt. Die arithmetische Messung sagt aus, daß man fünf Streifen erhalten wird. Sie werden untereinander gezeichnet, und die gesuchte Rechtecksseite wird farbig markiert.

Lehrer: Gibt es eine Möglichkeit, um zu kontrollieren, ob die Rechnung richtig ist?

Die Schüler schlagen die umgekehrte Operation vor: 5 Streifen von je 3 dm² ergeben 15 dm².

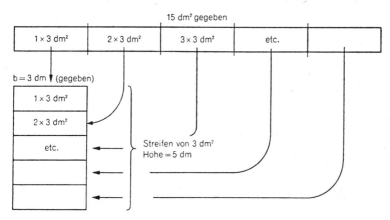

Abb. 4 Wie findet man die Länge eines Rechtecks von gegebener Fläche und Breite (15 dm² und 3 dm)? Von den 15 dm², die in einem langen Streifen aneinandergereiht sind, werden nacheinander je 3 dm² weggenommen und zum Aufbau des Rechtecks versetzt. Man erhält 5 Streifen zu je 3 dm². Die Länge des Rechtecks beträgt also 5 dm.

Gleicherweise — d. h. indem wir die Skizze von jedem Schüler, entsprechend seiner Denkfortschritte, selbst ausführen lassen — errechnen wir die folgenden Beispiele:

Fläche 72 dm², erste Seite 9 dm
Fläche 72 dm², erste Seite 12 dm

Zuletzt lösen wir folgende Aufgabe, die schwieriger ist, weil die Fläche als einheitliche Quantität gegeben ist und nicht in der Form von Flächeneinheiten (Quadraten):

„Man will eine Straße teeren. Die Arbeiter können täglich 48 m² teeren. Die Straße ist 4 m breit. Wie lang ist das Straßenstück, das jeden Tag geteert werden kann?"

Den Schülern fällt es ziemlich schwer, zu begreifen, daß auch diese 48 m² zu einem Streifen gelegt werden können und daß es darauf ankommt, die gleiche Übertragung auszuführen. Ich erläutere also die Aufgabe, indem ich sage: „Wenn es sich darum handelte, einen Fußweg von 1 m Breite zu teeren, so wäre die tägliche Leistung der Arbeiter ein solcher Streifen von 48 m².

Ist die Straße 4 m breit, so sind die 48 m² nur anders verteilt."

Zur Kontrolle führen wir die umgekehrte Operation aus, indem wir die erhaltene Seitenlänge (12 m) mit der gegebenen Seitenlänge (4 m) multiplizieren, was wieder eine Fläche von 48 m² ergibt.

In den letzten Minuten der Stunde lösen die Schüler noch selbständig eine Aufgabe, die sich auf die gleiche praktische Situation bezieht (eine zu teerende Straße) mit folgenden Zahlenangaben: Fläche 54 m², Straßenbreite 6 m. Die Aufgabe wird in der während der Stunde erarbeiteten Form mit Zeichnung, Rechnung und Multiplikationskontrolle gelöst.

Bemerkungen

Weshalb ist es vorteilhaft, die Einheiten, welche die Fläche eines Rechtecks mit angegebener Seitengröße bilden sollen, zuerst linear nebeneinander zu legen? Der Grund ist folgender: Bei diesem Vorgehen kann sich das Kind die Gesamtzahl der Flächeneinheiten in Form einer bestimmten räumlichen Größe vorstellen. Würden wir ihm zumuten, sich die Quadrate von allem Anfang an auf ein Rechteck verteilt vorzustellen, so würde die Tatsache, daß man eine Seite kennt, das Kind oft dazu veranlassen, das Flächenmaß als Größe für die andere Seite anzusehen und die beiden Zahlen einfach zu multiplizieren. Wenn wir aber zunächst die zur Bildung des Rechtecks bestimmten Einheiten in gerader Linie anordnen, so haben wir die Möglichkeit, die Rechtecksfläche tatsächlich Streifen für Streifen aufzubauen und gleichzeitig die Operation des Messens durchzuführen, die für die zahlenmäßige Lösung dieser Aufgaben nötig ist.

Siebente Unterrichtsstunde:
Wiederholung der drei Operationen

(1. Juli 1949, 10.00–10.50 Uhr)

Für diese Lektion habe ich dreizehn Wiederholungsaufgaben vorbereitet, von denen die ersten vier gemeinsam besprochen, die übrigen individuell gelöst wurden. Es sind die folgenden:

1. Eine Rasenanlage (30 m lang, 7 m breit) ist angesät worden. Deshalb wird sie durch ein Seil vorübergehend abgegrenzt. Wie groß ist die Rasenfläche? Wie lang ist das Seil?
2. Eine Glasscheibe ist 36 cm lang und 20 cm breit. Sie ist mit einem schmalen Rahmen versehen. Berechne die Fläche der Scheibe und die Größe des Rahmens!
3. Ein Fliesenleger soll einen 12 dm breiten Hausflur mit Fliesen von je 1 dm² auslegen. Ein wie langes Stück des Hausflurs kan mit 84 Fliesen ausgelegt werden?
4. Ein Bauer muß jeden Morgen eine Grasfläche von 280 m² mähen, um seine Kühe zu füttern. Heute holt er es von einem Wiesenstreifen, der nur 7 m breit ist. Wie lang ist der Streifen?
5. Ein Wasserbecken mißt 8 m zu 5 m. Berechne die Wasseroberfläche!
6. Ein Bild ist 35 cm lang und 28 cm breit. Berechne die Größe des Rahmens!
7. Mit 98 Quadraten (Seitenlänge 1 dm) legt man ein 14 dm langes Rechteck. Welche Breite erhält man?
8. Ein Feld von 12 m auf 60 m ist von einem Stahldraht umgeben. Wie lang ist er?
9. Eine Gruppe von Straßenarbeitern kann täglich 105 m² teeren. Die Straße, an der sie heute arbeiten, ist 5 m breit. Wie lang ist das Teilstück, das sie an einem Tag teeren können?
10. Berechne noch die Länge der Einsäumung, die das Wasserbecken (Länge 8 m, Breite 5 m) umgibt!
11. Ein 60 m langes und 12 m breites Feld ist mit Getreide besät. Wieviel m² Getreide erhält man?
12. Ein Rechteck von 96 m² ist 8 m breit. Wie lang ist es?
13. Berechne noch die Größe des Glases des erwähnten Bildes (28 cm auf 35 cm)!

Die Lösungen der Aufgaben eins bis vier wurden an der Wandtafel angegeben, und die Schüler konnten sich beim Lösen der übrigen Aufgaben darauf stützen. Ich beauftragte sie, selbständig zu arbeiten und sich an mich zu wenden, wenn irgend etwas nicht klar war. Somit konnte ich sehen, ob die Schüler begriffen hatten und ob es also möglich war, diese didaktische Einheit abzuschließen. In anderen Fällen könnte man die Aufgaben von den Schülern erörtern lassen.

Das Ergebnis dieser Wiederholungsarbeit hat mir bereits gezeigt, daß die drei Rechenarten von der großen Mehrheit der Klasse gut verstanden worden waren. Das wurde durch die Abschlußprüfung bestätigt.

KAPITEL XIII

Die nach den Grundsätzen der traditionellen Didaktik gestalteten Stunden

(Die „traditionelle Gruppe")

Erste Unterrichtsstunde: Der Umfang des Rechtecks

(22. Juni 1949, 9.00—9.50 Uhr)

An der Wandtafel habe ich eine Skizze vorbereitet, die ein Gemälde von 4 dm zu 7 dm mit einem schmalen Rahmen darstellt.

Lehrer: Der Rahmenmacher möchte wissen, eine wie lange Rahmenleiste er braucht, um ein Gemälde von dieser Größe einzurahmen. Was muß er tun?

Schüler: Er muß die Länge und die Breite des Gemäldes messen und zweimal die Länge und zweimal die Breite nehmen.

Ich messe die beiden Seiten und schreibe die Maße an die vier Seiten der Skizze.

Lehrer: Welche Rechnung muß der Einrahmer jetzt ausführen?

Die Schüler schlagen die folgenden Formen vor:

$$4 \text{ dm} + 4 \text{ dm} + 7 \text{ dm} + 7 \text{ dm} = 22 \text{ dm}$$
$$2 \cdot 4 \text{ dm} + 2 \cdot 7 \text{ dm} = 22 \text{ dm}$$
$$(4 \text{ dm} + 7 \text{ dm}) \cdot 2 = 22 \text{ dm}.$$

Die letzte Form der Rechnung wird an die Wandtafel geschrieben.

Lehrer: Nehmen wir an, die Länge des Gemäldes sei 9 dm. Wie groß wäre dann die gesamte Länge des Rahmens? (Die Aufgabe wird gelöst.) — Wenn das Gemälde 5 dm auf 7 dm ...; 5 dm auf 9 dm messen würde, ... ?

Lehrer: Ihr habt jetzt gefunden, wie man die Gesamtlänge des Bilderrahmens berechnen kann. Wir wollen versuchen, die Formel für diese Berechnung zu finden. — Wie nennt man die Form dieses Gemäldes?

Schüler: Man nennt sie Rechteck.

Lehrer: Die Linie, welche das Rechteck umgibt, heißt „Umfang"! Diese Seite hier heißt „Länge", jene „Breite" des Rechtecks.
Könnt ihr sagen, wie man den Umfang des Rechtecks berechnet?

Die Schüler versuchen verschiedene Formulierungen zu folgendem Merksatz, der an die Wandtafel geschrieben wird:

„Man berechnet den Rechtecksumfang, in dem man die Summe von Länge und Breite mit 2 multipliziert."

Ich gebe drei Minuten Zeit zum Auswendiglernen der Regel, dann wird sie von mehreren Schülern aufgesagt.

Wir suchen nach einer Kurzformel für die Regel und schreiben sie in der folgenden Weise auf:

$$U = (l + b) \cdot 2$$

Zur Wiederholung und Anwendung wird folgende Aufgabe gelöst: Berechne die Länge des Zauns eines rechteckigen Gartens von 14 m auf 26 m! — Die folgende Form zur Lösung dieser Aufgabe wird festgelegt:

$$26 \text{ m} + 14 \text{ m} = 40 \text{ m}$$
$$2 \cdot 40 \text{ m} = 80 \text{ m}$$

Umfang $= 80$ Meter (Zaun)

Während der restlichen Zeit schreiben die Schüler die Regel von der Wandtafel ab, veranschaulichen sie durch ein Rechteck von 4 cm . 7 cm und lösen folgende Aufgaben, die in der Form von Skizzen mit Maßangaben gestellt werden:

9 m . 15 m (Umfang?); 21 m . 27 m (Garten: Zaun?); 19 m . 49 m (Feld: Grenze?); 25 cm . 68 cm (Gemälde: Rahmen?); 35 dm . 28 dm (Kinoleinwand: Rahmen?)

Zweite Unterrichtsstunde: Die Maßeinheiten der Fläche
(mm^2, cm^2, dm^2, m^2)

(22. Juni 1949, 10.00–10.50 Uhr)

An die Wandtafel habe ich als Vorbereitung ein Rechteck von 3 dm auf 5 dm gezeichnet.

Lehrer: Der Seiler hat mehrere Seile gleicher Qualität, aber verschiedener Länge zu verkaufen. Wie errechnet er den Preis?
Schüler: Er mißt ihre Länge und setzt den Preis nach der Länge fest!
Lehrer: Gut! An die Tafel habe ich eine Fensterscheibe gezeichnet, deren Preis der Glaser bestimmen will. Was muß er tun?
Schüler: Er muß sie auch messen!
Lehrer: Welches Maß wird er verwenden?
Schüler: Er wird ein Metermaß verwenden!

Der Lehrer trägt das Metermaß vielmal auf der Fläche an und sagte: „Einmal 4 dm, zweimal 4 dm, dreimal, viermal, . . ." Die Schüler sehen: so geht es nicht! Ein Schüler schlägt vor, das Rechteck mit einem

Quadratdezimeter zu messen. Ein anderer rät, das Rechteck in Quadrate von je 1 dm Seitenlänge zu teilen, was der Lehrer auch tut. Außerdem zeichnet er noch einen Quadratdezimeter und erklärt die symbolische Schreibweise.

Lehrer: Wir haben jetzt diese Rechtecksfläche gemessen. Wie groß ist sie?
Schüler: Sie beträgt 15 dm²!

Der Lehrer zeichnet an die Tafel eine kleinere Fläche (10 cm · 12 cm) und fragt, mit welchem Maß man die Fläche dieses Rechtecks messen könnte.
Die Schüler schlagen den cm² vor. Die Fläche wird in cm² geteilt. In gleicher Weise werden mm² und m² eingeführt.
Der Lehrer versucht jetzt, die Schüler die allgemeine Regel finden zu lassen, daß man *„Flächen mit Flächen mißt"*, ist aber gezwungen, das Wesentliche selbst zu sagen: die Regel ist viel zu allgemein.
Zur Wiederholung wird 1 m², 1 dm², 1 cm² und 1 mm² (mm² nur annähernd) an die Wandtafel gezeichnet, und die Schüler formulieren die Merksätze:

> 1 mm² ist ein Quadrat von 1 mm Seitenlänge.
> 1 cm² ist ein Quadrat von 1 cm Seitenlänge. ...

Während der restlichen Zeit der Stunde werden die angegebenen Regeln oder Erklärungen von der Tafel abgeschrieben, und jeder Schüler zeichnet 1 mm², 1 cm², 1 dm²·

Bemerkungen

Für den Lehrer wie für den Schüler war diese Stunde die langweiligste in der ganzen Versuchsreihe. Obgleich ich mein möglichstes tat, um die Schüler zu aktiver Mitarbeit anzuregen, zeigten sie nur ein sehr mittelmäßiges Interesse. Der Grund dafür ist leicht zu begreifen. Welchen Sinn hatte es denn für die Schüler, von diesem ganzen System der Flächenmaße und der Erklärung der Einheiten Kenntnis zu nehmen, wenn man keinen Gebrauch davon machen konnte, wenn man keine Flächen verglich und nicht einmal den Preis des Glases berechnete, von dem man ausgegangen war? Die Glaseraufgabe war nichts als ein schlechter Vorwand, um ein Maßsystem einzuführen, das in den Augen der Schüler keine Existenzberechtigung hatte. Daß sofort der dm² als Flächenmaß vorgeschlagen wurde, erklärt sich aus der Tatsache, daß viele Schüler dieser Klasse aus gehobenen, zum Teil akademischen Kreisen stammten.

Dritte Unterrichtsstunde: Die Berechnung der Rechtecksfläche

(24. Juni 1949, 10.00–10.50 Uhr)

Der Lehrer zeichnet an die Wandtafel ein Rechteck von 4 dm . 6 dm und erklärt, daß es sich um eine Glasscheibe handele, deren Fläche man finden müsse.

Lehrer: Was muß ich tun, um zu ermitteln, wieviel dm² in diesem Rechteck enthalten sind?
Schüler: Man muß ein Gitter von dm² einzeichnen!

Der Lehrer führt die Zeichnung aus. Dann läßt er die Eigenschaft des dm² wiederholen. Nunmehr ruft er einen Schüler auf, der die Anzahl der im Rechteck enthaltenen Quadrate zählen soll. Er zählt 24.

Lehrer: Wir wollen jetzt prüfen, ob man nicht die Anzahl der im Rechteck enthaltenen Quadrate einfacher finden kann. Was bilden diese Quadrate? (Er zeigt einen Streifen von 6 dm².)
Schüler: Diese Quadrate bilden eine „Linie" ... eine „Reihe" ... einen „Streifen".
Lehrer: Sehr gut! Und wieviel dm² sind in einem Streifen enthalten?
Schüler: 6 dm² sind in einem Streifen enthalten.
Lehrer: Und wie viele Streifen von 6 dm² sind im ganzen Rechteck enthalten?
Schüler: 4 Streifen von 6 dm² sind in dem Rechteck enthalten.
Lehrer: Welche Rechnung muß man also ausführen, um die Fläche des Rechtecks zu finden?
Schüler: Man muß rechnen: 4 mal 6 dm², das macht 24 dm².

Der Lehrer färbt jeden zweiten Streifen des an die Tafel gezeichneten Rechtecks mit roter Kreide und schreibt an die Seite des Rechtecks in der Höhe der entsprechenden Streifen:

1. Streifen von 6 dm²
2. Streifen von 6 dm²
3. Streifen von 6 dm²
4. Streifen von 6 dm²
_____

4 Streifen von je 6 dm²

4 . 6 dm² = 24 dm² = Fläche des Rechtecks

Lehrer: Wie groß wäre die Rechtecksfläche, wenn die Länge 7 dm und die Breite 5 dm betrüge? Wenn es 9 dm auf 6 dm wären?

Die Schüler multiplizieren ohne weiteres die beiden Zahlen und finden das richtige Ergebnis.

Darauf erarbeiten wir die Regel für die Berechnung der Rechtecksfläche. Sie wird an die Wandtafel geschrieben, desgleichen die Kurzformel.

Um die Fläche eines Rechtecks zu berechnen, multipliziert man die Maßzahl der Länge mit der Maßzahl der Breite. $F = l \cdot b$

Der Lehrer läßt den Merksatz von mehreren Schülern wiederholen; dann wird folgende Aufgabe gemeinsam gelöst: Berechne die pflügbare Fläche eines Gartens von 6 m Breite und 14 m Länge!
Zur Lösung der Flächenaufgaben wird die nachfolgende Form bestimmt. Neben eine Skizze, welche die Maße eines Rechtecks wiedergibt, setzt der Schüler folgende Rechnung:

$$6 \cdot 14 = 84$$
$$\text{Fläche} = 84 \text{ m}^2 \text{ (pflügbare Fläche)}$$

In der noch zur Verfügung stehenden Zeit der Stunde wird das Rechteck in Streifen geteilt. Die Hinweise und die Merkregel zur Flächenberechnung werden von der Wandtafel abgeschrieben. Die folgenden vier Aufgaben konnten in der Stunde nicht mehr gelöst werden. Ich habe den Schülern 15 Minuten der anschließenden Stunde dafür eingeräumt.

1. Eine Wiese: 17 m auf 50 m. Grasfläche?
2. Ein Feld: 60 m auf 12 m. Pflügbare Fläche?
3. Eine Wiese: 20 m auf 36 m. Grasfläche?
4. Ein Bildchen: 9 cm auf 15 cm. Fläche des Bildes?

Vierte Unterrichtsstunde: Die inverse Operation

(25. Juni 1949, 8.00—8.50 Uhr)

Lehrer: Johanna will ihrer Mutter eine Bettvorlage machen, die sie selbst strickt. Sie fertigt Quadrate mit der Seitenlänge von 1 dm an, die sie dann zu einem Teppich zusammensetzen will; sie hat schon 72 Quadrate gestrickt.
Die Bettvorlage soll 6 dm breit werden. Wie lang wird der Teppich, den Johanna mit den 72 Quadraten zusammensetzen kann?
Nachdem der Lehrer diese Aufgabe gestellt hat, zeichnet er das Rechteck, als ob der Teppich schon fertig wäre.

Lehrer: Wie groß ist also die Fläche dieses Rechtecks?
Schüler: Die Fläche dieses Rechtecks beträgt 72 dm².
Lehrer: Und wie groß ist seine Breite?
Schüler: Die Breite ist 6 dm.

Lehrer: Wie viele Quadratdezimeter können an dieser Breite aufgereiht werden?

Schüler: An dieser Breite können 6 dm² aufgereiht werden.

Der Lehrer zeichnet sie entlang der linken Seite des Rechtecks an der Wandtafel.

Lehrer: Was bilden diese 6 dm²?

Schüler: Diese 6 dm² bilden einen Streifen.

Lehrer: Gut! Und wieviel Streifen von 6 dm² sind im ganzen Rechteck enthalten?

Schüler: 12 Streifen von je 6 dm² sind im Rechteck enthalten.

Lehrer: Durch welche Operation haben wir dieses Ergebnis gefunden?

Die Schüler finden es schwierig, diese Operation anzugeben. Sie sagen, sie hätten 6 dm² mit 12 multipliziert. Der Lehrer hilft ihnen, indem er sie daran erinnert, daß die Angaben, von denen ausgegangen wurde, die Fläche von 72 dm² und die Breite von 6 dm waren. Schließlich finden die Schüler, daß man 72 : 6 = 12 rechnen mußte.

Der Lehrer erklärt ihnen dann, daß es sich dabei um die Operation des Messens handle, nämlich 72 dm² : 6 dm² = 12mal. Das bedeutet, daß man 12 Streifen von je 6 dm² nehmen muß, um eine Fläche von 72 dm² zu erhalten. Das Rechteck wird also eine Länge von 12 dm erhalten.

Lehrer: Wie groß wäre die Länge des Rechtecks, wenn seine Breite 4 dm wäre?

Die angegebene Überlegung wird wiederholt.

Weitere Beispiele werden mündlich gerechnet. Die Fläche beträgt immer 72 dm², die eine Seite mißt z. B. 9 dm und 12 dm.

Anschließend wird folgende Regel erarbeitet und gelernt:

Man erhält die Länge einer Rechtecksseite, indem man die Maßzahl der Fläche durch die Maßzahl der anderen Seite dividiert.

Als Anwendung lösen wir die folgende Aufgabe:

Eine Straße wird geteert. Die Arbeiter können täglich eine Fläche von 48 m² teeren. Die Straße ist 4 m breit, wie lang ist der Abschnitt, der täglich geteert wird?

Wir zeichnen eine Skizze des Rechtecks, auf der die Fläche (48 m²) und die Breite (4 m) angegeben wird. Die Rechnung wird in der angeführten Form gelöst:

$$48 : 4 = 12$$
$$\text{Länge} = 12 \text{ m}$$

Die Schüler schreiben die Regel für die umgekehrte Operation und die eben gelöste Aufgabe ab, dann lösen sie folgende Aufgabe:

Drei Terrassen werden angelegt, von denen jede mit 36 quadratischen Platten (Seitenlänge 1 m) belegt wird. Die erste Terrasse ist 4 m, die zweite 6 m und die dritte 3 m breit. Wie lang ist jede der drei Terrassen?

Auf der Wandtafel wird eine Skizze mit Maßangaben gezeichnet.

Fünfte Unterrichtsstunde: Wiederholung der drei Operationen

(30. Juni 1949, 10.00–10.50 Uhr)

Wir beginnen damit, von jeder Operation (Umfang, Fläche und inverse Operation) gemeinsam zwei Beispiele zu lösen:

1. Aufgabe: Der Dachgarten eines Hauses mißt 6 m auf 12 m. Wie lang ist das Geländer?

Lehrer: Was müssen wir bei diesem Rechteck errechnen?
Schüler: Wir müssen den Umfang errechnen.
Lehrer: Wiederhole die Regel für die Umfangberechnung, Hans! (Die Regel wird von mehreren Schülern wiederholt.)

Die Aufgabe wird jetzt gelöst und die Lösung in einer Zeichnung an der Wandtafel festgehalten.

2. Aufgabe: Ein Gemälde, das 36 cm auf 20 cm mißt, wird eingerahmt. Wie groß ist der Rahmen?
Gleiche Lösung wie bei der vorhergehenden Aufgabe.

3. Aufgabe: Ein Rasenstück mißt 7 m auf 30 m. Bestimme die Fläche des Stückes!
Die Aufgabe wird in die Sprache der Geometrie übersetzt und die Regel zur Flächenberechnung wiederholt. Anschließend wird die Aufgabe gelöst, die Lösung auf der Tafel notiert.

4. Aufgabe: Eine Fensterscheibe ist 23 cm breit und 40 cm lang. Wie groß ist ihre Fläche?
Gleiche Lösung!

5. Aufgabe: Ein Fliesenleger soll einen Korridor von 12 dm Breite mit Fliesen belegen, die je einen Quadratdezimeter groß sind. Welche Länge kann mit 84 Fliesen belegt werden?
Wie in den vorhergehenden Fällen, wird die Aufgabe in geometrische Begriffe übersetzt und die Regel aufgesagt. Die Lösung wird an die Tafel geschrieben.

6. *Aufgabe:* Um seine Kühe zu füttern, muß ein Bauer jeden Morgen eine Grasfläche von 280 m² mähen. Heute holt er die 280 m² von einer Wiese, die nur 7 m breit ist. Wie lang ist die Wiese?
Gleiches Lösungsverfahren!

Nachdem diese Aufgaben gemeinsam gelöst worden sind, gebe ich den Schülern eine Reihe von 15 Aufgaben über die drei Operationen. Ich verfolge dabei ein doppeltes Ziel: Einerseits erhalten die Schüler eine letzte Gelegenheit, die Lösungsverfahren anzuwenden, andererseits bildet diese Aufgabenfolge ein *falsches Kontrollmittel.* Wir legen die 15 Aufgaben, in drei Gruppen geteilt, vor, wobei jeder der drei Untertitel die verlangte Operation angibt, wie es in den meisten herkömmlichen Lehrbüchern der Fall ist. Aus der Tatsache, daß alle diese Aufgaben richtig gelöst werden, würde die traditionelle Didaktik schließen, daß die drei Operationen von der Klasse gut erfaßt worden seien. An den Ergebnissen der Abschlußprüfung werden wir sehen, ob es sich so verhält.

Hier die 15 Aufgaben, die ich der Klasse stellte:

I. Berechnung des Umfangs
Berechne den Umfang der folgenden Rechtecke!
1. $l = 8$ m, $b = 5$ m
2. $l = 30$ m, $b = 7$ m
3. Ein Feld von 50 m auf 17 m wird mit einem Zaun umgeben. Berechne die Länge des Zauns!
4. Ein Platz ist 23 m breit und 40 m lang. Eine Rinne führt um den ganzen Platz. Wie lang ist sie?
5. Von einer 12 m breiten Straße teert man einen 60 m langen Abschnitt. Dieser Abschnitt wird mit einem Seil abgegrenzt. Wie lang ist es?

II. Berechnung der Fläche
Berechne die Fläche der folgenden Rechtecke!
1. $l = 12$ m, $b = 7$ m
2. $l = 43$ m, $b = 10$ m
3. Ein kleines Bild wird eingerahmt. Länge = 20 cm, Breite = 15 cm. Berechne die Fläche des Glases, das man braucht, um das Bild zu verglasen.
4. Berechne die pflügbare Fläche eines Feldes von 30 m auf 11 m!
5. Ein Fischteich mißt 19 m auf 28 m. Wie groß ist die Wasseroberfläche?

III. Umgekehrte Operationen
Berechne die Länge der folgenden Rechtecke!
1. $F = 84$ cm², $b = 6$ cm
2. $F = 48$ dm², $b = 6$ dm
3. Mit Hilfe von 98 Quadraten (Seitenlänge 1 dm) bildet man ein Rechteck, das 14 dm lang ist. Welche Breite erhält man?

4. Eine Gruppe Straßenarbeiter kann täglich 105 m² teeren; die Straße, an der sie arbeiten, ist 5 m breit. Wie lang ist der Abschnitt, den sie täglich teeren können?

5. Mit 96 quadratischen Platten von je 1 m Seitenlänge legt man ein Rechteck, dessen eine Seite 8 m mißt. Wie lang ist die andere Seite?

Bemerkungen

Hier ist das Ergebnis der Schlußarbeit: Abgesehen von einigen Rechenfehlern, die bei jeder Prüfung in diesem Experiment unberücksichtigt blieben, fand ich keine einzige falsche Operation. Die traditionelle Schule würde also ihre Aufgabe als erfüllt ansehen und daraus die Berechtigung ableiten, zur nächsten Unterrichtseinheit weiterzugehen. Die Abschlußprüfung wird dazu dienen, die wahre psychologische Lage in dieser Klasse kennenzulernen.

Abschließend möchte ich darauf hinweisen, daß ich den traditionellen Unterricht so lebendig wie möglich gegeben habe. Mein Verhältnis zu den Schülern war ausgezeichnet, sie haben viel guten Willen in ihrer Beteiligung am Unterricht und in der Ausführung der schriftlichen Arbeiten gezeigt. Soweit es von meinem Willen abhing, haben nur die verschiedenen didaktischen Wege, die ich mit den beiden Gruppen ging, die beiderseitigen schulischen Ergebnisse bestimmt.

KAPITEL XIV

Ergebnisse und Auswertung des Versuchs

1. Die Abschlußprüfung und die Auswertung der Arbeiten

Genau vier Tage nach der letzten Unterrichtsstunde habe ich jede der beiden Gruppen einer Abschlußprüfung unterzogen. Sie setzte sich aus 30 Aufgaben zusammen, die ich jedem Schüler auf vervielfältigten Blättern übergab. Jeder Gruppe wurden 105 Minuten zur Lösung der Aufgaben gewährt. Die Aufgaben waren so abgefaßt, daß sie keine rechnerischen Schwierigkeiten enthielten. Die Zahlen waren sehr einfach, und die meisten Ergebnisse konnten mündlich errechnet werden. Diese Maßnahme ist notwendig, wenn man vermeiden will, daß die Rechenfertigkeit die Ergebnisse des Versuches beeinflußt. Besondere Aufmerksamkeit wurde der Wahl der Zahlen gewidmet. Die Schüler, die nicht wissen, ob sie die beiden Zahlen einer Aufgabe multiplizieren oder dividieren müssen (Berechnung der Fläche oder umgekehrte Operation) versuchen oft, einfach darauf zu sehen, ob sich die eine Zahl durch die andere teilen läßt oder nicht. Im ersten Fall dividieren sie, im zweiten Fall multiplizieren sie. Deshalb habe ich die Mehrzahl der Rechtecke so gewählt, daß die Breite eine Zahlengröße darstellte, die in der Länge ganzzahlig enthalten war. Verlangt man also den Umfang, die Fläche oder die inverse Operation, so kann der Schüler, der die Sache nicht begriffen hat, ebenso leicht die Summe der beiden Zahlen nehmen, sie multiplizieren oder dividieren.

Die 30 Aufgaben der Abschlußprüfung

1. Der Hausmeister muß einen langen Hausflur wachsen. Dieser ist 3 m breit. Eine Dose Wachs reicht für 36 m². Wie lang ist das Stück des Hausflures, das mit dem Doseninhalt gewachst werden kann?

2. Eine große Rolle Einschlagpapier ist 2 m breit. Der Packer rollt 58 m ab. Wieviel m² rollt er ab?

3. Ein Schulhof ist 60 m lang und 15 m breit. Rudolf hüpft auf einem Bein um den ganzen Hof, immer am Rand entlang. Wie weit ist er gehüpft?

4. Ein Bauer sät Getreide auf einem 72 m langen und 8 m breiten Feld. Wie viele Quadratmeter besät er?

5. Ein Straßenkehrer beginnt eine Straße zu kehren. Sie ist 7 m breit. Als er 84 m² gekehrt hat, ist es Zeit, mit der Arbeit aufzuhören. Wie lang ist der Straßenabschnitt, den er gekehrt hat?

6. Der Boden eines Badezimmers wird mit Platten belegt, die 1 dm lang und 1 dm breit sind. Man legt 8 Streifen mit je 30 Quadraten. Welches ist die Länge des Bodenrandes?

7. In einem Park schließt man mit einem Seil ein rechteckiges Wiesenstück ab und besät es mit Rasensamen. Das Stück mißt 13 m auf 39 m. Wieviel neuen Rasen erhält man?

8. Ein Maler hat noch Farbe für 42 dm². Die Fläche, die er streichen soll, ist 14 dm breit. Wie lang ist der Abschnitt, den er noch bestreichen kann?

9. Herr Bruhn gräbt seinen kleinen Kartoffelacker um. Er mißt 15 m auf 5 m. Wieviel Boden muß er umgraben?

10. Auf einem Schulhof stecken die Buben ein Rechteck von 25 m Breite und 100 m Länge ab. Sie laufen um das ganze Rechteck. Wie weit müssen die Läufer rennen?

11. Von einer Zimmerwand kratzt man die alte Tapete ab. Die Tapete ist 16 dm breit und 32 dm lang. Bestimme, wieviel Papier man abkratzen muß.

12. Man pflügt eine Wiese um; sie ist 60 m lang und 20 m breit. Wieviel Ackerland gewinnt man?

13. Die Mutter säumt ein Tuch. Es ist 24 dm lang und 12 dm breit. Berechne den Saum!

14. Das Hallenband von Zürich mißt 16 m auf 50 m. Berechne die Wasseroberfläche!

15. Ein horizontales Dach ist 18 m lang und 9 m breit. Rund um das Dach führt eine Dachrinne. Berechne sie!

16. Rudolf schwimmt rund um das Schwimmbecken, immer dem Rand entlang. Länge 50 m, Breite 16 m. Wie weit ist Rudolf geschwommen?
17. Eine Straße wird asphaltiert. Sie ist 12 m breit. Die Arbeiter haben noch Asphalt für 60 m². Wie lang ist der Straßenabschnitt, den sie noch teeren können?
18. Herr Bruhn grenzt auf einer Wiese ein Quadrat ab und läßt darauf die Zicklein laufen. Das Quadrat ist 9 m lang und 9 m breit. Wieviel Platz haben sie zum Laufen?
19. Ein Tisch von 9 dm auf 18 dm wird neu bemalt. Dem Rand entlang nagelt man eine Leiste auf. Wieviel Dezimeter Leiste braucht man?
20. Von einer 14 dm breiten Stoffrolle schneidet man 56 dm² ab. Wie lang ist das Stück?
21. Man streicht eine rechteckige Wand, die 33 dm hoch und 20 dm lang ist. Wieviel ist zu streichen?
22. Zuletzt umgibt man die ganze Wand mit einer Einfassung. Wie lang ist diese?
23. Ein horizontales Dach wird mit Blech gedeckt. Es ist 7 m breit und 14 m lang. Man umgibt es mit einem Geländer. Berechne das Geländer!
24. Wieviel Blech braucht man?
25. Die Seite eines Heftes mißt 11 cm auf 20 cm. Berechne die Schreibfläche einer Seite!
26. Ein Schüler zeichnet einen Rand um die ganze Seite. Wie lang ist er?
27. Ein Gemälde soll eingerahmt werden. Es ist 40 cm lang und 20 cm breit. Wieviel Glas braucht man?
28. Wie lang ist der Rahmen?
29. Eine Spielwiese mißt 60 m auf 30 m. Berechne die Grasfläche!
30. Die Wiese ist mit einer Bretterwand umgeben. Berechne ihre Länge!*

Die Aufgabenlösungen können unter vier Gesichtspunkten richtig oder falsch sein:

1. Der Schüler kann die richtigen Operationen ausgeführt haben ($2\,l + 2\,b$ für U; $l \cdot b$ für F; $F : l$ für b und $F : b$ für l), oder er kann sie verwechselt haben.
2. Trotz seines Willens, die richtige Operation anzuwenden, kann er sie unvollständig ausgeführt haben (er hat z. B. die Summe der beiden Seiten nicht mit 2 multipliziert).
3. Er kann das richtige Zahlenergebnis in einer falschen Einheit angeben (cm statt cm² usw.).
4. Er kann Rechenfehler gemacht haben.

---

* Man wird bemerken, daß einige Formulierungen nicht die Genauigkeit aufweisen, die eine vollkommene Ausdrucksweise fordern würde. Diese vom sprachlichen Standpunkt aus etwas unbestimmten Formulierungen waren jedoch nötig, um die herkömmlichen Ausdrücke für die zu bestimmenden Größen zu vermeiden. Der Schüler, der die Begriffe Umfang und Fläche erfaßt hat, versteht sie ohne weiteres.

Bei der Bewertung der Aufgaben habe ich nur die beiden ersten Fehler berücksichtigt. Offensichtlich erweist die Verwechslung der Operationen, daß die ihnen entsprechenden Begriffe nicht erfaßt worden sind. Die falsche oder unvollständige Ausführung der Operationen ergibt sich aus der Art, wie die Operationen erfaßt worden sind: Deshalb habe ich diese Fehler in den Endergebnissen gezählt. Die 3. und 4. Fehlergruppe hingegen umfassen Flüchtigkeitsfehler, die ich glaubte, weiter nicht beachten zu müssen.

2. Die allgemeinen Ergebnisse des Versuchs

Die allgemeinen Ergebnisse des Experimentes sind die folgenden (vgl. Tabelle II, S. 162/163):

In der Klasse, die den traditionellen Unterricht erhalten hatte, lassen sich zwei deutlich verschiedene Untergruppen von Schülern unterscheiden. Von der fähigeren Untergruppe (die ungefähr zwei Drittel der Klasse umfaßt) kann man sagen, daß sie die Prüfung bestanden hat. Die Schüler hatten bei der Anfangsprüfung 22 oder mehr Punkte erreicht. Nach dem Urteil des Klassenlehrers, der sie schon mehr als zwei Jahre kennt, handelt es sich tatsächlich um Schüler, die der anderen Untergruppe überlegen sind. Für die große Mehrheit der Aufgaben in der Abschlußprüfung haben sie die richtige Lösung gefunden, und Verwechslungen von Operationen sind sehr selten geblieben. — Anders steht es bei der zweiten Untergruppe in der „traditionellen Gruppe", die in der Anfangsprüfung 21 oder weniger Punkte erreicht hatte. Bei mehr als einem Drittel der Aufgaben (37,3 %), deren Lösung diese Schüler versuchten, haben sie die Operationen verwechselt, und bei einigen von ihnen sieht man ganz deutlich, daß die Operationen, welche Gegenstand der vorangegangenen Lehrstunden gewesen waren, ganz und gar nicht verstanden worden sind.

Hätte man aber bessere Ergebnisse erzielen können, wenn man diesen Schülern einen andersartigen Unterricht gegeben hätte, oder handelt es sich dabei um „hoffnungslose Fälle"? Darüber erhalten wir durch die Ergebnisse der „modernen Gruppe" Aufschluß, und ganz besonders durch die Ergebnisse ihrer schwächeren Gruppe, die bei der Anfangsprüfung gleichfalls 21 und weniger Punkte erreicht hatte. Diese Schüler zeigen beim Vergleich mit ihren Kameraden von der traditionellen Gruppe eine ausgesprochene Überlegenheit. Bei ihnen sind statt 37,3 % nur 7 % der Operationen verwechselt worden, so daß von diesen Schülern 93 % der zu rechnenden Aufgaben richtig gelöst

Tabelle II. *Die Ergebnisse der Schlußprüfung*

A. *Schwächere Untergruppe (Schüler, die bei der Anfangsprüfung 8–21 Punkte erhalten haben)*

	Traditionelle Gruppe	Moderne Gruppe
1. Zahl der Schüler (= Z)	8	13
2. Durchschnittliche Punktzahl bei der Anfangsprüfung	14,8	13,3
3. *Gesamtzahl* der in Angriff genommenen Aufgaben (= A)	220	302
4. *Durchschnittszahl* der in Angriff genommenen Aufgaben $\left(=\dfrac{A}{Z}\right)$	27,5 [1]	23,2 [2]
5. *Gesamtzahl* der *falschen* Operationen (= f)	82 [3]	21 [4]
6. *Verhältniszahl* der *falschen* Operationen $\left(=\dfrac{f}{A}\right)$	82 : 220	21 : 302
7. Prozentsatz der falschen Operationen $\left(=\dfrac{f \cdot 100}{A}\right)$	37,3 %	7 %
8. *Gesamtzahl* der *richtigen* Lösungen (= r)	117	281
9. *Durchschnittszahl* der *richtigen* Lösungen $\left(=\dfrac{r}{Z}\right)$	14,6 [5]	21,6 [6]
10. *Verhältniszahl* der *richtigen* Lösungen $\left(=\dfrac{r}{A}\right)$	$\dfrac{117}{220}=\dfrac{14,6}{27,5}$	$\dfrac{281}{302}=\dfrac{21,6}{23,2}$
11. Prozentsatz der richtigen Lösungen $\left(=\dfrac{r \cdot 100}{A}\right)$	53,2 %	93 %
12. Prozentsatz der richtigen Umfangsberechnungen	58,4 %	97,5 %
13. Prozentsatz der richtigen Flächenberechnungen	43,3 %	92 %
14. Prozentsatz der richtig ausgeführten umgekehrten Operationen	67,7 %	82,5 %

B. Fähigere Untergruppe (Schüler, die bei der Anfangsprüfung 22–30 Punkte erhielten)

15. Zahl der Schüler	18	10
16. Durchschnittliche Punktzahl bei der Anfangsprüfung	25,6	26,4
17. Gesamtzahl der in Angriff genommenen Aufgaben	537	297
18. Durchschnittszahl der in Angriff genommenen Aufgaben	29,8	29,7
19. Gesamtzahl der falschen Operationen . .	9	3
20. Prozentzahl der falschen Operationen . . .	1,7 %	1 %
21. Durchschnittszahl der richtigen Lösungen .	29,1	29,4
22. Prozentzahl der richtigen Lösungen . . .	97,7 %	99 %

1 Mittlere Variation: 1,75
2 Mittlere Variation: 5,14
3 Durchschnitt: 10,25; mittlere Variation: 5,31
4 Durchschnitt: 1,62; mittlere Variation: 1,68
5 Mittlere Variation: 7,37
6 Mittlere Variation: 4,88

wurden. Die schwächere Untergruppe der „traditionellen Gruppe" hat nur 53,2 % richtige Lösungen gefunden, da zu den 9,5 % unvollständig ausgeführter Operationen noch 37,3 % verwechselter Operationen hinzukommen.

3. Einzelvergleich und Diskussion der Ergebnisse

Tabelle II faßt die zahlenmäßigen Ergebnisse der abschließenden Prüfung zusammen. Ich unterscheide hier zwei Untergruppen von Schülern. Die erste ist die Untergruppe A – sie umfaßt die schwächeren Schüler; die andere ist die Untergruppe B – sie umfaßt die leistungsfähigen Schüler in den beiden Klassen. Die schwächeren Untergruppen (A) sind es, welche die Überlegenheit der aktiven Methode beweisen *(Ziffer 7)*, während die geringe Überlegenheit der modernen befähigten Untergruppe (B) gegenüber der traditionellen befähigten Untergruppe statistisch nicht von Bedeutung ist *(Ziffer 22)*.
Prüfen wir zunächst die Ergebnisse in den beiden schwächeren Unter-

gruppen, deren Mitglieder bei der Anfangsprüfung nur acht bis 21 Punkte erreichten. Bei der traditionellen Gruppe handelte es sich um 8 von den 26 Schülern der gesamten traditionellen Gruppe (nach Ausscheidung von 10 der ursprünglich 36 Schüler). In der modernen Gruppe (23 von ursprünglich 30 Schülern) setzt sich die schwächere Gruppe aus 13 Schülern zusammen (*Ziffer 1* der Tabelle II). Wenn ich im letzten Abschnitt sagte, die schwächere Untergruppe in der traditionellen Gruppe sei ungefähr ein Drittel dieser Gruppe (8 + 18 = 26), so wurde der Tatsache Rechnung getragen, daß unter den 10 ausgeschiedenen Schülern dieser Klasse meiner Meinung nach wenigstens 4 waren, die in diese Gruppe gehört hätten, so daß 8 + 4 = 12 Schüler gerade ein Drittel von 8 + 18 + 10 = 36 Schüler ergeben hätten. Die 13 Schüler der schwächeren Untergruppe in der gesamten modernen Gruppe von 23 Schülern stellen etwas mehr als die Hälfte dieser Gruppe dar.

Im Grunde sind diese beiden Untergruppen nicht genau vergleichbar, da das Durchschnittsergebnis der traditionellen Untergruppe etwas besser ist als der modernen Untergruppe (14,8 Punkte gegenüber 13,3 Punkten, *Ziffer 2*). Wäre dieser anfängliche Leistungsunterschied statistisch bedeutsam, so würde er die Überlegenheit der modernen Gruppe nur verringern. Da sie trotzdem sehr ausgeprägt ist, werde ich diese Ungleichheit (14,8 gegenüber 13,3) zuungunsten der modernen Gruppe nicht weiter berücksichtigen.

Weiter findet man in der Tabelle die Gesamtzahl und die Durchschnittszahlen der Aufgaben, welche die Schüler zu lösen *versucht* haben, gleichgültig, ob ihre Lösungen richtig oder falsch waren *(Ziffer 3 und 4)*. Im Durchschnitt hat die traditionelle Gruppe mehr Aufgaben begonnen als die moderne (27,5 gegenüber 23,2 Aufgaben; *Ziffer 4*). Wie erklärt sich dieser Unterschied? Er rührt nicht daher, daß die Schüler der modernen Gruppe einfach die Aufgaben beiseite gelassen hätten, die sie nicht zu lösen wußten, während die Schüler der traditionellen Gruppe sie zu lösen versucht hätten. Die Durchschnittszahl der ausgelassenen Aufgaben ist praktisch in den beiden Gruppen die gleiche (1,9 und 1,6). Aber 6 von den 13 Schülern der modernen Untergruppe gelang es nicht, 30 Aufgaben in 105 Minuten zu bewältigen; infolgedessen konnten sie eine gewisse Zahl von Aufgaben (zwischen 6 und 16; im Durchschnitt 4,9 Aufgaben) nicht beginnen. Hingegen ist es allen Schülern der traditionellen Gruppe geglückt, die Prüfungsarbeit abzuschließen, abgesehen von einem Mädchen, das 6 Aufgaben ausgelassen hat. Dieser Unterschied im Arbeitsrhythmus hat zwei Gründe: Einmal war bei einigen Schülern der modernen Gruppe der Einsatz geringer als bei den Schülern der traditionellen Gruppe (gehobenes Niveau). Einige Schüler der modernen Gruppe schienen nicht alle ihre Kräfte angespannt zu haben, um bei der Prüfung fertig zu werden, obwohl sie nur wenige Fehler machten. Bei anderen Schülern der modernen Untergruppe hatte der langsamere Arbeitsrhythmus darin seine Ursache, daß ich in der modernen Gruppe keine Arbeitsverfahren angegeben hatte, die mechanisch zu befolgen gewesen wären, sondern daß ich sie zwang, sich genau die Angaben zu vergegenwärtigen und sich die Wirkungsweisen der Aufteilung, der Übertragung usw. vorzustellen.

Ein ganz anderes Bild entsteht, wenn man die Zahl der verwechselten Operationen bei den beiden schwächeren Gruppen betrachtet. Ihre absolute Zahl ist 82 bei der traditionellen und 21 bei der modernen Gruppe *(Ziffer 5)*, die auf die Zahlen der wirklich begonnenen Aufgaben bezogen werden müssen *(Ziffer 3)*; diese Zahlen sind 220 und 302. Daraus ergeben sich die Verhältniszahlen der falschen Operationen: für die schwächere Gruppe der traditionellen Abteilung 82:220, und 21:302 für die gleiche Gruppe bei der modernen Gruppe *(Ziffer 6)*. Berechnet man den Prozentsatz, so stellt man fest, daß 37,3 % *der von den Schülern der traditionellen Gruppe begonnenen Operationen verwechselt wurden, während der entsprechende Prozentsatz bei der modernen Gruppe nur 7 % beträgt (Ziffer 7)*. Welche Verwechslungen kamen am häufigsten vor? Vor allem die Berechnung des Umfangs anstelle der Fläche. In 44,4 % der Aufgaben, wo die Fläche hätte berechnet werden müssen, haben die Schüler der traditionellen Gruppe den Umfang berechnet. Nur 6,3 % der Lösungen der modernen Gruppe zeigen den gleichen Fehler. In 16,9 % der Aufgaben zur Umfangberechnung haben die Schüler der traditionellen Gruppe die Fläche berechnet. Die entsprechende Zahl für die moderne Gruppe ist 2,4 %.

Betrachten wir jetzt die Zahl der richtigen Lösungen! Für die moderne Gruppe beträgt diese Zahl im Durchschnitt 21,6 *(Ziffer 9)*. Bezieht man diese Zahl auf die Zahl der bearbeiteten Aufgaben *(23,2; Ziffer 4)*, so erhält man den „Quotienten der richtigen Lösungen" *(Ziffer 10)*, den man auch in Prozenten ausdrücken kann. *Der Prozentsatz der richtigen Lösungen erhöht sich so auf 93 % (Ziffer 11). Außer 7 % verwechselter Operationen haben demnach die weniger begabten Schüler der modernen Gruppe alle verlangten Operationen richtig ausgeführt.*

Betrachtet man jetzt die entsprechenden Zahlen der traditionellen Gruppe, so findet man zuerst einen Quotienten richtiger Lösungen von 14,6 : 27,5 *(Ziffer 10)*: das bedeutet, *daß nur 53,2 % der bearbei-*

teten Aufgaben in dieser Gruppe richtig gelöst wurden (Ziffer 11).
Es mag überraschen, daß dieser Prozentsatz geringer ist als der, den
man erhält, wenn man von 100 % die 37,3 % verwechselte Operationen abzieht. Der Unterschied rührt daher, daß außer diesem Fehlertyp
noch fünf Schüler der traditionellen Gruppe einige Operationen unvollständig (oder falsch) ausführen, obwohl sie die Absicht hatten,
die verlangte Größe zu berechnen. Einige vergaßen, die Summe der
Länge und Breite mit 2 zu multiplizieren, um den Umfang zu errechnen. Ein anderer Schüler hat dagegen die Länge mit der Breite multipliziert, um den Inhalt zu erhalten, hat dann aber das errechnete Pro-
dukt noch mit 2 multipliziert. Deshalb sind außer den verwechselten
Operationen 9,5 % der gelösten Aufgaben falsch, was den Prozentsatz
der richtigen Lösungen auf 53,2 herabdrückt. Man kann nunmehr sagen,
daß der langsamere Arbeitsrhythmus der modernen Gruppe durch
die Güte ihrer Leistung mehr als ausgeglichen wird. Von 23,2 Aufgaben, welche die Kinder im Durchschnitt sich vorgenommen hatten,
sind 93 % richtig, während von den durchschnittlich 27,5 Aufgaben,
welche die Schüler der traditionellen Gruppe begonnen hatten, nur
53,2 % einwandfrei gelöst worden sind.
Betrachtet man schließlich die Prozentsätze der richtigen Lösungen
getrennt nach den drei Operationen, die Gegenstand des Experiments
waren, so stellt man bei der modernen Gruppe eine fortschreitende
und dem Schwierigkeitsgrad der Rechenvorgänge entsprechende Ver-
minderung fest: 97,5 % für den Umfang, *92 % für die Fläche, 82,5 %*
für die inverse Operation (Ziffer 12–14). Diese Zahlen entsprechen
dem, was man erwarten konnte.
Bei der traditionellen Gruppe beläuft sich der Prozentsatz für den
richtig berechneten Umfang auf 58,4 %, für die richtig berechnete
Fläche auf 43,3 %. Merkwürdigerweise ist der Prozentsatz der richtigen
inversen Operationen im Gegensatz dazu höher: 67,7 %. Doch muß
diese Zahl mit Vorsicht aufgenommen werden. Es ist in Wirklichkeit
wenig wahrscheinlich, daß die inverse Operation die am besten ver-
standene der drei Operationen ist; man muß vielmehr annehmen, daß
die Schüler einfach deshalb öfter versucht haben sie anzuwenden, weil
diese Aufgaben zuletzt behandelt wurden und daher im Gedächtnis
der Schüler am lebendigsten waren.
Die zwei besseren Untergruppen (B) umfassen zwei Drittel der Klasse,
welche den traditionellen Unterricht erhalten hat, und die Hälfte derjenigen, die nach den aktiven Methoden arbeitete. Die Ergebnisse bei
diesen beiden Gruppen verlangen keinen langen Kommentar; die Zahlen sind nach den gleichen Methoden berechnet worden wie die der

schwächeren Gruppen. Sie beweisen, daß die beiden Gruppen gleichmäßig gut gearbeitet haben. Von 29,8 und 29,7 durchschnittlich gerechneten Aufgaben wurden nur bei 1,7 % und 1 % die Operationen verwechselt; das bedeutet, daß für 29,1 (oder 97,7 %) und 29,4 (oder 99 %) der Aufgaben die richtige Lösung gefunden worden ist. (Die traditionelle Gruppe hatte einige unvollständige Lösungen.) Statistisch gesehen, waren die Unterschiede zugunsten der modernen Gruppe nicht bedeutsam.

4. Folgerungen: Psychologische und pädagogische Auswertung des Versuchs

Wie soll man die Ergebnisse des Experimentes deuten? Ohne sie schon im einzelnen zu prüfen, kann man jetzt sagen, daß sich die moderne Gruppe die Begriffe und Operationen besser angeeignet hat als die traditionelle Gruppe. Diese Schüler haben die Operationen seltener verwechselt als ihre Kameraden von der traditionellen Gruppe, und sie haben deshalb eine größere Zahl von richtigen Lösungen erreicht. Dieses Ergebnis gestattet die Schlußfolgerung, daß die aktive Methode geeigneter ist als die herkömmliche, um die im Versuch vorgesehenen Bildungsprozesse hervorzurufen. Darüber hinaus kann unser Experiment als Prüfstein für die Psychologie verstanden werden, die zum Aufbau jeder der beiden Methoden dient. Wäre die Lehre von der Abbildung geistiger Gehalte im kindlichen Geiste richtig, so hätte die traditionelle Gruppe bessere Ergebnisse erzielen müssen als sie tatsächlich geliefert hat. Im Gegensatz dazu offenbart die Arbeit der modernen Gruppe die Vorteile, die der Unterricht aus der Anwendung einer Psychologie ziehen kann, welche die Ausbildung der Begriffe und Operationen beim Kinde als einen psychologischen Aufbau im eigentlichen Wortsinn begreift, einen Aufbau, der sich im Rahmen eines (konkreten oder verinnerlichten) Prozesses des Suchens und Forschens abspielt und der zu lebendigen Operationen kommt, die sich zu Gesamtsystemen vereinigen.

Wir wollen nun versuchen, die Ergebnisse des Unterrichts, den die Schüler bei meinem Versuch erhielten, genauer zu erfassen. Das angestrebte Ziel hat darin bestanden, daß die Schüler drei Operationen erlernten, welche die Begriffe „Umfang" und „Flächeninhalt" des Rechtecks in sich schließen, also zwei Größen, von denen jede in gewissem Sinn die Größe dieser Figur darstellt. Nun zeigte sich sofort, daß die Operation zur Bestimmung der Rechtecksfläche für die Schüler die Hauptaufgabe war; denn bei Beginn des Experiments verrieten einige von ihnen die Neigung, den Umfang als charakteristisch für die Größe des Rechtecks zu betrachten. Von sich aus schlugen sie vor, den Grasertrag einer Wiese mit Hilfe ihres Umfangs zu bestimmen. In ihren Untersuchungen über die Entwicklungspsychologie haben Jean Piaget und seine Mitarbeiter zahlreiche Beispiele für gleiche Erscheinungen gefunden. Für das Kind ist es ein grundlegendes Gesetz seiner geistigen Entwicklung, daß es anfänglich in eindimensionalen Größenbegriffen denkt und daß es erst später die zwei- und mehrdimensionalen Größen aufbaut.[95]

Deshalb ist es eine der Hauptfragen, die wir angesichts unserer experimentellen Ergebnisse stellen müssen: In welchem Maße haben die Schüler diese zweidimensionale Größe „Fläche" begriffen? — Welche ihrer Reaktionen können uns darüber belehren? Vor allem sind es die Fälle, wo sie bei Aufgaben, welche die Bestimmung der Fläche verlangten, den Umfang berechnet haben. Nun haben die Schüler der schwächeren traditionellen Gruppe in 44,4 % dieser Aufgaben den Umfang berechnet. In der modernen Gruppe ist der Umfang anstelle der Fläche nur in 6,3 % der Fälle bestimmt worden. Eine einfache wahrscheinlichkeitstheoretische Überlegung zeigt, wie bedeutsam der bei der traditionellen Untergruppe aufgetretene Fehlerprozentsatz ist. Hätten diese Schüler bei jeder Aufgabe, welche die Berechnung der Fläche forderte, eine Münze hochgeworfen und „Kopf oder Zahl" gespielt, d. h. hätten sie ein Zufallsspiel daraus gemacht, die beiden gegebenen Zahlen zu multiplizieren oder ihre verdoppelte Summe zu berechnen, so wären sie gleichfalls dazu gekommen, ungefähr 50 % Umfangsberechnungen und 50 % „richtige" Flächenberechnungen auszuführen. Nichts berechtigt also zu der Annahme, die Schüler der schwächeren traditionellen Untergruppe hätten ihre Operationen auf Grund eines wirklichen Verständnisses für die in Frage kommenden Begriffe gewählt. Die nur 6,3 % verwechselten Berechnungen (Umfang anstelle Fläche) bei den schwächsten Schülern der modernen Gruppe können nicht verwundern; trotz dieser Fehler darf man annehmen, daß sie den Begriff „Fläche" und die darauf bezügliche Operation erworben haben.

Diese erste Deutung unserer experimentellen Ergebnisse scheint anzuzeigen, daß der herkömmliche Unterricht bei den weniger begabten Schülern der Gruppe nicht die gewünschten Ergebnisse gezeitigt hat. Zwar haben diese Schüler gewisse geistige Verfahren erworben. Wir erinnern uns daran, daß in der letzten Stunde alle Schüler der traditionellen Gruppe tatsächlich die 15 ihnen gestellten Aufgaben richtig gelöst haben, einschließlich derjenigen, welche die Berechnung der

Fläche forderten. Weshalb haben dann die Schüler der schwächeren Untergruppe bei der Abschlußprüfung so viele (37,3 % aller in Angriff genommenen) Operationen durcheinandergebracht? Sie verfügten offenbar über gewisse arithmetische Verfahren, die nur als Antwort auf „Signale" vollzogen werden konnten und sich bei der Abschlußprüfung als nicht verwendbar erwiesen. Hier fehlten die gewohnten Hinweise auf die zu bestimmenden Größen, Ausdrücke wie „berechne die Fläche", Bezeichnungen wie „inverse Operationen" usw. Wenn ich sie dann fragte: „Wieviel Blech braucht man . . .", so wußten die Schüler der schwächeren Untergruppe nicht, welche Operationen sie anwenden sollten. Ihre Verfahren waren nichts anderes als „Automatismen der Handhabung von Symbolen", die wir in den vorausgegangenen Kapiteln besprochen haben.

Andere Aspekte der Ergebnisse in der traditionellen Gruppe bestätigen diese Deutung. Im besonderen bemerken wir, daß der Prozentsatz der richtigen Lösungen für die umgekehrten Operationen (67,7 %) größer ist als der für die Flächenaufgaben (43,3 %) und sogar für die Umfangsaufgaben (58,4 %). Demnach haben diese Schüler die Aufgaben mit umgekehrten Operationen mit dem größten Erfolg gerechnet. Sollte es so sein, daß sie die Berechnungsart, die wir als die schwierigsten unter den drei kennen, am besten begriffen haben? Es ist schwer, an dieser Annahme festzuhalten, wenn man bedenkt, wie schlecht der Rechenweg, der sich auf die Fläche bezieht, von denselben Schülern begriffen worden ist. Es gibt eine andere, sehr einfache Erklärung für dieses scheinbar paradoxe Phänomen: Wenn man annimmt, daß die Schüler die Division deshalb am häufigsten anwandten, *weil sie dieses Verfahren* (die inverse Operation) *zuletzt gelernt hatten,* so versteht man leicht, daß diejenigen Aufgaben, welche die inverse Operation forderten, am häufigsten richtig gelöst wurden. Man muß vermuten, daß sie ebenso die Multiplikation — charakteristisch für die Flächenberechnung — häufiger angewandt hätten als die Berechnung des Umfangs, wenn die Neigung, den Umfang zu bevorzugen (einen Begriff, der psychologisch ursprünglicher ist), nicht stärker gewesen wäre. Die Tatsache, daß in 16,9 % der Fälle die Schüler der schwächeren traditionellen Untergruppe die Fläche berechnet haben, wo es sich darum handelte, den Umfang zu finden, ist ein schöner Ergänzungsbeweis für diese Erklärung. (In der modernen Gruppe ist die entsprechende Zahl 2,4 %.)

Bei der modernen Gruppe ist der Prozentsatz der richtigen Lösungen am größten für den Umfang (97,5 %), ein wenig kleiner für die Fläche (92 %) und noch kleiner für die umgekehrte Operation (82,5 %).

Diese regelmäßige Abnahme der Prozentsätze läßt vermuten, daß die moderne Gruppe auf die Eigenart der verschiedenen Operationen reagiert hat und daß sie so den ihnen tatsächlich innewohnenden Schwierigkeiten begegnet ist. Hingegen hat die traditionelle Gruppe die drei Verfahren mit einer Häufigkeit angewandt, die eine Funktion der seit ihrer Aneignung verflossenen Zeit war. Eine Reaktion aber, deren Anwendung durch so mechanische Gesetze geregelt wird, ist nicht ein eigentlicher Denkvorgang, sondern ein einfacher Automatismus.

Zusammenfassend kann man sagen, daß ein Drittel der Gruppe, welche den herkömmlichen Unterricht erhielt, die vorgesehenen Operationen nicht erworben hat. Diese Schüler haben nur „Automatismen der Handhabung von Symbolen" entwickelt. Starre, unveränderte Verfahren haben sich vor den Aufgaben der Abschlußprüfung als unverwendbar erwiesen, weil diesen Aufgaben Signale fehlten, die allein imstande gewesen wären, sie auszulösen.

Bei der modernen Gruppe ist es dem Unterricht geglückt, den beabsichtigen Bildungsprozeß zu erzeugen. Die Schüler haben sich die auf den Umfang und die Fläche bezüglichen Operationen angeeignet und sie einsichtig angewandt.

Die Grundsätze dieses Unterrichts waren von der Psychologie Jean Piagets inspiriert, dem wir eine der eindringlichsten Untersuchungen der geistigen Entwicklung im Kinde verdanken. Wenn der Pädagoge diese Entwicklung als einen ständigen Aufbau von Operationssystemen aus primitiveren Verhaltensweisen erkennt, so bemüht er sich, Vorhaben des Suchens und Forschens in Gang zu bringen, in deren Verlauf die Kinder dazu gelangen, Begriffe und Operationen selbst aufzubauen. Er sorgt dafür, daß sich diese aufbauenden Tätigkeiten, wenn nötig, als tatsächliche Handlungen und echte Versuche vollziehen; und er sorgt endlich für Übungen, welche die in Entwicklung begriffenen Operationen (Reversibilität, Assoziativität usw.) in adäquater Form ins Spiel bringen. Die genaue Kenntnis des kindlichen Denkens ermöglicht es dem Pädagogen, die Entwicklung des Kindes in der besten möglichen Weise zu leiten.

Sind aber nicht die günstigen Auswirkungen der in diesem Buch vorgeschlagenen didaktischen Grundsätze sehr beschränkt? Zeigt sich nicht die Überlegenheit der aktiven Methoden nur in den von den weniger begabten Schülern der beiden Klassen erzielten Ergebnissen? Haben nicht die intelligenteren Schüler, die den üblichen Unterricht genossen, bei der Abschlußprüfung gleich gut abgeschnitten? Bei einer oberflächlichen Prüfung meines Experiments könnte man zu dem Schluß kommen, daß die positiven Ergebnisse der aktiven Methode nicht aus-

reichen, um ihre Anwendung zu rechtfertigen. Solche Einwände beruhen auf der Annahme, meine Untersuchungen hätten alle Werte der neuen Methode sichtbar machen können. Ich muß deshalb die Grenzen ihrer Beweiskraft prüfen. Diese Grenzen sind gesetzt durch die kurze Dauer des Versuches und die Wesensart der Abschlußprüfung. Beginnen wir mit dem zweiten Punkt. Wenn man berücksichtigt, daß die Abschlußprüfung dieses Experimentes nur aus 30 geometrischen Aufgaben bestand, die schriftlich gestellt waren, so erkennt man von vornherein, daß sie kein Instrument darstellte, das fähig gewesen wäre, alle Ergebnisse des erteilten Unterrichts zu messen. Sie erfaßte nur den intellektuellen Ertrag in seiner einfachsten Form: die Fähigkeit der Schüler, gewisse Aufgaben zu lösen. Bestimmt habe ich bei ihrer Stellung den Fehler vermieden, der in vielen Geometrie- und Rechenbüchern begangen wird: Signale zu geben, die es dem Schüler ermöglichen, die Lösung durch einfache Automatismen der Handhabung von Symbolen zu finden. Gleichwohl bleibt mein Versuch nur eine einfache Sammlung von schulmäßigen Aufgaben, welche die tieferen Einflüsse des Unterrichts auf den Geist der Schüler nicht aufdecken konnten. Sollten beispielsweise die aktiven Methoden bei ihnen ein tieferes Interesse für den behandelten Stoff geweckt, ihren Geschmack am Nachforschen und ihre Initiative gefördert haben, sollten die Schüler dabei Arbeits- und Denkmethoden erworben haben, wirksam und reich an Möglichkeiten zu weiterer Entwicklung, wäre schließlich ihre soziale Entwicklung im Lauf der gemeinsamen Arbeit begünstigt worden, so hätten wir doch davon in den Ergebnissen ihrer Prüfungsarbeiten nichts wahrgenommen. Nun versichern aber alle Pädagogen, welche die aktiven Methoden verwenden, gerade dies seien die Ergebnisse, welche den neuen Unterricht am meisten kennzeichneten. Es ist aber zu betonen, daß sich die eben aufgezählten erzieherischen Werte erst im Verlauf einer geraumen Zeit entwickeln. Die sieben Lehrstunden, auf die sich mein Versuch erstreckte, sind offensichtlich eine viel zu kurze Zeit, als daß mein Unterricht diese Früchte hätte tragen können.
Zusammenfassend wollen wir festhalten, daß mein Experiment sich auf einen zu kurzen Zeitraum erstreckte, als daß alle günstigen Auswirkungen eines aktiven Unterrichtes hätten in Erscheinung treten können, und daß außerdem die ersten Anfänge dieser Entwicklungen nicht durch die Gestaltung der Abschlußprüfung erfaßt werden konnten, die ich in der Absicht durchführte, eine quantitative Analyse ihrer Ergebnisse möglich zu machen.
Ein anderer Gesichtspunkt meines Experiments verlangt noch eine kurze Erläuterung: Wir erinnern uns, daß ich, um den vorgesehenen

Unterrichtsstoff nach den aktiven Methoden zu lehren, sieben Lehrstunden aufgewendet habe, während die Anwendung der herkömmlichen Methoden nur fünf Stunden verlangte.

Diese Tatsache weckt die Frage, ob sich das langsamere Fortschreiten des Unterrichts, bedingt durch die Anwendung der aktiven Verfahren, rechtfertigen läßt. Prüfen wir zunächst die Faktoren: An erster Stelle ist da das Suchen nach den Begriffen und Operationen durch die Schüler mit dem häufigen vergeblichen Bemühen und Herumtasten, dazu die Diskussionen, die manchmal Gefahr laufen, sich zu verirren: dies alles beansprucht beträchtlich mehr Zeit als die einfache Mitteilung der Gedanken durch den Lehrer oder ihre Entwicklung durch eine gestraffte Mäeutik. An zweiter Stelle sind es hauptsächlich konkrete Handlungen, wodurch die Behandlung eines Lehrstoffes länger dauert. Die Aufgabe, das verlangsamte Fortschreiten des Unterrichts nach der aktiven Methode zu rechtfertigen, beschränkt sich also darauf, die Erarbeitung der Erkenntnisse durch persönliches Forschen und Suchen des Schülers und durch konkrete Manipulationen zu begründen. Nun kann es nicht zweifelhaft sein, daß die Zeit, die dem individuellen Nachforschen und Ausarbeiten des Schülers gewidmet wird, zu der am besten verwendeten Zeit gehört und daß die Kürzung der Lehrstoffe in den Unterrichtsplänen, die diese Betätigungen notwendig macht, in der Folge reichlich aufgewogen wird durch die ihnen innewohnenden erzieherischen Werte. — Die Manipulationen andererseits haben keinen Eigenwert. Sie bereiten nur die verinnerlichte Vorstellung der Operationen vor (ausgenommen selbstverständlich die Experimente in den Naturwissenschaften). Während nun auf dem elementaren Niveau der Volksschule alle grundlegenden Operationen in konkretem Handeln ausgearbeitet werden müssen — von den begabten Schülern ebenso wie von den schwachen —, so verliert die tatsächliche Ausführung der Operationen in der Tat ihre Unentbehrlichkeit für einen gewissen Teil von begabteren Schülern in der Oberstufe der Volksschule und vor allem in der höheren Schule. Die begabtere Hälfte der Klassen, die unsere Versuchsgruppen gestellt hatten (Schüler von 12 Jahren), setzte sich aus solchen Kindern zusammen. Diejenigen unter ihnen, die im traditionellen Sinne unterrichtet worden waren, hatten infolgedessen gleichwohl Erfolg bei der Abschlußprüfung. Die Schüler jedoch, die nach ihrer Intelligenz den Schülern in unseren schwächeren Untergruppen gleichen, werden aus den konkreten Verfahrensweisen, die wir angewandt haben, immer Nutzen ziehen. Daher die Schlußfolgerung: In den höheren Klassen der Volksschule und in der höheren Schule rechtfertigt sich das verlangsamte Unterrichtstempo, das mit dem Vollzug konkreter Manipulationen verbunden ist, nur für die weniger begabten Schüler. Daraus ergibt sich ein Problem der Schulorganisation: Wie muß man eine Klasse unterrichten, in der eine gewisse Anzahl von Schülern konkrete Manipulationen braucht, um die Begriffe und Denkprozesse zu bilden, während ihre Kameraden zum Teil mit solchen Praktiken ihre Zeit verlieren? Das Problem ist nicht unlösbar: Die Verlegenheit läßt sich durch eine *teilweise Individualisierung* des Unterrichts beheben. Mit anderen Worten: Man läßt die begabteren Schüler an individuellen oder kollektiven Aufgaben arbeiten, die ihrem geistigen Niveau entsprechen, während ihre Kameraden die konkreten Experimente ausführen, die sie brauchen, um sich die Begriffe und Operationen anzueignen. Von den Ergebnissen unserer didaktischen Untersuchung ausgehend, stoßen wir so wieder auf eine der Hauptforderungen der zeitgenössischen Pädagogik: die Individualisierung der Arbeit in der Schule.[96]

I. NACHWEIS DER ZITATE
UND LITERATURHINWEISE

(Die Nummern beziehen sich auf das Verzeichnis der zitierten Werke)

		Seite				Seite
74)	23.	303 f.		88)	24.	288
75)	27.	54		89)	29.	460
76)	28.	330		90)	29.	485
77)	27.	197		91)	31.	
78)	27.	194			23.	
79)	27.	194		92)	28.	Kap. I—III
80)	29.	72 f.		93)	27.	47
81)	30.	45		94)	12.	114
82)	30.	40 f.		95)	28.	
83)	27.				31.	
84)	27.	50 f., 33 f., 116 f.			29.	
85)	27.	51		96)	9.	
86)	21.	258			10.	
87)	27.	13			11.	
	21.	11 f., 412 f.				

II. VERZEICHNIS DER ZITIERTEN WERKE

1. *Bridgman, P. W.:* The Logic of Modern Physics. New York 1927.
2. *Claparède, E.:* Psychologie de l'enfant et pédagogie expérimentale. 5. Aufl. Genf 1916.
3. — L'éducation fonctionnelle. 2. Aufl. Neuchâtel: Delachaux u. Niestlé 1946.
4. *Dewey, J.:* Essays in Experimental Logic. Chicago 1903.
5. — How we think. New York 1909.
6. — Democracy and Education. New York: Macmillan 1916.
7. — The Quest for Certainty. London 1929.
8. *Diesterweg, W. A.:* Das Allgemeine aus dem Wegweiser für deutsche Lehrer. 1835. (Neuausgabe von E. von Sallwürk in der Bibliothek pädagogischer Klassiker, Langensalza 1900.)
9. *Dottrens, R.:* L'enseignement individualisé. Neuchâtel: Delachaux et Niestlé 1936.
10. — Le progrès à l'école. Neuchâtel: Delachaux et Niestlé 1936.
11. — Education et Démocratie. Neuchâtel: Delachaux et Niestlé 1946.
12. *Honegger, R.:* Rechenbuch für die Primarschule des Kantons Zürich, viertes Schuljahr, Lehrerausgabe. Zürich 1942.
13. *Hume, D. A.:* Treatise on Human Nature, 1739–40. (Herausgegeben von Green u. Grose, London 1874.)
14. *Kerschensteiner, G.:* Begriff der Arbeitsschule. 7. Aufl. Leipzig 1928.
15. — Wesen und Wert des naturwissenschaftlichen Unterrichtes. 3. Aufl. Leipzig 1928.
16. *Lay, W. A.:* Führer durch den Rechenunterricht der Unterstufe. Leipzig 1903.
17. — Methodik des naturgeschichtlichen Unterrichts. 3. Aufl. Leipzig 1907.
18. — Die Tatschule. Leipzig 1911.
19. — Der Rechenunterricht auf experimentell-pädagogischer Grundlage. 3. Aufl. Leipzig 1914.
20. *Mill, J. S.:* Système de logique déductive et inductive. 1843. (Übersetzung von Peisse. 6. Aufl. Paris 1866.)
21. *Piaget, J.:* La naissance de l'intelligence chez l'enfant. Neuchâtel: Delachaux et Niestlé 1936.
22. — La construction du réel chez l'enfant. Neuchâtel: Delachaux et Niestlé 1937.

23. *Piaget, J.:*   Classes, relations et nombres. Paris: Vrin 1942.

24. —   La formation du symbole chez l'enfant. Neuchâtel: Delachaux et Niestlé 1945.

25. —   Le développement de la notion de temps chez l'enfant. Paris: Presses Universitaires de France 1946.

26. —   Les notions de mouvement et de vitesse chez l'enfant. Paris: Presses Universitaires de France 1946.

27. —   La psychologie de l'intelligence. Paris: Armand Colin 1947.

28. *Piaget, J. u. Inhelder, B.:*   Le développement des quantités chez l'enfant. Neuchâtel: Delachaux et Niestlé 1941.

29. —   La représentation de l'espace chez l'enfant. Paris: Presses Universitaires de France 1948.

30. —   La géométrie spontanée de l'enfant. Paris: Presses Universitaires de France 1948.

31. *Piaget, J. u. Szeminska, A.:*   La genèse du nombre chez l'enfant. Neuchâtel: Delachaux et Niestlé 1941.

32. *Rein, W.:*   Pädagogik in systematischer Darstellung. Bd. III. 2. Aufl. Langensalza 1912.

33. *Schneider, W.:*   L'enseignement rationnel des premiers éléments de calcul. Antwerpen 1930.

34. *Taine, H.:*   De l'intelligence. 7. Aufl. Paris 1895.

35. *Wichmann, O.:*   Eigengesetz und bildender Wert der Lehrfächer. Halle a. S. 1930.

36. —   Erziehungs- und Bildungslehre. Halle a. S. 1935.

III. PERSONEN- UND SACHVERZEICHNIS